JN441512

대한기독교서회 창립 100주년 기념

대한기독교서회

28

요나 / 미가

박철우 지음

대한기독교서회

A Commentary

on

Jonah / Micah

by

Cheol Woo Park

The Christian Literature Society of Korea,

Seoul, Printed in Korea, 2008

간행사

민족의 개화와 복음선교를 목적으로 세워진 대한기독교서회가 창립 100주년을 맞이한 지도 어느덧 몇 해가 흘렀습니다. 우리는 100주년 기념사업을 여러모로 추진했지만, 그중에서도 가장 중요한 역점사업은 국내 성서학자들에 의해 집필된 성서주석의 발간이었습니다.

기독교가 우리 문화와 생활 속에 접목된 지 어느덧 1세기의 세월이 흘렀지만, 지금까지는 받아들이고 이식시키는 데에만 열중한 것이 사실입니다. 성서주석이란 그 나라의 신학사상을 가늠하는 중요한 학술활동인데도 불구하고 신학적 주체성을 살린 주석 작업이 아직까지는 미흡하다는 점, 그 때문에 빈번하게 읽히고 있는 현재의 주석서가 대부분 번역서라는 점 등은, 한국교회로 하여금 우리 실정에 알맞는 새로운 성서주석의 출현을 기대하게 했습니다.

정통적이고 보수적이며 더 나아가서는 새로운 신학사상까지도 포괄하는 주석서, 그러면서도 신학적 주체성이 충분히 반영된 이상적이고 활용하기에 편리한 주석서의 출간은, 1천만 성도의 간절한 기다림이자 바람입니다.

올리브나무에 야생 올리브나무를 접붙이면 야생 나뭇가지 또한 원래의 올리브나무 뿌리에서 영양을 공급받지 않겠느냐는 사도 바울의 표현처럼, 우리 민족 또한 하나님의 젖줄에서 양분을 공급받기 시작한 지 어느덧 1백년이라는 세월이 흘렀습니다. 이제 한국의 기독교는 더 이상 외래문화가 아니며, 더 이상 남의 옷이 아니라고 자부하고 싶습니다.

결국은 남의 옷에 지나지 않는 번역서가 아니라 우리 손에 의해 쓰여진, 우리 실정에 알맞은 주석서가 발간되었다는 것은, 우리 신앙의 현주소를 바로 보여 주는 일이기도 할 것입니다.

국내의 성서신학자들이 대거 동원되어 가장 최신의 연구성과까지도 반영하고 우리 현실과의 관계 안에서 성서가 주는 메시지를 정확하게 전달하는 일에 중점을 둔 새로운 주석서의 출현이, 한국교회 기독인들에게 바른 신앙의 길을 가리키는 참신한 이정표로 자리잡기를 기대하는 마음 간절합니다.

끝으로 이 주석이 나오기까지 땀 흘려 주신『100주년 기념 성서주석 출판위원회』위원장과 위원 여러분들의 수고에 감사를 드립니다. 아울러 학생들을 지도하시기에 바쁜 중에도 귀한 생명의 양식을 나누는 일에 동참해 주신 여러 교수님들께도 진심으로 감사를 드리는 바입니다.

1992. 12. 10

발행인

출판에 즈음하여

한국의 산업구조를 분석한 전문가들의 일치된 견해에 의하면, 우리 체질의 심각성은 외국 기술의존도가 지극히 높다는 데 있다고 한다. 그리하여 대외수출고를 높이는 데만 힘을 기울이는 사이에, 우리는 경제기반이 흔들리는 중대한 위기 속에 휘말렸다는 것이다.

이러한 모형이 기독교와 교회라는 특정상황에서도 위기의식으로 존재한다는 것, 다시 말해서 교회성장과 부흥에만 역점을 두는 사이에 기독교의 정체와 본질에 대해 다시 질문하는 도전과 위기가 조여오고 있다는 사실을 아는 사람은 별로 많지 않다.

지금까지의 우리의 관심사는 부흥과 성장이었다. 그리고 그러한 요청에 걸맞는 패기 있는 선두자들은 주야로 활동하여 한국의 신도 수를 극적으로 증대시켰고, 몇몇 교회의 경우, 단일 교회로서의 크기가 가히 세계적인 위대한 교회로 두각을 나타냈다. 그러한 과정에서 기여한 몇몇 교회지도자들의 수고와 노력에 우리는 모두 감사해야 한다. 그러나 우리는 지금 그러한 성장과 크기에 걸맞는 성숙을 심각하게 생각해야 할 자리에 와 있다. 성숙이 없는 성장이 무엇을 의미하는가를 누가 말해 주지 않아도 잘 알기 때문이다. 그러므로 이제 한국교회가 성숙을 위하여 지금까지 성장지향의 의지가 보여 준, 그 이상의 진지한 노력을 경주하지 않으면, 그것은 쉬지 않고 커 가기만 하는 외채더미에 눌리면서 화려한 소비경제에 빠지는 종래의 파국과 비교될 것이다.

기독교가 자기의 뿌리를 확인하는 기본적인 지혜는 성서에 대한 진지한 탐구에서만 비롯된다. 얼마 전까지만 해도 이러한 자각이 아쉬운 대로 행동으로 옮겨지면서, 우리는 외국의 출판사나 지적 소유자에게 적지않은 로열티를 주고 그 방법을 번역하여 교회에 보급시킨 몇 가지의 성서연구법이 있었다. 그러나 한국교회 성숙의 대명제를 감안할 때 그것이 해결은 아니었다.

이런 맥락적 의미에서, 한국교회의 자존과 명분을 걸고 한국의 성서신학자들이 지식과 능력을 한자리에 결집하여 구약과 신약의 주석을 직접 저술하기로 하여, 이제 그 실현이 가시화되는 시점에 이르렀다. 이러한 성서주석 출판을 대한기독교서회 창립 100주년 기념사업의 하나로 기획했다는 것은 참으로 획기적인 의미를 지닌다.

참으로 오늘의 우리에게 예수 그리스도가 영생이시고, 좋은 신학의 전부가 되며, 참 하나님이심을 인지하고 고백하는 은혜와 진리가 날마다 한국의 모든 교회에 더하기를 간절히 바라는 기도와 함께, 한국교회의 100주년을 감사하는 이때에 소망스러운 2000년대를 지향하는 벅찬 문턱에서 여기 한국 성서신학자들의 성서주석서를 겸허한 마음으로 내놓은 바이다.

1992. 12.

대한기독교서회 창립 100주년 기념 성서주석 출판위원회
위원장 이상훈 박사(서울신학대학교)
위원 박준서 박사(연세대 연합신학대학원)
김중은 박사(장로회신학대학)
민영진 박사(대한성서공회 부총무)
박수암 박사(장로회신학대학)
김득중 박사(감리교신학대학)
김창락 박사(한신대학 신학부)

• 일러두기 •

1. 본 주석서는 시리즈로 발간되므로 각 책들간의 통일성을 기하려고 했으나, 불가피하게 각 집필자들의 특성에 따라 최소한의 통일성만을 유지한 경우도 있다.
2. 본 주석서의 체제는 서론, 본문 주석(성서본문 제시, 본문 주석, 신학적 메시지), 참고문헌으로 이루어졌다. 그러나 필요에 따라서는 본문 주석과 신학적 메시지를 동시에 전개시키기도 한다.
3. 본 주석서의 성서본문은 개역한글판을 그대로 따랐다.
4. 한글 전용을 원칙으로 했다. 그러나 불가피한 경우에는,
   1) 한자는 괄호 안에 넣었다.
   2) 성서 원어 표기는 우리말 음역을 쓰고 원어는 로마자로 괄호 안에 넣었다[예. '파라클레토스'(parakletos-보혜사)].
5. 히브리어 · 헬라어는 본 성서주석 출판위원회에서 정한 통일안에 따라서 표기한다.
6. 외래어는 문교부에서 고시한 『외래어 표기 용례집』 교과용 도서 수정용과 『외래어 표기 용례집(인명, 지명)』을 따랐다. 단 성서에 나오는 외래어는 개역한글판을 따랐다[예. 바빌론→바벨론].
7. 성서의 장절(章節) 표기는 다음과 같다.
   범례. 1) 1장 1절부터 10절까지 / 1:1-10
   2) 1장 1절부터 2장 5절까지 / 1:1-2:5
   3) 1장 1절, 2절, 7절 / 1:1, 2, 7
   4) 마태복음 1장 1절, 요한복음 1장 1절 / 마 1:1; 요 1:1
8. 독자들의 내용 이해에 도움을 주기 위해서 각주난을 최대한으로 활용했다.

히브리어·헬라어의 로마자음역 및 한글음역 통일안

히브리어

히브리어 자음	로마자 음역	히브리어 모음기호	로마자 음역
א	’	◌ָה	a
בּ(ב)	b	◌ָ	a
גּ(ג)	g	◌ַ	a
דּ(ד)	d	◌ֲ	a
ה	h	◌ֵי	e
ו	w	◌ֵ	e
ז	z	◌ֶי	e
ח	h	◌ֶה	e
ט	t	◌ֱ	e
י	y	◌ְ	
כּ(כ)	k	◌ִי	i
ל	l	◌ִ	i
מ	m	◌ִ	i
נ	n	וֹ	o
ס	s	◌ֹ	o
ע	‘	◌ָ	o
פּ(פ)	p	◌ֳ	o
צ	ts	וּ	u
ק	q	◌ֻ	u
ר	r	◌ֻ	u
שׂ	s		
שׁ	sh		
תּ(ת)	t		

헬라어

헬라문자	로마자음역	한글음역
α	a	아
αι	ai	아이
αυ	au	아우
β	b	ㅂ
γ	g	ㄱ
κγχμν 앞에 있는 γ		ㅇ받침
δ	d	ㄷ
ϵ	e, ĕ	에
ϵι	ei	에이
ϵυ	eu	유
ζ	z	ㅈ
η	ē	에
θ	th	ㄷ
ι	i	이
κ	k, c	ㅋ
λ	l	ㄹ
μ	m	ㅁ
ν	n	ㄴ
ξ	x	ㅋㅅ
ο	o, ŏ	오
οι	oi	오이
ου	ou	우
π	p	ㅍ
ρ	r	ㄹ
ῥ	rh	
ῤῥ	rrh	
σ(ς)	s	ㅅ
τ	t	ㅌ
υ	y, u	위
υι	ui	위+이
ϕ	ph	ㅍ
χ	ch	ㅋ
ψ	ps	ㅍㅅ
ω	ō	오

성서책명 약자

책명	약자	책명	약자	책명	약자
창세기	창	이사야	사	로마서	롬
출애굽기	출	예레미야	렘	고린도전서	고전
레위기	레	예레미야애가	애	고린도후서	고후
민수기	민	에스겔	겔	갈라디아서	갈
신명기	신	다니엘	단	에베소서	엡
여호수아	수	호세아	호	빌립보서	빌
사사기	삿	요엘	욜	골로새서	골
룻기	룻	아모스	암	데살로니가전서	살전
사무엘상	삼상	오바댜	옵	데살로니가후서	살후
사무엘하	삼하	요나	욘	디모데전서	딤전
열왕기상	왕상	미가	미	디모데후서	딤후
열왕기하	왕하	나훔	나	디도서	딛
역대상	대상	하박국	합	빌레몬서	몬
역대하	대하	스바냐	습	히브리서	히
에스라	스	학개	학	야고보서	약
느헤미야	느	스가랴	슥	베드로전서	벧전
에스더	에	말라기	말	베드로후서	벧후
욥기	욥	마태복음	마	요한1서	요일
시편	시	마가복음	막	요한2서	요이
잠언	잠	누가복음	눅	요한3서	요삼
전도서	전	요한복음	요	유다서	유
아가	아	사도행전	행	요한계시록	계

구약시대의 연대표

Ⅰ. 기원전 2000년 이전 시대

Ⅱ. 족장 시대

Ⅲ. 후기 청동기 시대

Ⅳ. 기원전 약 1200–900년

Ⅴ. 기원전 8세기 중반의 분열상

Ⅵ. 기원전 8세기 중반–6세기 중반

Ⅶ. 기원전 6–5세기

Ⅷ. 기원전 400–150년

	이집트	팔레스타인	메소포타미아
7000		여리고(도기제조 이전의 신석기 시대) 팔레스타인 수리아, 길리기아, 아나톨리아 등지에서 신석기 시대의 촌락문화 형성	야르모(도기제조 이전의 신석기 시대)
6000			신석기 시대 정착
5000			핫수나
4500	파이윰 A	여리고(도기를 제조한 신석기 시대)	할라프
4000	바다리안	동·석기 문화	오베이드
3500	아므라티안 게르제안	가술리안 혹은 초기청동기 시대 제1초기청동기 시대 최초의 도시화 시대	와르카 혹은 초기 원시 문자시대 후기 원시 문자시대
3000	고왕국시대 29—23세기	제2초기청동기 시대 초기청동기 시대 제3초기청동기 시대	젬뎃 나스르 초기 왕조시대 약 2850—2360 (수메르인의 도시국가)
2500	제3—4왕조 26—23세기 (피라미드 시대)	제4초기청동기 시대 (제3청동기 시대) 초기 청동기와 중기 청동기 시대의 중간기	악카드 왕국 약 2360—2180 야만족 구티의 침입
2000	제1중간기 시대 22—21세기 중왕국시대 21—18세기	(반유목민들의 침입) 제1중기청동기 시대	우르 제3왕조 : 약 2060—1950

I. 기원전 2000년 이전 시대

	이집트	팔레스타인		힛타이트	메소포타미아
2050	중왕국 21–18세기 제11왕조	중기	혹은 중간기		우르 제3왕조 : 약 2060–1950
2000	이집트 재통일 약 2040 제12왕조	청동기시대	초기청동기 –중기청동기		
1950	약 1991–1786	제1기 21–20세기	23–20세기		앗시리아 / 마리 / 이신 / 라르사
1900		제2기 중기 청동기 시대 A	제1기 중기 청동기시대		갑바도기아인의 식민지
1850		족장시대		도시국가	리피트 이쉬타르 약 1870
1800			제2기 중기 청동기시대		바벨론 제1왕조 약 1830–1530
1750	제2중간기 시대 힉소스 18–16세기	제2기 중기 청동기시대 B			와라드 신 약 1770–1759 림 신 약 1758–1698 마리시대 약 1750–1697 샴시 아닷 1세 1750–1718 약 1735 함무라비
1700		이집트에서의 히브리인들?		힛타이트 고왕국	지므리 림 약 1730–1697 약 1728–1686
1650	제15왕조 약 1650–1542				캇사이트 왕조 해국왕조
1600		제2기 중기 청동기시대 C		라바르나스	
1550	신왕국(제국) 시대 제18왕조 약 1552–1306			핫투실리스 1세	
1500	힉소스를 몰아냄	후기청동기시대	후기청동기시대	무르실리스 1세	1530

II. 족장시대

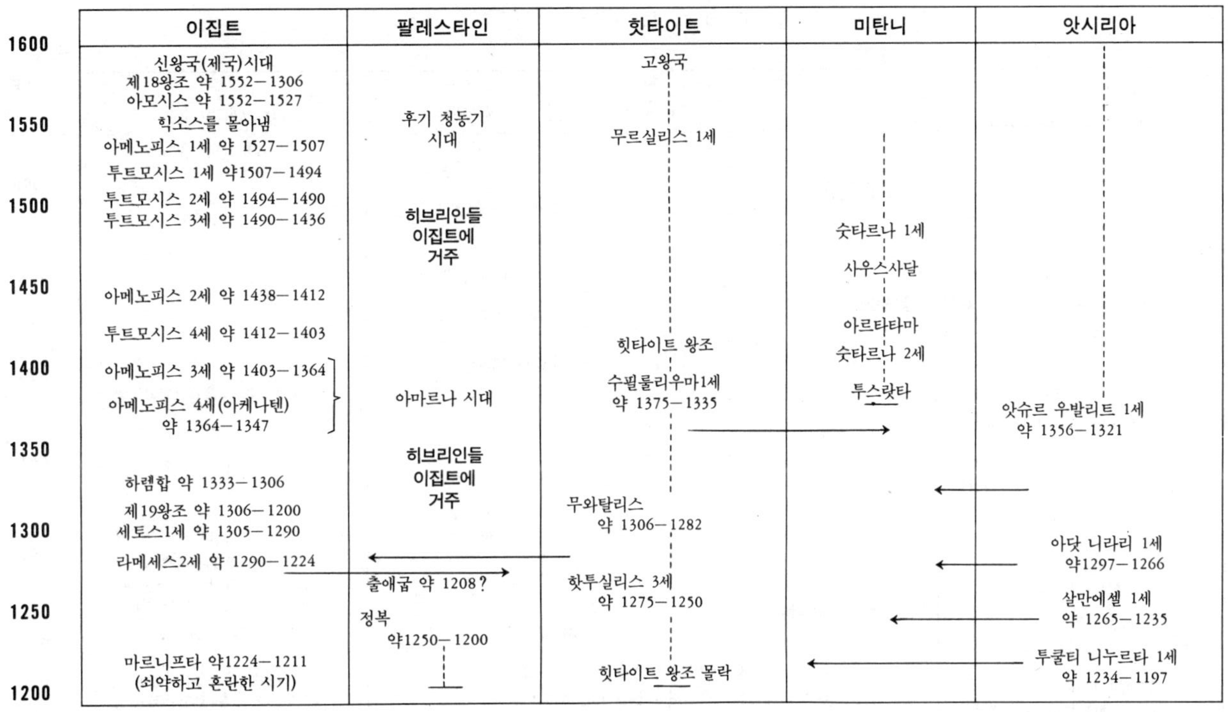

	이집트	팔레스타인	힛타이트	미탄니	앗시리아
1600	신왕국(제국)시대 제18왕조 약 1552—1306 아모시스 약 1552—1527 힉소스를 몰아냄		고왕국		
1550	아메노피스 1세 약 1527—1507 투트모시스 1세 약1507—1494	후기 청동기 시대	무르실리스 1세		
1500	투트모시스 2세 약 1494—1490 투트모시스 3세 약 1490—1436	**히브리인들 이집트에 거주**		숫타르나 1세 사우스사달	
1450	아메노피스 2세 약 1438—1412 투트모시스 4세 약 1412—1403		힛타이트 왕조	아르타타마 숫타르나 2세	
1400	아메노피스 3세 약 1403—1364 아메노피스 4세(아케나텐) 약 1364—1347	아마르나 시대	수필룰리우마1세 약 1375—1335	투스랏타	앗슈르 우발리트 1세 약 1356—1321
1350	하렘합 약 1333—1306	**히브리인들 이집트에 거주**			
1300	제19왕조 약 1306—1200 세토스1세 약 1305—1290 라메세스2세 약 1290—1224	출애굽 약 1208?	무와탈리스 약 1306—1282 핫투실리스 3세 약 1275—1250		아닷 니라리 1세 약1297—1266
1250		정복 약1250—1200			살만에셀 1세 약 1265—1235
1200	마르니프타 약1224—1211 (쇠약하고 혼란한 시기)		힛타이트 왕조 몰락		투쿨티 니누르타 1세 약 1234—1197

III. 후기 청동기 시대

	이집트	팔레스타인	앗시리아
1250	마르니프타 약 1224—1211 (해양민족들을 패배시킴)	이스라엘 민족의 팔레스타인 정복 약 1250—1200 철기시대 약 1200—1000	투쿨티니누르타 1세 약 1234—1197
1200	쇠약하고 혼란한 시기 제20왕조 약 1185—1069 라메세스 3세 약 1183—1152 (해양민족들을 패배시킴)	사사시대 약 1200—1020 팔레스타인에 블레셋족 거주	앗시리아의 쇠퇴
1150	라메세스 4—11세 약 1152—1069	드보라 기드온	
1100	이집트 왕조 몰락		디글랏 빌레셀 1세 약 1116—1078 (앗시리아가 잠깐 동안 부흥 됨)
1050	제21(타니트)왕조 약 1069—935	실로의 몰락(1050년 이후) 사무엘 사울 약1020—1000?	앗시리아의 쇠퇴기
1000		다윗 약 1000—961 **아람인들의**	**압제**
950		솔로몬 약 961—922 다마스커스 르손	
900	제22왕조 약 935—725 시삭 약 935—914	분열됨 922 유다왕국 922—587 이스라엘 왕국 922—722/1	앗슈르 단 2세 (앗시리아 재발견 시작)

IV. 기원전 약 1200—900년

	이집트	이스라엘		다마스커스	앗시리아
950		솔로몬 약 961—922		르손	
	제22왕조 약 935—725 시삭 약 935—914				앗슈르 단 2세 935—913
925		유다 ——— 922 ——— 이스라엘			
	오소르콘 1세 약 914—874	르호보암 922—915 아비야 915—913 아사 913—873	여로보암 1세 922—901		아닷 니라리 2세 912—892
900			나답 901—900 바아사 900—877		
			엘라 877—876 시므리 876	벤 하닷 1세 약 885—870	앗슈르 나시르팔 2세 884—860
875		여호사밧 873—849	오므리 876—869 아합 869—850	벤 하닷 2세 약 870—842	
			(엘리야) **(카르카르 전쟁** 853)		
850		여호람 849—843 아하시야 843/2 아달리야 842—837 요아스 837—800	아하시야 850—849 여호람 (엘리사) 849—843/2 예후 843/2—815	하셀 약 842—806	살만에셀 3세 859—825
825			여호아하스 815—802		샴시 아닷 5세 824—812
800		아마시야 800—783	여호아스 802—786	벤 하닷 3세	아닷 니라리 3세 811—784
		웃시야(아사랴) 783—742	여로보암 2세 786—746		
775	제23왕조 약 759—715				앗시리안 쇠퇴기
750			(아모스)		

V. 기원전 8세기 중반의 분열상

	이집트	유다	이스라엘	다마스커스	앗시리아
775	제22왕조 약 935—725	웃시야 783—742	여로보암 2세 786—746		
750	제23왕조 약 759—715	(요담 섭정 약 750) 요담 742—735 (이사야) (미가)	(아모스) (호세아) 스가리야 746—745 살룸 745 므나헴 745—737	르신 약 740—732	앗시리아 쇠퇴기 디글랏-빌레셀 3세 745—727
725	제24왕조 약 725—709 ←제25(에티오피아)왕조 약 716/15—663	아하스 735—715 히스기야 715—687/6	브가야 737—736 베가 736—732 호세아 732—724 사마리아 멸망 722/1 ←		살만에셀 5세 726—722 사르곤 2세 721—705
700	샤바코 약 710/9—696/5(?) 셉데코 약 696/5—685/4(?) (티르하카 섭정 약 690/89) (?) 티르하카 약 (690) 685/4—664	701 산헤립 688? 산헤립 므낫세 687/6—642	침입해옴 ← 침입해옴?		산헤립 704—681
675	←	이집트의 침입 : 테베 약탈			에살핫돈 680—669 앗슈르바니팔 668—627
650	제26왕조 664—525 프삼메티쿠스 1세 664—610	아몬 642—640 요시야 640—609		메데	
625		(예레미야) (스바냐) (나훔) 여호아하스 609	신바벨론제국 나보폴랏살 626—605	키락사레스 약 625—585 →	신 사르 이스쿤 629—612
600	느고 2세 610—594 프삼메티쿠스 2세 594—589 아프리스(호브라) 589—570	여호야김 609—598 (하박국) 여호야긴 598/7 ← 시드시야 597—587 (에스겔) ← 예루살렘 멸망 587 유배	느부갓네살 605/4—562 →	아스티아게스 585—550	→ 니느웨 멸망 612 → 앗슈르 우발리트 2세 612—609
575					

VI. 기원전 8세기 중반—6세기 중반

	이집트	히브리	바빌론	메디아
600	느고 2세 610—594 프삼메티쿠스 2세 594—589 아프리스(호브라) 589—570	제1차 추방 597 예루살렘 멸망, 제2차 추방 587 제3차 추방	느부갓네살 605/4—562	키락사로스 625—585 아스티아게스 585—550
575	아마시스 570—526	느부갓네살, 이집트를 유배	침입함 568 아멜 마르둑 562—560 네리글릿사르 560—556 나보니두스 556—539	고레스, 아스티아게스를 전복시킴 550
550	프삼메티쿠스 3세 526/5 캄비세스	(제2 이사야) 고레스의 칙령 538 스룹바벨	**고레스, 바벨론제국 성립** 539	페르시아(아카메니아인) 제국 고레스 550—530 캄비세스 530—522
525	이집트 정복 525 이집트, 페르시아 통치하에 들어감	성전재건 520—515 (학개, 스가랴)		다리우스 1세 히스타스페스 522—486
500		(오바댜?)		(마라톤 490) 크세륵세스 486—465
475		(말라기)		(테르모필레, 살라미스, 480)
450	이나로스의 반란 460—454	에스라의 선교 458?? 느헤미야 통치 445—		아르타크세륵세스 1세 465—424 롱기마누스 (갈릴리아스의 평화)
425		에스라의 선교 428?		크세륵세스 2세 423 다리우스 2세 노투스 423—404
400	이집트 해방됨 401	바고아스 통치 에스라의 선교 398??		아르타크세륵세스 2세 므네몬 404—358

VII. 기원전 6—5세기

연대	이집트	히브리	페르시아
400	제28, 29, 30왕조		
375			
350	이집트, 페르시아에 의해 침입받음 343		아르타크세륵세스 3세 오쿠스 358—338 아르세스 338—336 다리우스 3세 코도만누스 336—331
325	이집트, 알렉산더 대왕에게 정복됨 332 프톨레미 왕조 프톨레미 1세 라기 323—285	알렉산더 대왕 336—323 잇수스 333	가우가메라 331 셀류커스 왕조
300		**유대인들, 프톨레미 압제하에 들어감**	셀류커스 1세 312/11—280
275	프톨레미 2세 필라델푸스 285—246		안티오쿠스 1세 280—261
250	프톨레미 3세 유에르게테스 246—221		안티오쿠스 2세 261—246 셀류커스 2세 246—226
225	프톨레미 4세 필로파토르 221—203		셀류커스 3세(대왕) 223—187 안티오쿠스 3세(대왕) 223—187
200	프톨레미 5세 에피파네스 203—181 프톨레미 6세 필로메토르 181—146	셀류커스, 팔레스타인 정복 200—198 히브리인들, 셀류커스 통치하게 들어감	셀류커스 4세 187—175
175		성전을 더럽힘 167.9(168) 유다 마카베오 166—160 성전 재봉헌 164.9.(165) 요나단 160—143	안티오쿠스 4세(에피파네스) 175—163 안티오쿠스 5세 163—162 데메트리우스 1세 162—150
150			

VIII. 기원전 400—150년

약어표

AB	Anchor Bible
ABD	*Anchor Bible Dictionary*
AnBib	Analecta Biblica
ANET	*Ancient Near Eastern Texts Relating to the OT*, ed. J. B. Pritchard(3rd ed. 1969)
ASV	American Standard Version
ATD	Alte Testament Deutsch
BDB	F. Brown, S. R. Driver, and C. A. Briggs, *Hebrew and English Lexicon of the OT*(1955)
Bib	*Biblica*
BHK	Biblia Hebraica, ed. R. Kittel(3rd ed. 1937)
BHS	Biblia Hebraica Stuttgartensia
BK	Biblischer Kommentar
CBC	Cambridge Bible Commentary
IB	*Interpreter's Bible*
ICC	International Critical Commentary
IDB	*Interpreter's Dictionary of the Bible*, ed. G. A. Buttrick
ISBE	*International Standard Bible Encyclopedia*

JB	Jerusalem Bible
JBL	*Journal of Biblical Literature*
JSOT	*Journal for the study of the OT*
KJV	King James Version
MT	Masoretic Text
NAC	New American Commentary
NASB	New American Standard Bible
NBE	Nueva Biblia Española
NCBC	New Century Bible Commentary
NEAEHL	*New Encyclopedia of Archeological Excavations in the Holy Land*, ed. E. Stern et al.
NEB	New English Bible
NICNT/OT	New International Commentary on the NT/OT
NIV	New International Version
NIVAC	NIV Application Commentary
NKJV	New King James Version
NRSV	New Revised Standard Version
OTL	Old Testament Library
RSV	Revised Standard Version
TEV	Today's English Version
TDOT	*Theological Dictionary of the OT*, ed. G. J. Botterweck and H. Ringgren
VT	*Vetus Testamentum*
VTSup	Supplements to Vetus Testamentum
WBC	Word Bible Commentary
ZAW	*Zeitschrift für die alttestamentliche Wissenschaft*

머리말

성경을 읽는 목적은 무엇인가? 가장 평범한 질문이지만, 가장 중요한 질문이기도 하고 늘 간과하는 질문이기도 하다. 성경말씀은 진리의 말씀이며, 이 성경말씀을 통해 은혜를 받기 위해서다. 그리고 이 진리와 은혜를 다른 사람들과 함께 나누기 위해서다. 그러나 성경은 쉬운 듯하나 어려운 책이기도 하다. 그래서 성경읽기에는 학자들의 도움이 필요하다. 성경 안에 담겨 있는 많은 진리를 바로 찾아 주는 도우미가 필요한 것이다. 그것이 주석이다.

필자는 이 주석을 쓰면서 이러한 목적을 가지고 성경을 읽는 사람들에게 도움이 되었으면 하는 간절한 바람이 있었다. 특히 설교자에게 도움이 되는 주석이 되어지기를 기대하며 집필하였고, 성경을 읽으면서 하나님의 진리의 말씀에 눈이 떠지고 마음 깊은 감동과 은혜를 체험하기를 소망하며 이 책을 집필하였다. 이것은 모든 주석가의 기도일 것이다.

이 책에서 필자는 역사비평적 전개를 최소화하려 하였고 현학적이 되지 않도록 노력하였다. 그리고 우리 손에 주어진 정경으로서의 본문 구조와 내용이 무엇인가에 초점을 맞추었다.

요나서와 미가서는 많은 주석적 · 신학적 난제를 내포하고 있지만, 이 책을 통해 이러한 문제들을 신앙적 차원에서 이해하는 데 작은 도움이 되기를 기대한다. 그리고 무엇보다 이 소중한 두 권에 담겨 있는 하나님의 말씀을 통해 하나님의 은혜와 권능을 체험하는 독자들이 많아지길 소망한다. 또한 필자가 이 책을 통해 느끼고 깨달은 진리와 은혜를 함께 체험하기를 바란다.

끝으로 이 책의 필자로 추천해 주신 민영진 박사님(대한성서공회 총무)께 감사하며, 이 책이 출판될 때까지 기다려 주시고 책의 편집을 도와 주신 이준환 부장님과 하미자 과장님, 그리고 이 책을 쓰는 동안 기도하며 함께한 가족과 책이 잘 출판되도록 기도해 주신 많은 동역자와 제자들에게 감사한다.

2008년 3월 28일

나사렛 동산에서

박철우

차 례

간행사 / 3
출판에 즈음하여 / 5
일러두기 / 7
히브리어 · 헬라어 표기 통일안 / 8
성서책명 약자표 / 9
구약시대의 연대표 / 10
약어표 / 19
머리말 / 21

요나

I. 서론

1. 요나서 서론 ······························ 31
2. 요나서 내용 개요 ······························ 36
3. 요나서 신학 ······························ 38

II. 본문 주석

1. 1:1-3(발단) ········ 43

2. 1:4-16(전개 I) ········ 50

3. 1:17-2:10(전개 II) ········ 65

4. 3:1-10(위기) ········ 79

5. 4:1-4(절정) ········ 88

6. 4:5-11(대단원) ········ 93

참고문헌 / 103

미가

I. 서론

1. 미가 활동기의 역사적 배경 ········ 109
2. 책의 전체적 내용과 신학 ········ 111
3. 미가서 전체적 구조 ········ 117

II. 본문 주석

1. 설교의 전체적 서두(1:1) ······································· 121

2. 첫 번째 대단원(1:2–2:13) ······································· 127
1) 설교의 서론부(1:2–16): 하나님의 오심(현현) / 127
2) 설교의 전개 I(2:1–5): 이스라엘의 죄와 이에 대한 징벌 / 148
3) 설교의 전개 II(2:6–11): 이스라엘의 죄와 이에 대한 징벌 / 155
4) 첫 번째 대단원의 결어(2:12–13): 하나님의 구원 약속 / 161

3. 두 번째 대단원(3:1–5:20) ······································· 167
1) 두 번째 대단원의 서론부 I(3:1–12): 질타의 말씀 / 168
(1) 3:1–4 / 169
(2) 3:5–8 / 174
(3) 3:9–12 / 179
2) 두 번째 대단원의 서론부 II(4:1–5): 구원의 소망 / 184
3) 두 번째 대단원의 본론부 I(핵심부의 외곽틀 A[4:6–8]): 남은 자의 구원 / 191
4) 두 번째 대단원의 본론부 II(핵심부[4:9–5:6]) / 195
(1) 두 번째 대단원의 핵심부 I(4:9–10) / 199
(2) 두 번째 대단원의 핵심부 II(4:11–13) / 202
(3) 두 번째 대단원의 핵심부 III(5:1–6) / 207
5) 두 번째 대단원의 본론부 III(핵심부의 외곽틀 A′[5:7–9]): 남은 자의 구원 / 214
6) 두 번째 대단원의 결론부(5:10–15): 질타와 구원의 소망 / 218

4. 세 번째 대단원(6:1–7:20): 질타의 말씀과 구원의 소망 ········· 224
1) 세 번째 대단원의 서론부(6:1–8) / 225
2) 세 번째 대단원의 설교 전개 I(6:9–16) / 235

3) 세 번째 대단원의 설교 전개 II(7:1-7) / 240
4) 세 번째 대단원의 결론부(7:8-20): 구원의 소망(기도와 찬양) / 246

참고문헌 / 261

요나

I. 서론

1. 요나서 서론

예언자들에 관한 기록은 예언서 이외에는, 대개 오경과 역사서에 분포되어 있다. 오경과 역사서에 나오는 예언자들에 관한 기록에는 이 예언자들을 통해 선포된 '말씀'보다는 그들의 '활동'에 더 많은 초점이 맞추어져 있다. 이에 반해 우리가 종종 문서예언서라 부르는 예언서들 곧 예언자들을 통해 선포된 하나님의 말씀을 수집하여 엮어진 책들에는 예언자의 '활동' 자체를 기록하여 알리는 일보다는 하나님의 '말씀' 자체를 전하는 일에 그 초점을 맞추고 있다.

문서예언서들 사이에 포함되어 있는 요나서는 다른 문서예언서들과는 달리, 예언 자체가 이 책 전체의 총 절수인 48절 중 반절이 채 안 되는 내용(5개의 단어)만을 가지고 있다. 그리고 다른 예언서들과는 달리 이 책은 '예언 자체'보다는 '예언자'에 관한 이야기에 초점을 맞추고 있다. 대개의 경우 이방민족들에 대한 하나님의 징벌의 말씀을 선포할 때 자기 나라에서 그들을 향해 선포하는데, 요나서에서는 하나님이 요나에게 그곳에 직접 가서 말씀을 선포하라고 명령하시며, 이 명령 자체가 책의 내용전개에 있어서 큰 중요성을 갖는다. 예언서들의 중심은 하나님의 말씀이며 하나님 자신이시다. 예언자들은 하나님의 영에 사로잡혀 하나님의 종의 역할을 하는 지상대변자들일 뿐이다. 그럼에도 불구하고 예언서를 읽는 사람들은 예언서에서 그 예언자들의 영적 위대성을 놓칠 수 없다.

요나서의 특징은 하나님의 역사(役事)에 대한 예언자의 편견과 하나님을 거역하는 그의 죄가 언급되며 예언자 자신이 받게 된 징벌에 관해 언급하고 있다는 점이다. 따라서 이 책은 이 책 나름대로의 고유한 구성과 내용적 특징을 가지고 하나님의 뜻을 계시하고 있는 중요한 정경 중 하나이다.

요나라는 인물은 열왕기하 14:25에 언급된다. "이스라엘 하나님 여호와께서 그 종 가드헤벨 아밋대의 아들 선지자 요나로 하신 말씀과 같이 여로보암이 이스라엘 지경을 회복하되 하맛 어귀에서부터 아라바 바다까지 하였으니." 이 내용에 의하면 요나는 여로보암 2세 시대(주전 786–746년)의 인물이다. 그러나 이 책은 이스라엘 역사 후기의 표현을 내포하고 있다는 것이 일반적 관찰이다. '커리아'(qᵉrî'â קְרִיאָה 선포, 욘 3:2) 형태의 명사가 포로 이전부터 사용된 것이기는 하지만, 이러한 형태의 단어들(cf. '할리파'[ḥᵃlîpâ חֲלִיפָה 교체 변경 바꿈]; '할리카'[hᵃlîkâ הֲלִיכָה 행인 행차 행함])은 주로 포로기 이후 페르시아 시대에 많이 사용되던 어휘들이다.[1] '하늘의 하나님'이라는 표현도 창세기 24:3, 7에 나오기는 하지만, 주로 페르시아 시대의 문헌에 자주 나오는 표현이다(대하 36:23; 스 1:2; 5:11, 12; 6:9, 10; 7:12, 21, 23; 느 1:4; 2:4; 단 2:37; 44; 5:23 etc.).[2] L. C. 앨런(Leslie C. Allen)은 이러한 점을 근거로 요나서를 주전 5–4세기경에 기록된 책으로 본다.[3] H. W. 볼프(Hans Walter Wolff)는 요나서를 주전 4세기경에 쓰여진 책으로 보며, J. 림버그(James Limburg)는 주전 5세기경에 쓰여진 책으로 본다.[4] 그러나 D. 스튜어트(Douglas Stuart)는 대략 주전 750–250년 사이에 쓰여진 것이라는 사실 이외에는 단정적으로 말할 수 있는 문제가 아니라는 입장을 취한다.[5] 그러나 이 책을 주전 8세기의

1) Leslie C. Allen, 188; P. Joüon, *Grammaire de l'hébreu biblique*(1923), section 88b; 주석 참조.
2) Leslie C. Allen, 188; Pieter A. Verhoef, *The Books of Haggai and Malachi*, Grand Rapids: Eerdmans, 1986, 226–227.
3) Leslie C. Allen, 188.
4) James Limburg, *Hosea–Micah,* Interpretation(John Knox Press: Atlanta, 1988), 137–138.
5) Douglas Stuart, *Hosea–Jonah*, WBC 31, Waco: Word Books, 1987.

요나가 직접 기록한 것이 아니라 그 후대에 기록한 것이라고 하더라도 이 책이 담고 있는 역사성이 부인될 수는 없다.[6] 후대에 기록된 것이라고 하더라도 그 내용은 실제 사건을 바탕으로 한 것일 수 있기 때문이다.[7]

이 책의 문학 유형과 관련하여 L. C. 앨런은 이 책을 역사서라기보다는 일련의 알레고리적 요소들을 가지고 있는 비유('a parable with certain allegorical features')에 해당된다고 본다.[8] J. 림버그는 이 책을 '이야기'(narrative or story)로 보며,[9] D. 스튜어트는 이 책의 장르를 좀더 구체적으로 '교훈적 예언 내러티브'(a didactic prophetic narrative)라고 본다.[10] 이 책은 분명히 교훈적 목적을 가지고 있는 책이고, 역사적 내용을 담고 있는 책이며, 내러티브의 특성을 가지고 있다는 차원에서 D. 스튜어트의 장르 이해가 적절하다고 할 수 있다. 이 책은 소예언서에 포함되어 있다. 정경은 이 책을 다른 예언서들처럼 역사 속에서 일어난 사건으로서, 역사 속에서 일어나며 일어날 일로서 읽기를 요구하고 있는 것이다. 그리고 이 책의 주인공 요나는 주전 8세기에 살았던 한 인물이다. 이러한 사실들 자체가 이 책을 역사적 배경 속에서 읽어야 하는 중요한 이유이다. 엘리야나 엘리사의 사역에 관한 역사 기록과 유사한 것이다. 물론 이 책에는 문자 그대로 수용하기를 어렵게 하는 일련의 내용들이 있다. 특히 요나가 물고기 뱃속에서 3일간 있다가 살아났다는 이야기가 그중 하나이다. 이와 관련하여 L. C. 앨런은 이 노래를 양식비평적 차원에서 성전에서 감사제물을 바치기 전에 불려지던 감사시에 해당되는 것이라고 본다. 그리고 요나 2:1-9의 찬양의 노래를 이 책의 저자가 그 시대의 일반적인 감사시 중의 하나를 택하여 요나의 뱃속에서 부른 노래로 차용하였다고 본다.[11]

그러나 이것의 기원이 무엇인가보다 더 중요한 것은, 2장이 요나 자신의

432-433.

6) Leslie C. Allen, 179.

7) Douglas Stuart, *Hosea-Jonah*, 440-442.

8) Leslie C. Allen, 181 ; cf. 215.

9) James Limburg, *op. cit.*, 137.

10) Douglas Stuart, *Hosea-Jonah*, 435-436.

11) Leslie C. Allen, 182-185.

체험을 반영하는 것이라는 점이며, 요나서는 이것을 요나가 물고기 뱃속에서 고백하는 것으로 읽도록 구성되어 있다는 점이다. 이 찬양의 장르적 배경과 기원이 무엇인가는 이 책의 정경적 목적과 거리가 있는 문제이다. 더 중요한 사실은 그 내용이 지금 현재 주어진 문맥 안에서 역사적 사실로 읽도록 쓰여졌으며, 이 책은 이와 같이 읽도록 우리에게 정경으로 주어진 것이라는 점이다.

이 책은 우선 크게 두 부분으로 나눌 수 있다(전반부 1–2장; 후반부 3–4장). 이 두 개의 큰 단락은 두 개의 본질적인 두 명령으로 시작된다.

1. "너는 일어나 저 큰 성읍 니느웨로 가서 그것을 쳐서 외치라"(쿰 레크 엘 니느베 קוּם לֵךְ אֶל־נִינְוֵה)(요나서의 서두, 욘 1:2).

2. "일어나 저 큰 성읍 니느웨로 가서…선포하라"(쿰 레크 엘 니느베 קוּם לֵךְ אֶל־נִינְוֵה)(요나서 후반부의 서두, 욘 3:2). 이 두 번째 명령은, 요나가 첫 번째 하나님의 명령을 거역하여 다시스로 가려다가 바다에 빠지는 고통을 겪고 회개하고 돌아왔을 때 다시 주어진 명령이다. 이 반복된 명령은 요나의 선교사명을 강조하는 말씀이다. 내용의 전개상 크게는 1–2장은 3–4장의 전체적 서론이기도 하다.[12] 1–2장에서 다루어진 기본적인 주제들이 3–4장에서 다루어진다.

이 책은 내용전개에 있어 이러한 큰 구조적 틀 안에 더 상세한 구조적 특징을 내포하고 있다. 그것은 이 책이 소설이나 희곡에서 볼 수 있는 구성적 특징 곧 '발단–전개–위기–절정–결말'의 구조적 틀을 바탕으로 전개되어 있다는 점이다. 이 구성의 관찰에 있어 필자는 기본적으로 H. W. 볼프의 관찰에 동의한다.[13] 그러나 세부적 내용에 있어 의견을 달리한다.

필자는 특히 이 책에서 발견되는 삼단양식과 중앙 집중구조에 초점을 맞추어 그 내용을 관찰하였다. 물론 이러한 문학적 특징 자체가 이 책 내용의 역사성을 부정하는 것은 아니다. 단지 그러한 특징을 가지고 있다는

---

12) L. Alonso Schökel / J. L. Sicre Díaz, *Profetas Comentario II*(Madrid: Ediciones cristiandad, 1980), 1010–1011; Leslie C. Allen, 193.

13) H. W. Wolff, *Obadiah and Jonah*(Minneapolis: Augsburg, 1986), 80ff. (*Obadja und Jona*, BK, 1977).

사실을 관찰할 수 있다는 것일 뿐이다. 역사서에서 볼 수 있는 예언자들(엘리야, 엘리사 등)에 관한 역사 이야기, 즉 역사적 사건을 바탕으로 후대에 기록된 역사 내러티브와 유사한 책으로 볼 수 있을 것이다. 그 내용이 후기에 내러티브로 쓰여진 것이라고 하더라도, 그 내용은 실제 사건을 기초로 하고 있는 것이다.

2. 요나서 내용 개요

요나서의 전체적 내용을 살펴보면 다음과 같다.

1. 요나 1:1-3은 이 책 전체의 무대 설정(setting the stage)에 해당되며 서두요, 단서로서 앞으로 전개될 모든 내용의 기초를 놓는다. 하나님께서 아밋대의 아들 요나에게 니느웨로 가서 예언을 선포하라는 명령을 내리신다. 그러나 요나는 하나님의 뜻을 거역하여 그 정반대 방향인 다시스로 도망하려 한다. 그래서 그는 걸음을 돌려 욥바로 가서 다시스행 배를 타게 된다.

2. 전개부에 해당되는 요나 1:4-2:10은 크게 두 부분, 곧 바다 위에서의 사건(1:4-16)과 바다 속에서의 사건(1:17-2:10)으로 나뉜다. 요나 1:4-16은 전개부의 전반부에 해당되는 부분으로 바다 위에서의 사건을 다룬다. 요나가 탄 배가 바다를 지나가고 있을 때 여호와께서 폭풍을 일으키신다. 결국 선원들은 이것이 요나 때문인 것을 알게 되고 요나를 바다 속에 던진다. 하나님은 큰 물고기를 보내셔서 그를 삼키게 하심으로 죽음의 상황에 빠진 그를 살려 주신다. 그리고 요나는 이에 대한 감사의 찬양을 드리게 되는데, 이 기도와 찬양의 내용이 1:17-2:10에서 다루어진다. 그리고 그 큰 물고기는 사흘 뒤 요나를 물 밖 육지로 뱉어 내어 그의 구원을 완성한다.

3. 요나 3:1-10은 희곡 또는 소설의 위기에 해당되는 부분이다. 이 부

분은 앞의 내용을 바탕으로 하여 내용을 새롭게 전개하는 전환부의 역할을 한다. 얼핏 평온한 전개인 것 같지만 이 내용은 앞으로 전개될 일들의 파국을 준비하는 부분으로 위기의 내용을 담고 있다. 이 단락에서는 여호와께서 다시 요나에게 니느웨로 가서 하나님의 말씀을 전하라고 명하신다. 하나님의 징벌과 구원의 역사(役事)로 새롭게 태어난 요나는 하나님의 명령에 순종하여 "사십 일이 지나면 니느웨가 무너지리라"고 외친다. 이에 니느웨 백성은 여호와께 간절히 부르짖으며 회개하고 악행을 버리게 된다. 하나님께서 이를 보시고 뜻을 돌이키시어, 그들에게 내리려 하셨던 재앙을 거두신다.

4. 요나 4:1-4에서 이제 드디어 앞의 위기가 파국을 맞이하며 내용은 절정에 이른다. 이것은 위기의 절정이다. 그리고 이것은 다음 대단원에서 해소되어야 하는 갈등의 절정이다. 요나는 니느웨의 구원을 보고 화가 나서, 이런 것을 보느니 차라리 죽는 것이 낫겠다고 말한다. 이에 대해 하나님은 그를 깨우치실 것임을 암시하신다.

5. 요나 4:5-11에서 이제 무대는 성 밖으로 옮겨진다. 요나는 이 도시가 장차 어떻게 되는가를 보려고 도시의 동편에 가서 앉는다. 그때 하나님께서 요나의 머리 위로 박넝쿨(또는 아주까리)이 자라게 하시고 그늘을 드리워 더위를 면하게 하신다. 그러나 이튿날 하나님께서 벌레를 보내어 그 박넝쿨을 갉아먹어 시들어 죽게 하신다. 그리고 해가 뜰 때 뜨거운 열풍이 불어오게 하신다. 요나는 뜨거운 햇볕이 내리쬐자 기절할 지경에 이르게 되었다. 그러자 그는 이렇게 사느니 차라리 죽는 것이 낫겠다고 하나님께 불평한다. 그때 하나님이 말씀하신다. "네가 수고도 아니하였고 배양도 아니하였고 하룻밤에 났다가 하룻밤에 망한 이 박넝쿨을 네가 아꼈거든 하물며 이 큰 성읍, 니느웨에는 좌우를 분변치 못하는 자가 십이만 여명이요 육축도 많이 있나니 내가 아끼는 것이 어찌 합당치 아니하냐"(욘 4:10-11). 이 말씀을 끝으로 요나의 편협한 마음을 질책하며 하나님의 크신 사랑과 긍휼을 보여 주신다. 앞에서 전개된 모든 내용 곧 요나의 갈등이 여기에서 해소되며 대단원의 막을 내린다.

3. 요나서 신학

이 책의 신학적 의도와 목적은 서두에서 결론까지 독자나 청중의 흥미를 유도하며 희곡적으로 암시되면서, 간간히 핵심적 표현을 통하여 표출되어 나타난다. D. 스튜어트(Douglas Stuart)는 이것을 이 책의 흥미유발적 특징(sensational feature)이라고 부른다.[14] 특히 1:9; 4:2와 요나의 감사 기도에 해당되는 2:1-9에서 이 책의 신학적 기초를 이루는 내용이 나온다.[15] 1:9에서 하나님은 창조의 하나님이심이 강조된다. 하나님은 바다와 육지를 지으신 하늘의 하나님으로 고백된다. 그분이 만유의 주관자이시며, 생사화복의 주관자이시다. 그리고 2:1-9에서 이 내용이 구체성을 띠며 나타난다. 하나님은 바다와 지하세계 곧 죽음의 세계도 주관하시는 권능의 하나님이시며 물과 물(홍해)을 갈라 그의 백성을 건져 주시는 구원의 하나님 곧 출애굽의 하나님이시며 죽음의 세계에서 생명의 세계로 회복시켜 주시는 구원과 은혜의 하나님이심을 선포한다. 4:2에서 "주께서는 은혜로우시며 자비로우시며 노하기를 더디하시며 인애가 크시사"라고 고백한다. 하나님은 구원과 용서의 하나님이시며, 긍휼의 하나님이심을 선포하고 있는 것이다. 하나님이 이러한 분이시기에 하나님을 거역한 요나를 살려 주

14) Douglas Stuart, 435, 440.
15) Leslie C. Allen, 192.

시고 다시 종으로 쓰시며(1 : 17-3 : 1), 니느웨 백성이 회개하자 그들을 용서하시어 그들을 징벌하고자 하셨던 계획을 바꾸신 것이다(3 : 1-10). 결론부에서 하나님께서는 앞뒤를 가리지 못하는 많은 어린 아이들과 가축들이 살고 있는 니느웨를 어찌 구원하지 않겠느냐고 하시며 하나님의 크신 사랑을 보여 주신다(욘 4:9-11). 여기에서도 하나님께서는 이방인들을 포함한 모든 만민에 대한 그의 크신 사랑을 베풀고 계신 것이다. 이 하나님에 대한 이해와 고백이 이 책 전체의 신학적 기초이다. 그리고 이 이야기의 전개를 통하여 선민 곧 사명자의 신앙적 자세는 어떠해야 하는가를 계시하신다.

이스라엘이 이방민족들의 지배를 받아온 것은 사실이다. 요나는 이를 대표한다. 그러나 그들을 증오하는 것은 하나님께서 원하시는 바른 신앙인의 삶이 아니라는 것이다. 니느웨는 산헤립(주전 705-681) 이후로 앗시리아의 수도였고, 이스라엘 사람들에게 제국주의의 상징이 되어 왔으며, 그들의 가장 잔인한 적으로 여겨져 왔다(사 10:5-15; 습 2:13-15; 나훔). 요나는 바로 이 억압자들(니느웨 사람들)에게 하나님의 말씀을 전해야 했던 것이다. 여기서 요나는 피압박자를 대표한다. 즉 억압자들로부터 착취와 박해와 포로를 경험해야 했던 피압박 민족이었다. 그에게 억압자들에 대한 반감은 당연한 것인지도 모른다. 그러나 하나님께서는 이러한 반감과 미움의 자세는 참된 선민의 자세가 아니라고 하신다. 하나님께서는 니느웨가 회개하여 악행을 버리고 선을 행하게 되자 노여움을 푸시고 그들에게 내릴 재앙을 거두신다(욘 3:8-10). 그리고 하나님께서는 요나의 불평에 대하여 죄 없는 어린 아이와 가축을 아끼는 것이 어찌 합당치 않느냐고 반문하신다(욘 4:11). 죄인들을 정죄하고 미워하기에 앞서 죄인들에게 그들의 악행과 죄의 현실과 그 원인을 분명히 깨닫게 하고 하나님의 뜻에 따라 살도록 이끄는 것이 바로 참다운 선민의 자세라는 것이다.

오늘날에도 기독교인들을 핍박하는 니느웨와 같은 많은 도성과 권력들이 있다. 이들의 직접 또는 간접적 희생자들인 신앙인들이 그들을 미워해야 하는가? 하나님의 뜻은 그것이 아니라는 것이다. 분명 하나님께서는 희생자들과 약자들의 편에 서신다. 그렇다고 하나님은 억압자들에 대한 미움이나 보복을 허락하시는 분이 아니다. 하나님께서는 그들이 회개하고 돌아설 때 그들을 용서하신다. 하나님께서는 그들이 회개하고 남을 학대하는 악한 행실을 버릴 것을 원하신다. 하나님은 희생자들과 약자들뿐만 아니라 억압자들까지도 구원하기를 원하시는 분이시다(욘 4:2). 이것이 예수 그리스도의 가르치심이기도 하다(마 5:45; 눅 19:1-10). 하나님은 세상만민의 구원을 원하신다. 이스라엘은 이러한 하나님의 계획에 동참하여 복의 근원 역할을 감당해야 하는 것이다(창 12:3; 출 19:5-6; 사 49:6; 60:1-3; 렘 4:1-2; 갈 3:8).

II. 본문 주석

1. 1:1–3(발단)

¶ 본문

[1] 여호와의 말씀이 아밋대의 아들 요나에게 임하니라 이르시되 [2] 너는 일어
나 저 큰 성읍 니느웨로 가서 그것을 쳐서 외치라 그 악독이 내 앞에 상달하
였음이니라 하시니라 [3] 그러나 요나가 여호와의 낯을 피하려고 일어나 다시
스로 도망하려 하여 욥바로 내려갔더니 마침 다시스로 가는 배를 만난지라
여호와의 낯을 피하여 함께 다시스로 가려고 선가를 주고 배에 올랐더라

¶ 개요

1:1–3은 이 책의 서두로서 요나의 출신과 사명에 관해 언급한다. 이 부분은 이 이야기의 전개에 앞서 주어져야 하는 기본적 정보와 내용적 단서를 제공한다.

이 단락의 구조는 다음과 같다.

1. 1:1 요나를 향한 하나님의 명령
2. 1:2 명령의 내용

3. 1:3 명령에 대한 요나의 거역

이 단락을 구성하는 핵심적 어휘는 각 절의 서두에서 문장의 내용을 이끄는 세 개의 동사이다(1절 וַיְהִי[바예히]; 2절 קוּם[쿰]; 3절 וַיָּקָם[바야콤]). 1절은 동사 '바예히'("임하니라")를 시작으로 하나님의 말씀이 아밋대의 아들 요나에게 임하셨음을 알린다. 2절은 동사 '쿰'("일어나")을 기점으로 하는 명령 곧 니느웨로 가서 그들에 대한 하나님의 징벌의 말씀을 선포하라는 명령의 내용을 다룬다. 3절은 2절의 명령어 '쿰'과 동일한 어근의 동사 '바야콤'("일어나")을 시작으로 이 명령에 대한 요나의 거역을 다룬다("일어나… 도망하려"[וַיָּקָם לִבְרֹחַ 바야콤 리브로아흐]). 이 명령의 거역은 앞으로 전개되는 모든 내용의 단서로서 중앙집중구조로 특별히 강조된다.

¶ 주석

1 이 책의 중요한 특징 중의 하나는 다른 예언서들과는 달리, 서두를 접속사(바브 וְ)로부터 시작한다는 점이다(바예히 וַיְהִי [접속사 וְ + '하야' היה 동사 3인칭 남성단수 미완료]). 이 접속사(ו [바브])는 'and,' 'but,' 'then,' 'now,' 'so' 등으로 번역되는 단어이다. ASV, RSV, NRSV, KJV, NKJV 등은 이것을 Now(이제)로 번역한다. 이와 유사한 표현이 사무엘상 15:10; 열왕기상 17:2, 8 등에 나온다. 사무엘상 15:10의 (וְ)를 ASV, NASB, KJV, NIV는 Then(그때)으로 번역하고, NKJV는 Now(이제)로 번역한다. 열왕기상 17:2의 경우 KJV, ASV, NASB, RSV는 And(그리고)로, NKJV와 NIV는 Then(그때)으로 번역하고 있으며, 열왕기상 17:8의 경우 KJV, ASV는 And(그리고)로 번역하고 있고, NKJV, NASB, RSV, NRSV, NIV는 Then(그때)으로 번역한다.

그러나 가장 유사한 예는 에스겔 1:1이다. 이것은 여기에서처럼 '바예히'로 시작된다. 이것은 요나 1:1을 제외하고는, 예언서에서 유일한 경우이다. 에스겔 1:1에서 '바예히'는 예언자의 예언 활동과 관련된 때와 상황을 나타낸다.[1] 대개의 영어역본들은 이것을 잘 표현해 주고 있다(Now).

한글 성경 중에는 표준새번역이 이 의미를 가장 잘 표현하고 있다('때는 제 삼십년 넷째달 오일이었다, 그때에…' 겔 1:1).

이것은 어떤 한 특별한 순간에 한 특별한 장면이 시작되고 있음을 알리며 한 특별한 사건이 일어나고 있음을 알리는 역할을 한다. '그때 한 사건이 일어났다.' 그때 일어난 사건에 대한 회상의 의미도 내포한다. 연극의 막이 오르며 무대에 한 인물이 서 있는 장면을 연상시킨다. 이제 그와 관련된 한 이야기가 시작되기에 앞서 그에게 일어난 일과 사건의 상황을 소개하는 것이다. 내레이터(narrator)는 말한다. '그때 하나님의 말씀이 그에게 임하였느니라.' 마치 옛날 이야기를 시작할 때 나오는 '어느 한 옛날에'(Once upon a time) 또는 에스겔 1:1의 경우와 같이, '때는'(Now)과 같다고 할 수 있다. 이 '때'를 살려서, 요나 1:1을 번역하면, '하나님의 말씀이 아밋대의 아들 요나에게 임하였을 때니, 주께서 이르시되' 또는 '하나님의 말씀이 아밋대의 아들 요나에게 임하였을 때였다. 주께서 이르시되'가 될 것이다.[2]

그의 이름은 '요나'(יוֹנָה)이며, 그 의미는 '비둘기'이다. 이스라엘은 비둘기로 비유되곤 하는데(호 7:11; 11:11; 시 74:19), 여기에서 요나는 이스라엘을 상징하는 인물일 수 있다. 그의 아버지는 아밋대이며, 이 이름은 '에메트'(אֱמֶת 진실, 진리, 성실)를 내포한다. 요나는 열왕기하 14:25에 나오는 인물이다. 요나의 고향은 가드헤벨(Gath-Hepher)이고, 이곳은 갈릴리호 서편의 한 마을이며, 오늘날의 '엘 메셰드'(el-Meshed)로 알려져 있다. 그는 여로보암 2세(주전 786-746) 때 북왕국의 영토가 북쪽 하맛어귀에서부터 남쪽 아라바 바다까지 확장될 것을 예언한 사람이다.

이 책에서 첫 번째 나오는 주인공은 하나님 자신이시다. 그리고 하나님의 이름 '여호와'(יהוה)는 25회 나오고, '엘로힘'(אֱלֹהִים, 하나님)은 13회, '여호와 하나님'(야웨 엘로힘, יהוה אֱלֹהִים)은 1회만 나온다. 이 책의 총 44절 가운데 39번에 걸쳐 하나님이 언급된다. 룻기에서는 서두와 말미에 하나님

---

1) Jack M Sasson, *Jonah,* AB(New York: Doubleday, 1990), 66-67.

2) Jack M. Sasson, 66('When the Lord's command to Jonah the son of Amittay was').

이 언급된다(룻 1:6; 4:13). 에스더서에는 하나님이 한번도 언급되지 않는다. 이 책은 요나에 관한 이야기라기보다는 하나님과 요나에 관한 이야기이다.

¶ 주석

2 하나님은 그에게 '일어나 가라'(쿰 레크, קוּם לֵךְ "일어나 … 가서")고 하신다. 열왕기상 17:8; 예레미야 1:4; 학개 1:3(cf. 렘 13:6)에도 나오는 말이다. 그러나 여기에서 하나님은 그에게 니느웨로 가서 그들에 대한 하나님의 징벌의 말씀을 선포하라고 하신다. 이 말씀은 스바냐(2:13)나 나훔에 의해 선포된 말씀과 맥을 같이하는 것이다. 그들의 악독이 하나님 앞에 상달되었기 때문이다. 니느웨는 산헤립(주전 705-681년) 시대부터(주전 700년경) 주전 612년에 메대와 바벨론 연합군에 의해 점령될 때까지 앗시리아의 수도였다. 이것은 티그리스 강변에 위치한 곳으로 오늘날 이라크의 '모술'(Mosul)의 맞은편에 위치해 있었다(cf. 3:3; 4:11의 주석 참조). 산헤립은 자신을 '위대한 왕'이라고 부른 사람이고, 이 말은 아카드 왕들의 칭호에 해당된다(왕하 18:28). '위대한 도시(큰 도시)'라는 말은 바로 이와 같은 불경건한 도시와 왕을 상기시킨다. 이것은 요한계시록의 '큰 성 바벨론'(계 18:2, 10, 18-19, 21)과도 내용상 맥을 같이하는 말이다. 그들은 하나님의 대적자들이다. 그들은 창세기 18:20-21에 나오는 소돔과 고모라와 같은 죄를 진 존재로 나타난다(나 3:19). 하나님은 자국(自國)에서 하나님의 말씀을 선포했던 다른 예언자들과 달리, 요나에게는 그 니느웨에 직접 가서 징벌 선포의 사명을 수행하라고 하신다. 이 막중한 사명은 힘든 사명일 수 있지만 영광스러운 사명인 것이다.

3 그러나 요나는 하나님의 명령에 순종하지 않는다. 왜일까? 청중들은 더욱 궁금해진다. 그는 하나님이 명령하신 곳이 아닌 자기가 원하는 곳으로 간다. 예언자들은 하나님이 가라고 하시면 그곳으로 간다. 비록 예언자들은 가끔 하나님의 소명을 받을 때 예언적 사명의 막중함 때문에 그것

을 피하려고 한다. 모세가 그러했고 예레미야가 그러했다(출 4:10, 13; 렘 1:6). 그러나 이 부르심은 피할 수 없는 것이다. 아모스도 고백한다('사자가 으르렁거리는데, 누가 겁내지 않겠느냐? 주 하나님이 말씀하시는데, 누가 예언하지 않을 수 있겠느냐'[암 3:8, 표준새번역]).

여기에서 아직 요나가 하나님의 명령에 순종하지 않는 이유를 밝히지 않는다. 이것을 이야기 전개과정을 통하여 밝히려는 것이 저자의 의도이다. 우선 서두에서 문제를 암시할 뿐이며 이러한 내용은 이야기의 전개에 따라 밝혀지고 이 문제는 이야기의 진행에 따라 자연스럽게 해소된다. 이것이 바로 이 책의 희곡적 면모(또는 흥미유발적 면모, sensational feature)이다.

3절에서 내레이터는 바로 이 요나의 반란을 중앙집중구조를 통해 강조한다.

A. 요나는 여호와를 피하여 다시스로 가기 위하여 일어났다.
(תַּרְשִׁישָׁה מִלִּפְנֵי יהוה 타르쉬스 밀리프네 야웨)
　　B. 그는 욥바로 갔고(ירד 야라드)
　　　　C. 다시스로 가는 배를 발견했으며(תַּרְשִׁישׁ 타르쉬스)
　　B'. 배삯('선가')을 주고 배를 탔다[3](ירד 야라드).
A'. 여호와를 피해 그들과 함께 다시스로 가기 위함이었다.
(תַּרְשִׁישָׁה מִלִּפְנֵי יהוה 타르쉬스 밀리프네 야웨)

다시스가 세 번에 걸쳐 나오면서(תַּרְשִׁישׁ) 하나님이 원하신 곳이 아닌 곳으로 가는 요나의 거역을 강조한다.[4] 그리고 문두문미 병행구(inclusio)의 형태로 '그가 여호와를 피하여 다시스로 갔다'(타르쉬스 밀리프네 야웨 תַּרְשִׁישָׁה מִלִּפְנֵי יהוה[to Tarshish from the presence of Yahweh])는 사실이 강화된다(A // A').

3) '바예렛 바흐'(וַיֵּרֶד בָּהּ), '바이텐 스카라흐'(וַיִּתֵּן שְׂכָרָהּ): 이 두 문장은 배를 가리키는 '3인칭 여성대명사(her: 스카라흐[שְׂכָרָהּ]; 바흐[בָּהּ])'로 서로 묶여 있다.

4) 이 책의 삼단양식적 면모를 보여 준다.

다시스는 대개 스페인의 남서쪽 해변지역(Tartessos)으로 추정되는 곳으로,[5] 니느웨와는 정반대에 위치해 있는 세상의 또 다른 방향의 끝자락 도시이다. "가려고"로 번역된 히브리어 부정사(לָבוֹא '가기 위하여')는 문법적으로 목적 부정사(infinitive of purpose)로서 요나의 목적을 명백히 보여준다. 내레이터(narrator)는 여기에서 이 문법적 표현을 통하여 요나가 의도적으로 하나님을 떠나 다시스로 가기를 선택하였음을 강조하고 있다. 이 배는 배의 앞에 쇠로된 충각을 가지고 있는, 긴 2단식 노 젓는 배로서 배의 양편에 각각 15에서 25개의 노를 가지고 있으며, 한 개의 갑판과 한 개의 사각형 돛이 올려진 배였을 것으로 추정된다.[6] 이스라엘 사람들은 바다에 익숙한 뱃사람들이라기보다는 육지의 삶에 익숙한 사람들이다. 여기에서 요나는 그에게 익숙하지 않은 삶을 택하였다. 그럴 수도 있다. 그러나 문제는 그가 하나님의 명령에 반(反)하는 선택을 한 것에 있다. 그것은 결국 성취될 수 없는 일이며 헛된 선택이었던 것이다. 요나는 인간에게 하나님을 피할 수 있는 곳은 아무 데도 없다는 사실을 망각하고 있는 것이다(시 139:7, 9; 암 9:2-4; 고후 11:24-27; 롬 8:38-39; 눅 15:11-32). 욥바(Yafo[Eng. Jaffa])는 현대의 텔아비브 외곽에 위치하고 있는 지중해변 항구이다.

¶ 메시지

하나님은 저 큰 성읍 니느웨 곧 악행이 가득한 곳의 백성을 구하시기를 원하신다. 이스라엘, 특히 이스라엘을 대표하는 요나는 이들에게 하나님의 말씀을 증거하여, 이 죄인들의 생명을 구해야 하는 사명을 가지고 있다. 그러나 편협한 생각과 믿음을 가지고 있던 요나는 그것을 거부한다. 그러나

5) J. A. Bewer, *International Critical Commentary*, 1911, 29; J. D. Smart, *The Book of Jonah*, IB, VI, 879; L. Alonso Schökel/J. L. Sicre Díaz, 1017; Hans Walter Wolff, *Obadiah and Jonah*, 100-101.

6) Leslie C. Allen, 205; George F. Bass and Shelley Wachsmann, "Ships and Boats," *Oxford Encyclopedia in the Near East*, vol. 5, 1997, 30-34.

하나님은 이러한 편협한 신앙을 가진 요나를 구하시려고 그를 징계하시며 가르치신다. 요나는 이제 체험하게 될 그의 인생의 극적인 사건을 통하여 하나님의 뜻을 따르게 된다.

하나님은 이러한 특별한 역할을 요나에게 주시는데, 하나님은 그것을, 그에게 말씀을 주시는 것으로부터 시작하신다. 그 말씀은 하나의 사건으로 임하는 것이다. 이것은 단순히 듣는 것 이상의 것을 의미한다. 하나님의 말씀이 임하는 것은 그에게 엄청나고 결정적인 사건이 되기 때문이다. 이러한 말씀 체험을 한 사람들은 그 명령에 순종할 수밖에 없는 것이다. 히브리어 '하야'(היה 임하다)가 그것을 나타낸다.

비록 요나가 이것의 의미를 깊이 인식하지 못했지만, 그것은 순종하지 않고는 해결되지 않는 영적 사건인 것이다. 요나는 감사해야 할 일을 거부하였고, 결국 그에게 고난이 닥칠 수밖에 없었던 것이다. 요나의 이 체험은 하나님의 부르심에 대한 순종이 얼마나 소중한 것인가를 보여 주는 것이다.

2. 1:4-16(전개 I)

¶ 본문

[4]여호와께서 대풍을 바다 위에 내리시매 바다 가운데 폭풍이 대작하여 배가
거의 깨어지게 된지라 [5]사공이 두려워하여 각각 자기의 신을 부르고 또 배
를 가볍게 하려고 그 가운데 물건을 바다에 던지니라 그러나 요나는 배 밑층
에 내려가서 누워 깊이 잠이 든지라 [6]선장이 나아가서 그에게 이르되 자는
자여 어찜이뇨 일어나서 네 하나님께 구하라 혹시 하나님이 우리를 생각하
사 망하지 않게 하시리라 하니라 [7]그들이 서로 이르되 자 우리가 제비를 뽑
아 이 재앙이 누구로 인하여 우리에게 임하였나 알자 하고 곧 제비를 뽑으니
제비가 요나에게 당한지라 [8]무리가 그에게 이르되 청컨대 이 재앙이 무슨
연고로 우리에게 임하였는가 고하라 네 생업이 무엇이며 어디서 왔으며 고
국이 어디며 어느 민족에 속하였느냐 [9]그가 대답하되 나는 히브리 사람이
요 바다와 육지를 지으신 하늘의 하나님 여호와를 경외하는 자로라 하고
[10]자기가 여호와의 낯을 피함인줄을 그들에게 고하였으므로 무리가 알고 심
히 두려워하여 이르되 네가 어찌하여 이렇게 행하였느냐 하니라 [11]바다가
점점 흉용한지라 무리가 그에게 이르되 우리가 너를 어떻게 하여야 바다가
우리를 위하여 잔잔하겠느냐 [12]그가 대답하되 나를 들어 바다에 던지라 그
리하면 바다가 너희를 위하여 잔잔하리라 너희가 이 큰 폭풍을 만난 것이 나

의 연고인줄을 내가 아노라 하니라 [13]그러나 그 사람들이 힘써 노를 저어
배를 육지에 돌리고자 하다가 바다가 그들을 향하여 점점 더 흉용하므로 능
히 못한지라 [14]무리가 여호와께 부르짖어 가로되 여호와여 구하고 구하오니
이 사람의 생명 까닭에 우리를 멸망시키지 마옵소서 무죄한 피를 우리에게
돌리지 마옵소서 주 여호와께서는 주의 뜻대로 행하심이니이다 하고 [15]요나
를 들어 바다에 던지매 바다의 뛰노는 것이 곧 그친지라 [16]그 사람들이 여
호와를 크게 두려워하여 여호와께 제물을 드리고 서원을 하였더라

¶ 개요

도입부(1:1-3)에 이어서 요나서의 저자는 1:4-2:10에서 신관과 인간관을 복합적으로 전개한다. 이 부분은 크게 둘로 나뉘어진다.

1. 요나 1:4-16(전반부: 바다 위에서의 사건)
2. 요나 1:17-2:10(후반부: 바다 속에서의 사건과 이에 대한 감사기도)

요나 1:4-16의 구조는 중앙집중구조로 되어 있다(A-B-C-B′-A′).[7)]

A. 4-5절 여호와와 선원들의 행위(서두)
B. 6-8절 요나와 선원들(선장)의 대화(요나의 정체를 밝힘)

7) 이 구조에 관한 대표적 연구 중 R. 페쉬(R. Pesch)의 것은 상당한 설득력을 가지고 있는 것이다. L. C. 앨런(Leslie C. Allen)도 이를 수용하고 있다(Leslie C. Allen, 197-198). 그러나 R. 페쉬의 관찰은 독립적으로 나눌 수 없는 절들을 다소 인위적으로 끊는다(5a[A]와 5b[B]와 5c[C]; R. Pesch, "Zur Konzentrischen Struktur von Jona 1," *Biblica*, 47[1966], 577-581). 그리고 D(6b절)와 D′(12절)에서는 '선장의 말'과 '요나의 말'이 병행을 이룬다고 보는데, 이 양자 사이의 병행적 요소가 약하다. L. 알론소 쇠켈(Luis Alonso Schökel)의 관찰은 표현방식과 화자에 초점을 맞추고 있는데, 알론소 쇠켈의 관찰에는 병행적 표현의 관찰이 좀더 보충되어야 한다(L. Alonso Schökel/J. L. Sicre Díaz, 1020). R. 페쉬의 관찰이나, L. 알론소 쇠켈의 관찰이나 9-10절이 이 구조의 핵심부라는 데는 이견이 없다.

C. 9-10절 요나의 고백

B′. 11-13절 선원들과 요나의 대화(바다의 점증되는 흉용함)

A′. 14-16절 여호와와 선원들의 행위(결말)

A. 여호와(יהוה)께서 큰 바람을 바다('얌' יָם) 위에 내리시매('툴' טוּל), 바다에 태풍이 일어나서 배가 거의 부서지게 되었다(4a절); 뱃사람들이 두려움에 사로잡혀('야레' יָרֵא, 5a절) 물건들을 던지니라('툴').

B. 누구로 인하여 우리에게 임하였나 알아 보자('브셸르미' ידע בְּשֶׁלְּמִי, 7a절).

C. 나는 히브리 사람이요, 바다와 육지를 지으신 하늘의 하나님 여호와를 경외하는 자로라('야레' יָרֵא, 9절); 무리가 알고 심히 두려워하여('바이레우 하아나쉼 이르아 게돌라' [יָרֵא] וַיִּירְאוּ הָאֲנָשִׁים יִרְאָה גְדוֹלָה, 10절)

B′. 나의 연고인 줄을 내가 아노라('브셸리' ידע בְּשֶׁלִּי, 12절).

A′. 요나를 들어 바다('얌' יָם)에 던지매('툴' טוּל) 바다('얌' יָם)가 뛰노는 것이 곧 그친지라(15절); 그 사람들이 여호와(יהוה)를 크게 두려워하여('바이레우 하아나쉼 이르아 게돌라' הָאֲנָשִׁים יִרְאָה גְדוֹלָה [יָרֵא] וַיִּירְאוּ, 16절)

A와 A′, 그리고 B와 B′는 다음과 같은 요소들을 중심으로 병행을 이룬다.

A. 야웨(여호와), 얌(바다), 야레(두려워하다), (툴 [던지다])[8];

A′. 야웨(여호와), 얌(바다), 야레(두려워하다), (툴 [던지다]);

B. 브셸르미(누구 때문에), 야다(알다);

B′. 브셸리(나 때문에), 야다(알다).

이와 같이 병행을 이루고 있는 A-B와 B′-A′ 사이의 중앙부(C)에서, 요나는 '야웨 하나님'에 대한 신앙을 고백하게 되고, 이 과정을 통해서 선원

8) 이 단어는 5절, 12절에도 나온다.

들도 하나님을 매우 크게 두려워하게 된 사실이 언급된다. B와 B′의 연결은 표현의 병행적 반복뿐만 아니라, "질문(B, '누구 때문에') – 대답(B′, '나 때문에')"의 상호관계를 통해서도 나타난다. 중앙부(C)는 신관을 선포하는 핵심부이며 동시에 내용적 전환점이다. 이 고백의 강조점은 하나님은 모든 창조와 역사의 주관자이며, 히브리의 하나님, 정의와 평화와 구원의 하나님이라는 사실이다. C에서 강조되는 내용 중의 하나는 하나님 경외이다. 하나님 경외는 모든 복의 첩경이다(신 6:2; 10:12; 28:58–59; 삼상 12:24; 왕하 17:35–39; 시 55:19; 112:1; 잠 10:27; 14:26–27; 19:23; 22:4; 사 33:6; 렘 10:7 etc.). 이 주제는 A에 나왔고 A′에 다시 나오는 내용이다. 10절과 16절에서, '그들이 크게 두려워하였다'('바이레우 하아나쉼 이르아 게돌라' וַיִּירְאוּ הָאֲנָשִׁים יִרְאָה גְדוֹלָה)는 표현이 병행을 이루며 나오는데, 앞의 내용을 종합 강조하는 결어부인 16절에서는 특히 두려움의 대상인 '야웨'를 명시하며 '이스라엘의 하나님 여호와'에 대한 경외의 중요성을 강조하며 단락을 마감한다.

1:4–16은 사람들이 두려워해야 할 대상은 만유의 주 여호와라는 사실뿐만 아니라, 이방인들도 하나님을 경외할 수 있는 사람들이라는 사실을 보여 준다. 이방인들도 마음의 변화와 신앙의 변화를 가질 수 있는 내적 잠재력, 즉 인간적 양심을 가지고 있는 소중한 존재임을 선포한다. 이것이 이 부분에서 강조되는 저자의 기본적 인간관이다. 선원들(이방인들)은 바다 한가운데서의 폭풍으로 인하여 두려워 떤다. 그리고 누구 때문에 이런 재앙이 생기게 되었느냐고 묻는다(4–8절). 요나가 자기 때문이라고 말하며 자신을 바다 속에 넣으라고 하지만(12절), 선원들은 그를 바다 속에 넣는 대신 뭍으로 돌아가려 한다. 그러나 폭풍이 더욱 거세게 몰아치자, 그들은 하나님께 구원을 간구하며 기도한다. 그러고 나서 이 모든 것이 하나님의 뜻임을 믿고 요나를 바다에 던진다. 물론 여기에는 하나님에 대한 그들의 두려움이 앞선 것이 사실이지만, 그들은 요나를 질책하거나 원망하지 않았고, 즉각적으로 그를 바다에 넣으려 하지도 않았다. 그들의 마음속에는 요나의 죽음에 대한 인간적 안타까움도 있었던 것이다. 이것이 이 본문을 통해 나타나는 이방선원들의 하나님 경외와 인간적 양심의 면모이다. 여기에서 요나서의 저자는 이방인들도 인간으로서의 기본적 양심을 가진 존재이

며 사랑받아야 할 존재이고 하나님께 충성할 수 있는 존재임을 강조한다. 여기(전개부[1:4-2:10])에서 표현된 이와 같은 인간에 대한 긍정적 선포는 "위기(3:1-10) - 절정(4:1-3) - 대단원(4:4-11)"에서 표현되는 내용, 곧 니느웨도 하나님 말씀을 듣고 즉각적으로 참회(3:1-10)할 수 있고, 하나님의 뜻에 따라 살 수 있으며 구원받아야 할 사람들이라는 사실의 서론적 배경이 되는 것이다.

¶ 주석

4 - **5** 이 단락의 첫 번째 표현이 '바야웨'(וַיהוה)이다. 접속사 '바브'(ו 그러나)와 '야웨'(יהוה)가 결합되어 나온다. 앞에서(1:1-3) 요나는 하나님의 명령을 어기고 자기 자신의 뜻대로 하나님이 명하시는 곳과는 정반대의 방향으로 움직인다. 여기에서 접속사 '바브'(ו[그러나])는 그가 계획한 것과는 정반대의 결과를 가져올 것이라는 것을 나타낸다. 개역한글판, 개역개정판, 표준새번역에는 이것이 번역되어 있지 않다. KJV, NKJV, ASV, RSV, NRSV, JB는 'But'로 번역을 하고 있고, NIV는 'Then'으로 번역하고 있으며, NASB는 이것의 번역을 생략하고 있다. 이 접속사와 이에 이어져 나오는 하나님의 이름 '야웨'(יהוה)가, 역사의 주관자는 요나가 아니라 하나님이심을 강조하여 준다.

요나서의 초점은 하나님 자신이다. 이 책은 1:1에서 '여호와의 말씀'이 요나에게 임하였다는 사실로부터 도입부를 시작한다. 전개부는 1:4에서 다시 "여호와"의 언급으로 그 단락을 시작한다. 이 단락의 핵심부인 C(9-10절)에서 여호와가 경외의 대상임이 다시 강조되고, 이 단락의 결어부분(16절)에서 여호와를 다시 언급함으로써 참다운 두려움의 대상은 하나님이시라는 사실을 강조한다. 이 책의 후반부의 서두이며, 위기부의 시작인 3:1에서 다시 여호와의 말씀이 요나에게 임하였음을 선포한다. 그리고 3:10에서 하나님이 니느웨 사람들의 회개를 보시고 그들을 용서해 주시는 내용에서도 '하나님'이 주어로 명시되고, 4:4에서 시작되는 하나님의 마지막 말씀을 언급하는 곳에서도 '여호와'의 이름을 명시하며 모든 역사의 주관자는 여호와 하나님이심을 강조한다.

하나님께서 큰 바람('루아흐 게돌라' רוּחַ גְדוֹלָה)을 내리신다. 1:4에서 "내리시매"로 번역되고, 5절에서 물건들을 바다에 "던지니라"로 번역된 단어는 '툴'(טוּל)이다. 이것은 대칭절인 1:15에서 '던지매'라고 번역된다. 이 말은 본래 '던지다, 내던지다, 집어던지다, 쫓아내다(throw, cast)' 등을 의미하는 말이다. 15절에서 요나를 바다에 던져 넣었다는 말은 요나가 하나님께 죄를 지었고 또 배 위에서 바다로 던지는 상황을 표현하기 위해 더는 적절한 말이 없었을 것이다. 그러나 하나님이 큰 바람을 바다 위에 던지셨다는 말은 이 상황에 적합하다고 할 수 없다. 이것이 내포하는 것은 무엇일까? 이것은 세상 모든 천체와 자연계를 주관하시는 주관자요, 주권자로서의 하나님의 역동적 행위를 나타낸다. 그리고 동시에 요나를 향한 하나님의 분노를 나타낸다고 할 수 있다. 실제 이 단어는 '집어 던지다, 쫓아내다' 등의 강한 의미를 가지고 하나님의 징벌에 사용되고 있다(사 22:17; 렘 16:13; 22:26, 28; 23:19-20; 겔 32:4; cf. 삼상 18:11; 20:33).

하나님이 큰 바람을 내리신 "바다"는 지중해를 가리킨다. 여기에서 바다는 핵심적 무대이다. 바다는 수면의 수평적 영역에서뿐만 아니라 수직적인 깊이의 영역으로도 사용된다. 전개부의 전반부(1:4-16)는 바다 위에서의 사건에 초점을 맞추고 있지만, 전개부의 후반부(1:17-2:10)는 바다 속에서의 사건에 초점을 맞추고 있는 본문이다. 전반부의 핵심부에서 하나님은 바다와 육지를 지으신 하늘의 하나님이라고 고백된다. 여기에 특별히 바다가 언급된다. 바다는 고대인들에게 두려움과 신비와 공포의 장소였다. 신이 거하는 곳으로 여겨지기도 하였고, 바다 자체를 신으로 여기기도 하였다. 다니엘서에서 사탄의 세력은 바다에서 올라온 짐승으로 나타난다(단 7:3; 사 27:1). 그러나 그것들은 지극히 높으신 창조주가 영원한 나라를 세우실 때 완전히 멸망하게 될 존재들이다. 성경은 바다가 하나님의 피조물에 지나지 않는 존재임을 분명히 밝히고 있다(창 1:10; 시 104:6-9; 114:3-5; 잠 8:29). 출애굽을 통하여 하나님은 홍해를 지배하시는 분이심을 증거하셨고, 하나님에 대한 찬양의 이유가 되었고(시 78:13; 136:13-15; cf. 69:3-4; 행 7:36; 히 11:29-30), 이 하나님에 대한 믿음의 근거가 되었다(사 43:16-21; 51:10-11; 렘 31:35-37; 시 66:6; 74:12-17;

107:23-32). 바다를 다스리며 꾸짖어 말리시는 분이시다(시 89:9; 사 50:2; 나 1:4). 심지어 이방민족들도 흉용한 바다에 비유되나(사 17:12), 그들이 주께서 꾸짖으실 때 그 앞에서 도망할 것임이 선포된다(사 17:13). 요한계시록에도 종말의 시대에 '바다도 다시 있지 않더라'고 말한다(계 21:1). 하나님이 바다의 하나님이라고 하는 사실에 대한 강조는, 하나님은 창조와 구원의 주관자요, 절대주라고 하는 사실을 선포하는 것이다.[9]

사공들은 하나님의 역사에 대해 공포를 느낀다(5절). 그들은 아직 어느 신이 이러한 역사를 행하였는지 알지 못한다. 그래서 다급한 마음에 그들은 각자의 신들을 부르며 기도한다. 그리고 그들이 할 수 있는 인간적 조치를 취한다. 배를 가볍게 하기 위하여 배의 물건들을 바다에 던진다. 그러나 정작 던져야 할 대상은 잠을 자고 있다. 이러한 서두의 상황은 16절에서 최종적 대답을 얻는다. 다시 '툴'(טול)이라는 말이 사용되며, 요나가 바다에 던져진다. 4-5절의 중심어휘 '툴'(טול)과 '요나'가 결론부인 16절(A')에서 다시 반복되며, 서론부인 4-5절(A)에서 제기된 문제가 해결된다. 이러한 연결이 이 단락의 문학적 전개의 치밀성을 보여 주는 것이다.

이 선원들은 신심(信心)을 가지고 있다. 이것은 하나님이 인간의 내면에 심어 주신 하나님의 영적 장치이다. 여기에서 이방인들도 이러한 신심을 가진 하나님의 소중한 피조물임을 보여 준다. 그들도 구원의 대상이다. 구원될 수 있고 구원되어야 하는 하나님의 소중한 백성인 것이다. 단지 그들은 어느 분이 참 신이신지를 모르고 있는 사람들로서 전도의 대상일 뿐이다. 이 책에서의 주인공은 물론 하나님이시다. 하나님이 누구신가가 이 책의 초점이고, 요나는 이 책 전체의 중심에 서 있는 중요한 계시의 도구이다. 그리고 이 책의 전개의 서론부에서 요나와의 관계를 통하여 이 이방인들 곧 전도와 선교의 대상인 이들은 어떠한 사람들이며, 하나님은 이들을 위하여 어떤 계획을 가지고 계시며, 어떻게 역사하고 계시며, 이들을 위한 선민(요나가 대표하는)의 역할과 의무는 무엇인가를 계시한다.

이 선원들과 요나의 행동은 대조적이다. 선원들은 깨어 문제를 해결하려고 애쓰고 있는 데 반하여, 요나는 하나님을 거역하고 도망하면서도 깊

---

9) R. L. Hubbard, Jr. "Sea," *ISBE*, vol. 4, 366-367.

은 잠에 빠져 있었던 것이다. 그가 잠든 상태를 나타내는 '라담'(רדם)이라는 말은 깊은 잠에 빠진 상태를 가리킨다. 사사기 4:21에서는 시스라가 야일이 그를 죽이러 오는 것도 모르고 깊은 잠에 빠져 있었고, 다니엘 8:18에서도 예언자가 환상을 본 상황을 서술할 때도 사용되었으며, 시편 76:6에서는 죽음의 잠에 대하여 사용되기도 한다. 잠언 10:5에서는 일하지 않고 게으르게 정신을 못 차리고 있는 사람을 서술할 때도 나온다. 여기에서는 나태하고 태만한 요나의 신앙과 정신 상태를 나타내고 있는 것이다.

6 – **8** 이방선장은 요나에게 말을 걸며 요나의 정체를 파악하려 시도한다. 이 부분(6–8절)의 핵심적 줄거리는 바로 요나의 정체를 밝히려는 선장의 시도를 바탕으로 한다. 이방선장은 요나에게 가서, "자는 자여"('니르담' נִרְדָּם: '라담'[רדם]의 니팔 분사 남성단수, sleeper)라고 말한다. 이 단어를 다시 언급함으로써 요나의 영적 무기력함을 강조한다. 이방선장은 자기의 신을 찾으며 문제를 해결하려고 시도한다. 그러나 요나는 잠들어 있었다. 선장은 요나에게 일어나 기도하라고 한다("일어나서 네 하나님께 구하라"). 요나는 하나님께 기도하지 않았던 것이다. 이 이방선장은 영적으로 요나보다 더 깨어 있던 사람임을 보여 준다. 그는 요나의 하나님이 이 모든 역사 뒤에 계신 분일 수 있다고 생각하였다. 비록 그가 아직 어느 신이 참 신인지 알지 못하고 있지만, 그는 혹시 요나의 하나님이 참 신일 수 있다는 생각으로 그가 할 수 있는 모든 것을 다하고 있는 것이다. 그는 하나님을 두려워할 줄 아는 사람이었다. 그리고 이 세상의 자연과 역사의 현상 뒤에는 눈에는 보이지 않지만 절대적인 존재, 궁극적 주관자가 계신다는 사실을 알고 있었던 사람이었다.

"혹시 하나님이 우리를 생각하사 망하지 않게 하시리라"는 말씀에서의 '혹시'(אוּלַי 울라이: perhaps)는 역사의 궁극적 주관자가 하나님이시라는 사실을 나타낸다(욘 3:9; 암 5:15; 욜 2:13–14). 구원도 복도 인간이 어떤 행동을 한다고 해서 자동적으로 주어지는 것은 아니다. 모든 것은 하나님의 주권 아래 있는 것이다.

여기에서 그들은 제비뽑기를 하여 누가 이 모든 문제의 책임자인가를 알아보기로 하였다. 그들은 이 모든 것에서 하나님께서 역사하신다는 사실을 믿고 있었던 것이다. "제비"의 히브리어 '고랄'(גּוֹרָל)은 '제비, 제비뽑기, 제비로 할당된 것, 몫, 분깃' 등을 의미한다. 이 명사는 아랍어 '자랄'(jaral, [stone, pebble 돌])과 연관되어 있는 것으로 추정되며, 제비뽑기에 작은 돌들이 사용된 것에서 유래된 것으로 보인다.[10] 제비로 사용된 것이 무엇이며 제비를 뽑는 구체적 방법이 무엇이었는지는 확실히 알 수 없다. 대제사장은 에봇에 부착된 판결 가슴받이 안에 우림과 둠밈이라는 제비를 넣어 가지고 성소 안으로 들어갔고(출 28:30; 레 8:8), 이것으로 하나님의 뜻을 알아냈다(민 27:21; 신 33:8-9; 스 2:63; 느 7:65). 이스라엘은 가나안 땅을 정복하고 하나님의 명령에 따라 그 땅을 분배할 때 제비뽑기를 사용했으며(수 14:2; 15:1; 17:14, 17; 18:6, 8, 10-11; 19:1, 10, 17, 24, 32, 40, 51; 21:4-6, 8, 10), 속죄일에 쓸 숫염소 두 마리도 제비를 뽑아서 그 사용 용도를 정하였다(레 16:8-10). 전리품이나 포로들도 제비뽑기로 나뉘어졌다(옵 11; 나 3:10; 욜 3:3; cf. 시 22:18; 요 19:24). 성전에 봉사할 제사장들을 뽑을 때나(대상 24:5; cf. 행 1:23-26), 제단 불에 쓸 나무를 공급할 사람들을 뽑을 때도 제비를 사용하였다(느 10:34). 기브아 사람들을 징치하기 위한 전쟁에 나갈 용사들을 뽑을 때도 제비를 뽑았다(삿 20:9). 논쟁을 해결하는 데도 사용되었고(잠 18:18), 요나서의 경우처럼 범인을 찾는 데도 사용되었다(cf. 수 7:14-18; 삼상 14:40-42). 사울을 왕으로 뽑을 때도 제비뽑기가 사용되었다(삼상 10:20-24). 제비의 종류와 제비뽑기의 방식은 장소와 시간과 경우에 따라 다소 차이가 있었을 것으로 추정된다. 잠언 16:33은 제비를 뽑는 모든 일에 하나님이 관여하신다는 사실을 선포한다(cf. 에 3:7; 9:24).[11]

그들이 제비를 뽑은 결과 이 재앙이 어디에서 비롯되었는지 알게 되었다(1:7). 문제의 장본인은 요나였던 것이다. 그 선원들은 이제 이 재앙이 누구 때문인가를 "고하라"고 한다. 그들은 이미 제비뽑기를 통하여 누구 때문인가를 알았다. 그러나 요나 자신이 이 사실에 대해 동의하는가를 확

10) BDB, 174.

11) F. D. Gealy, "Lots," *IDB,* vol. 3(Nashville: Abingdon, 1962); D. E. Aune, "Lots," *ISBE,* vol. 3(Grand Rapids: Eerdmans), 172-173.

인하고자 하였다. 그리고 요나가 누구인가를 구체적으로 묻는다(8절). 그가 어느 민족인가를 알기를 원한다. 이를 통해 어느 신이 이 뒤에 역사하고 있는 신인지를 알고자 하였던 것이다. 고대 중근동 사람들에게 민족과 종교는 서로 연결되어 있었다.

9 – **10** 이 부분(C)은 A(4–5절)와 A′(14–16절)에 나오는 여호와, 바다, 두려움이 다루어진다. 그리고 이 부분은 이 단락의 중심부분으로서 하나님은 누구신가를 가장 명백하고 함축적으로 고백하며 선포하는 부분이다. 우선 그들이 일차적으로 궁금히 여기는 문제에 대해 대답한다. 그러나 그들의 질문이 복합적인 것이었듯이 요나도 복합적인 대답을 한다. 우선 그들의 표면적 관심인 요나가 누구인가에 대한 대답을 한다. 그리고 그 대답 안에 그들의 나머지 관심사에 대한 대답을 포함시켜 대답한다. 요나는 "나는 히브리 사람이요 바다와 육지를 지으신 하늘의 하나님 여호와를 경외하는 자"라고 말한다. 이 고백이 1인칭 대명사 '나'의 반복('이브리[아노키]' עִבְרִי אָנֹכִי; '[아니] 야레' אֲנִי יָרֵא)을 통해 특별히 강조된다. 요나는 히브리 사람이다. 이것은 단순히 국적을 밝히는 것 이상의 상징적 의미가 있다. '히브리'라고 하는 말은 이스라엘 형성기의 피압박 계층인 '하비루'를 연상시키는 어휘이다. 억압받는 민족, 이스라엘을 대표한다고 할 수 있다. 이 말은 주로 이스라엘 사람들이 외국인들에게 자기를 소개할 때 자기를 가리키는 말이다(창 40:15; 출 1:19). 그리고 이 말은 자기는 여호와를 섬기는 사람임을 나타낸다(출 3:18).

이어서 그는 바다와 육지를 지으신 하나님을 경외하는 사람이라고 말한다. 그는 바다를 포함한 모든 역사의 주관자이신 하나님을 믿는다는 말이다. 따라서 이 하나님은 그들이 현재 바다 위에서 처한 위기의 상황을 일으키신 분이시며 그 문제를 해결해 주실 분이라는 것이다. 그리고 그분은 바다와 함께 육지를 지으신 분이시며 하늘의 하나님이시다(창 24:3, 7; 시 96:5; 136:26; 대하 36:23; 스 1:2; 5:11, 12; 6:9, 10; 7:12, 21, 23; 느 1:4; 2:4; 단 2:37, 44; 5:23). 하늘, 땅, 바다는 우주를 대표한다. 그는 우주만물의 주관자 곧 창조의 하나님이심을 경외하고 있다는 사실을 밝힌다. 그가 경외하는 하나님이 참 주님이심을 고백하고 있는 것이다. 하나님은 단지 한 민족의 하나님이 아니시라는 점을 내포한다.

바다(얌 יָם)의 하나님, 육지(얍바샤 יַבָּשָׁה)의 하나님은 '마른 땅'(출 14:29)을 밟고 홍해를 건너게 하신 출애굽의 하나님을 상기시키는 말이며, 하나님의 이름 "여호와"도 바로 출애굽과 언약의 하나님을 직접적으로 상기시키는 이름이다(출 3:14-15). 이 하나님은 물과 물을 가르고 '뭍'이 드러나게 하신 하나님이시며 이 물을 '바다'(얌 יָם)라 부르신 하나님이시다. 그분이 하늘과 땅을 창조하신 우주만물의 주관자이시다(창 1:1-10). 하나님은 이러한 기적을 통하여 자신만이 참 주님이심을 증거하셨다. 하나님은 그의 선민을 지키시고 기적의 능력으로 보호하시는 하나님이심을 선포하고 있는 것이다.[12] 노아 홍수 때에 물을 말리시고 '뭍'이 드러나게 하신 분이시며(창 8:1-19), 요단강을 막아 이스라엘로 하여금 '마른 땅'을 밟고 건너가게 하신 창조적 구원의 하나님이신 것이다(수 3-4장). 하나님이 바다와 육지를 지으신 하늘의 하나님이라고 하는 고백은, 하나님은 창조와 구원의 주관자라고 하는 사실을 선포하는 것이며, 하나님은 구원의 역사를 베푸시되 창조적 구원의 역사를 베푸시는 절대적 권능의 하나님이심을 나타내는 것이다. 그분이 첫 번째 창조의 하나님이시며, 그분이 출애굽의 하나님이시며, 그분이 심판주이시며, 새하늘과 새 땅의 하나님이심을 고백하는 것이다.

요나는 자기가 여호와의 얼굴을 피하여 달아나고 있다고 말한다. 그러자 그들은 매우 크게 두려워한다. 그 사람들이 심히 두려워하였다는 말의 직역은 '큰 두려움으로 두려워하였다'이다(וַיִּירְאוּ הָאֲנָשִׁים יִרְאָה גְדוֹלָה). 이와 동일한 표현이 우선 16절에 나오며, 이와 유사한 문장구조(동사+이 동사와 동일한 어근의 명사+형용사 גְדוֹלָה)는 4:1, 6에도 나오는 것으로, 요나서의 특징적 표현법('동족 직접목적어'[cognate or internal accusative] 강조법)이다. 이것은 그들의 극단적인 두려움을 나타낸다. 그들은 당황하여 말한다. "네가 어찌하여 이렇게 행하였느냐"라고 질타조로 묻는다. 이것이 이 선원들이 가진 경외심이었다.

12) 박철우, 『구약성서의 구조와 신학』(서울: 한국신학연구소, 1994).

11 - **13** 이제 바다의 상황에 대한 새로운 국면을 이야기한다("바다가 점점 흉용한지라"). 이 부분은 서두절(11절)과 말미절(13절)에서 '바다가 점점 흉용하였다'는 표현을 반복함으로써 이 새로운 국면을 강조한다. 이렇게 점점 더 고조되어 가는 위기의 국면 속에서 선원들이 "우리가 너를 어떻게 하여야 바다가 우리를 위하여 잔잔하겠느냐"고 묻는다. 이와 같이 하나님을 바로 알고 바로 섬기는 것이 생사화복의 결정적 요소라는 사실에 대한 믿음이 담긴 말은 다른 곳에도 나온다(왕하 17:26; 삿 13:8; 삼상 6:2). 선원들의 물음에 대한 요나의 대답이 12절에 나온다. "나를 들어 바다에 던지라 그리하면 바다가 너희를 위하여 잔잔하리라 너희가 이 큰 폭풍을 만난 것이 나의 연고인 줄을 내가 아노라." 이 대답은 6-8절의 물음 '누구로 인하여(브셸르미 בְּשֶׁלְּמִי) 이 재앙이 우리에게 임하였는가'에 대한 직접적 대답이다('나의 연고로': 브셸리 בְּשֶׁלִּי). 요나는 여기에서 자기 자신이 문제의 책임자라는 사실을 인정한다. 이 사실은 '강세 접속사(키, כִּי indeed) + 1인칭 대명사(아니 אֲנִי) + 분사 남성단수(요데아 יוֹדֵעַ)'로 강조된다. 그리고 자기를 들어 바다에 던지라고 한다.

그러나 그들은 다른 방법을 택한다. 요나를 죽게 하는 대신 그를 육지에 다시 돌려주려 한다. 그들이 보기에 문제의 핵심은 그가 하나님을 도망친 데 있고, 다시 원점으로 돌아가면 하나님의 진노는 가라앉을 줄로 알았다. 그들은 합리적 선택을 한 것이다. 요나를 죽이는 것은 그들이 한 사람의 생명을 처단한 책임을 지게 되는 것이며, 요나가 하나님의 사람인데 그들이 그를 죽이는 것이 마땅하고 옳은지도 그들은 알 수 없었다. 오히려 더 큰 재앙이 올 수도 있었던 것이다. 이것이 14절에 암시되어 있는 내용이다("이 사람의 생명 까닭에 우리를 멸망시키지 마옵소서 무죄한 피를 우리에게 돌리지 마옵소서": 신 21:8; 삼하 1:6; 14:7; 렘 26:15). 그러나 바다가 점점 더 흉용하였다. 그들은 이것이 하나님의 뜻이 아님을 알게 된다. 하나님은 요나가 죄 값을 구체적으로 받기를 원하신 것이다. 하나님은 죽음을 통하여 그를 살리시기를 원하신 것이다. 죄의 값은 사망임을 보여 주신다(겔 18:4, 20; 롬 5:12). 하나님은 요나가 완전히 바닥에 내려간 다음 그를 다시 쓰시길 원하셨다. 하나님은 그에게 더 완전한 위기에서의 회복, 죽음에서의 회복이라는 더 특별한 체험을 주시길 원하셨던 것이다. 하나님이 쓰시는 종들에 대한 하나님의 훈련이요, 연단이다. 그리고 이것을 세상 사람들이 인정하고 알게 하시기를 원하셨다.

"능히 못한지라"('로 야콜루' וְלֹא יָכְלוּ, but they could not)는, 그들은 하나님의 계획을 바꿀 수 없다는 것을 말하고 있는 것이다. 하나님이 굽힌 것을 펴지 못한다(전 1:14-15; 3:14). 인간은 하나님의 뜻에 순종할 수밖에 없다. 역사의 주관자는 하나님이시다. 우리는 우리의 고통이 왜 오는지도 알지 못한다. 단지 하나님의 사랑을 믿고 오늘의 삶에 인내하며 순종하여야 할 뿐이다(참조. 욥기).

14 - **16** 이제 그들에게 다른 방법이 없었다. 그들은 하나님께 부르짖어 기도하였다. 그들이 부르짖어 기도하되, "여호와여 구하고 구하오니"라고 말한다. 이제 그들은 여호와의 이름을 불러 간구한다. '구하고 구하오니'라고 번역된 말은 '안나'(אָנָּה)이며, 이것은 창세기 50:17; 출애굽기 32:31; 열왕기하 20:3; 느헤미야 1:5, 11; 시편 116:4; 118:25; 이사야 38:3; 다니엘 9:4; 요나 1:14; 4:2 등에 나오는 어휘로서 매우 간절한 탄원의 의미를 내포한다. '이제 바라건대'(창 50:17), '슬프도소이다'(출 32:31), '구하오니'(왕하 20:3; 느 1:1; 시 116:4; 118:25), '주여 간구하나이다'(느 1:5) 등으로 번역되는 말이다. 그리고 이어지는 "우리를 멸망시키지 마옵소서"라는 간구에서도 간청과 권고를 나타내는 불변사 '나'(נָא)가 나오며 그들의 간절한 기도와 탄원의 내용이 강조된다. 그들은 그들의 생사화복이 모두 하나님께 달려 있음을 절실히 깨닫고 있었던 것이다. "무죄한 피를 우리에게 돌리지 마옵소서"라는 말은 '우리에게 죄 없는 사람을 죽인 살인죄를 지우지 말아 주십시오'(NIV [Do not hold us accountable for killing an innocent man])라는 간구의 말이다. "주 여호와께서는 주의 뜻대로 행하심이니이다"는 그들 자신은 하나님의 뜻을 바꿀 수 있는 아무런 힘도 없는 존재임을 확인하는 말이다.

그들은 선한 양심을 가진 사람이었다. 그들의 기도는 간절하였다. 이것이 그들의 신심이었다. 이제 그들은 참 신이 누구신가를 알았다. 모든 역사의 주관자가 바로 그분이심을 심중에 고백하고 있는 것이다. 이것이 하나님의 계획 중의 하나였다. 하나님의 한 목적이 이루어지는 순간이다. 이것의 직역은 '주님은 주의 뜻대로 행하시는 여호와이십니다'이다('앗타 야웨', אַתָּה יהוה; [ASV] 'for thou, O Jehovah, hast done as it pleased thee'). 주님께서 모든 주권을 가지고 계신 절대 주님이시라는 사실을 고백하고 있는 것이다. 베드로가 예수님을 주로 고백한 것과 같은 사건이다(마 16:16). 바울이 다메섹 도상에서 주님을 만난 것과 같은 사건이다(행 9:17-19). 욥이 하나님을 '이제까지 귀로만 들었으나 이제 눈으로 뵙니다'라고 고백한 것과 같은 고백이다(욥 42:5-6). 불타는 떨기나무에서 하나님을 만난 것과 같으며(출 3:1-12), 야곱이 야반도주 중에 벧엘에서 하나님을 보는 것과 같은 사건인 것이다(창 28:10-22). 이 결어부에서 "요나를 들어 바다에 던지매 바다의 뛰노는 것이 곧 그친지라"고 말함으로, 5절에서 배의 물건들을 바다에 던지는 것으로 해결하지 못한 문제가 여기에서(16절) 요나를 던짐으로써 해결된다. 서두(A)에서 제기된 문제가 이 결어부(A')에서 해결되는 것이다. 더욱이 그들은 하나님을 경외하여 주께 제물을 드리고 서원까지 한다. 하나님의 이와 같은 능력의 역사에 대해 놀라는 모습은, 마가복음 4:41에 나오는 내용과 유사하다. 인간은 하나님의 기적적 역사 앞에 놀랄 수밖에 없으며, 하나님은 그러한 역사를 통하여 자신을 계시하시곤 하신다.

"그 사람들이 여호와를 크게 두려워하여('바이레우 하아나쉼 이르아 게돌라' וַיִּירְאוּ הָאֲנָשִׁים יִרְאָה גְדוֹלָה) 여호와께 제물을 드리고 서원을 하였더라." 여기에서 그들은 크게 두려워한다. 이 하나님 경외의 주제는 4-5절에 나왔던 주제이고 특히 크게 두려워하셨다는 말은 이 단락의 중심부인 9-10절에서 나온 내용이며, 결어부인 A'(16절)에서 다시 나오며 그 중요성을 강조한다. 특히 여기에서 '여호와'가 두 번 반복되며 '이스라엘의 하나님 여호와'를 경외하며 섬기는 것의 중요성을 강조한다. 제물을 바치는 일도 그러하지만 서원은 더더욱 하나님에 대한 깊은 경외심 없이는 행하기 어려운 일이다. 이것은 하나님과의 약속이며 반드시 지켜야 하는 것이기 때문이다(민 30:2; 잠 20:25; 삿 11:30; 전 5:4). 하나님은 사람들이 이러한 믿음과 겸손과 헌신을 갖기를 원하고 계신 것이다. 저자는 여기에서 이스라엘 예언자의 작은 신앙과 이방선원들의 깊은 신앙심을 대조하며 이 이방인들의 존재가치를 강화한다.

¶ 메시지

요나는 하나님의 백성이요, 사명을 받은 은혜를 입은 사람임에도 불구하고 하나님의 말씀에 순종하지 않는다. 그러나 오히려 이방선장과 선원들은 삶의 문제가 발생하였을 때 하나님을 찾는 영적 자세를 보여 준다. 그리고 이들은 그들의 문제를 해결하는 데 있어서 인도적인 양심을 가지고 있는 사람들임을 보여 준다. 이방인들은 단순히 이스라엘의 적이 아니라 하나님의 구원의 대상이라는 사실을 일깨워주는 말씀인 것이다. 세상을 향한 열린 마음이 필요한 것이다. 아랍권을 포함한 타종교인들도 적대적 감정을 갖기 이전에, 결국은 전도의 대상임을 인식해야 하는 것이다.

세상 사람들에게 하나님은 누구신가라는 궁극적 질문에 대한 대답을 주어야 한다. 하나님은 창조적 구원의 하나님이시며, 모든 역사와 생사화복의 주관자이시고, 모든 사람을 구원하시기를 원하시는 긍휼과 자비의 하나님이심을 믿고 고백하며 주님의 뜻 가운데 살기를 원하신다. 이것이 하나님의 계획이다. 하나님은 세상의 모든 사람이 하나님을 믿고 순종하기를 원하신다.

3. 1:17-2:10(전개 II)

¶ 본문

17 여호와께서 이미 큰 물고기를 예비하사 요나를 삼키게 하셨으므로 요나가
삼일 삼야를 물고기 배에 있으니라 2:1 요나가 물고기 뱃속에서 그 하나님 여
호와께 기도하여 2 가로되 내가 받는 고난을 인하여 여호와께 불러 아뢰었
삽더니 주께서 내게 대답하셨고 내가 스올의 뱃속에서 부르짖었삽더니 주께
서 나의 음성을 들으셨나이다 3 주께서 나를 깊음속 바다 가운데 던지셨으
므로 큰 물이 나를 둘렀고 주의 파도와 큰 물결이 다 내 위에 넘쳤나이다
4 내가 말하기를 내가 주의 목전에서 쫓겨났을찌라도 다시 주의 성전을 바라
보겠다 하였나이다 5 물이 나를 둘렀으되 영혼까지 하였사오며 깊음이 나를
에웠고 바다 풀이 내 머리를 쌌나이다 6 내가 산의 뿌리까지 내려갔사오며
땅이 그 빗장으로 나를 오래도록 막았사오나 나의 하나님 여호와여 주께서
내 생명을 구덩이에서 건지셨나이다 7 내 영혼이 내 속에서 피곤할 때에 내
가 여호와를 생각하였삽더니 내 기도가 주께 이르렀사오며 주의 성전에 미
쳤나이다 8 무릇 거짓되고 헛된 것을 숭상하는 자는 자기에게 베푸신 은혜
를 버렸사오나 9 나는 감사하는 목소리로 주께 제사를 드리며 나의 서원을
주께 갚겠나이다 구원은 여호와께로서 말미암나이다 하니라 10 여호와께서
그 물고기에게 명하시매 요나를 육지에 토하니라

¶ 개요

이 단락은 요나서 '전개부'(1:4-2:10)의 후반부에 해당되는 부분으로서 '바다 속에서의 사건과 이에 대한 감사기도'를 담고 있다. 전반부 곧 바다 위에서의 사건을 다루고 있는 1:4-16과 마찬가지로, 이 내용의 중심에는 요나 자신의 고백이 담겨 있다.

1. 전반부(1:9, 요나의 고백)
2. 후반부(2:1-9, 요나의 감사와 찬양)

많은 학자들이 2:2-9를 양식비평적 관점에서 개인 감사시에 해당된다고 본다(시 18; 30; 34; 40:1-10; 66:13-20; 116; 118:5-21; 138 etc.).[13] 이 감사시들은 일반적으로 감사제물을 바치기에 앞서 성소에서 낭송했던 것으로 여겨진다(시 116:19; 118:20; 138:1-2). 그리고 요나서의 저자가 요나의 상황에 잘 맞는 감사시편들 중의 하나를 선택하여 여기에 삽입하였다고 본다.[14] 이렇게 이 시가 이 본문에 삽입되는 과정을 통하여 물에 빠지는 비유는 문자적 의미를 갖게 되었고, 요나는 성전에서 그의 구원을 찬양하는 것이 아니라 물고기 안에서 구원의 주님을 찬양하게 되었다고 본다. 이 설명의 옳고 그름을 떠나 분명한 것은, 이 시가 산문부 1:17-2:1과 2:10 사이에 놓여진 채로 읽혀지도록 주어졌다는 사실이다. 현재의 본문 구조 안에서 각각의 본문말씀들이 무엇을 의미하는가를 찾는 것이 본 주석의 주목적 중의 하나이다.

2:2-9는 물고기 뱃속에서 감사의 노래로 읽혀지도록 되어 있다. 이렇게 주어진 문맥 속에서는, 물고기가 요나를 삼킨 것 자체가 구원이었다. 아직 완전히 육지로 돌아온 것은 아니지만, 그는 이미 죽음의 상황에서 건짐을

---

13) J. D. Smart, *Jonah*, IB, 1956, 886-887; Artur Weiser, ATD, 47-50; H. W. Wolff, 128-139; Leslie C. Allen, 183; D. Stuart, 467-481; etc.

14) H. W. Wolff, 132-133; Leslie C. Allen, 184; James Limburg, 146-147.

받은 것이다. 2:2–3에서 요나는 이미 구원에 대한 감사를 드리고 있다. 여기에서 2:2의 '스올의 뱃속'은 2:3의 '깊음속 바다 가운데' 곧 죽음의 상황을 나타낸다. 그 죽음의 상황에서 물고기를 통해 구원을 받은 것이다.

2:10에서는 감사기도 이후 하나님이 요나를 육지까지 안전하게 보내심으로 그의 구원을 완성하시는 내용을 담고 있다. 여기에서 물고기가 '죽음과 고통'의 상황을 나타내는 것이 아니다. 따라서 물고기는 요나를 징벌하는 도구가 아니라, 구원의 수단이다.[15] 여기에서 '물고기로부터'의 구원이 초점이 아니라, '물에 빠진 것'에서의 구원이 초점이다. 이 해석은 마태복음 12:40의 내용과 상충되는 것같이 보인다. 마태복음 12:40에서 예수님은 물고기 뱃속을 부정적 차원에서 이해하신다. 즉 물고기의 뱃속을 죽음의 세계로 말씀하신다.

그러나 이것은 그 당시의 대중적 이해였을 뿐이다. 마태복음 12:39–40에서 예수님의 목적은 요나서를 주석하는 것이 아니라 예수님 자신의 삶과 죽음에 관해 계시하시는 것이다. 여기에서 예수님은 청중들의 눈높이에 맞게 그들이 이해하는 방식으로 그들의 이해를 인용함으로써 자신의 뜻을 계시하고 계신 것이다. 예수님은 요나의 기적을 인용하시되 그것을 훨씬 넘어서는 역사 곧 죽음 자체도 정복하시는 주님의 역사를 계시하시는 것이다. 마태복음 12:40의 예수님의 말씀이 요나서 본문이 갖고 있는 고유의 의미 곧 물고기가 구원의 도구로 사용되었다는 해석과 모순된다고 할 수 없다.[16]

이 단락의 기본구조는 다음과 같다.

A. 1:17–2:1 산문; 하나님의 구원계획의 시작(여호와, 큰 물고기, 요나, 삼키다[구원의 시작])

B. 2:2–9 운문; 고난 중에서의 구원과 기도 응답과 이에 대한 감사의 고백과 서원(2–4절; 5–7절; 8–9절)

15) Leslie C. Allen, 181, 184–185; James Limburg, 145–147.

16) Leslie C. Allen, 195–196.

A′. 2 : 10 산문 ; 하나님의 구원계획의 결말(여호와, 큰 물고기, 요나, 토하다[구원의 완성])

A와 A′는 병행을 이룬다(A // A′).

A. 1 : 17-2 : 1 [산문] 여호와께서(야웨 יהוה) 이미 큰 물고기(닥 가돌 דָּג גָּדוֹל)를 예비하사 요나를 삼키게(발라 בלע) 하셨으므로 요나가 밤낮 삼일을 물고기(닥 דָּג) 뱃속에 있으니라 요나가 물고기 뱃속에서 그의 하나님 여호와께 기도하여 가로되(바요메르 וַיֹּאמַר)

A′. 2 : 10 [산문] 여호와께서(야웨 יהוה) 그 물고기에게(라닥 לַדָּג) 말씀하시매(바요메르 וַיֹּאמֶר) 요나를 육지에 토하니라(키이 קִיא).

A와 A′는 '산문'으로 되어 있으며, 각각에 사용된 어휘들이 서로 병행을 이룬다(야웨[A // A′] ; 닥[A // A′] ; 바요메르[A // A′] ; 삼키다[발라, A]-토하다[키이, A′]). 이 단락은 이처럼 서두와 말미가 병행을 이루는 문두문미병행구(inclusio)를 구성하며 단락을 시작하고 마감한다. 이를 통하여 이 모든 역사를 주관하신 분은 하나님이심을 강조한다. 그리고 중앙부(B)에 있는 운문부(2 : 2-9)는 세 개의 더 작은 소단락(2-4절 ; 5-7절 ; 8-9절)으로 구성되어 있는데, 2-4절에서 기도응답의 결론적 고백과 감사가 나오고, 5-7절에서 이를 다시 부연하여 전개하며, 하나님이 하늘 성전에서 그의 기도를 들으셨음을 고백한다. 그리고 8-9절은 마지막 결단적 서원과 결론적 신앙고백으로 기도를 마무리한다.

전체적으로 A(1 : 17-2 : 1) ; B(2 : 2-9) ; A′(2 : 10)는 상호 유기적으로 연결되어 하나의 통일된 문학단위체를 이루는 삼단양식구조(A-B-A′)를 형성하고 있다. 특히 이 단락에서는 창조적 구원의 하나님이 중심주제를 이루고 있다. 이것은 1 : 4-16과 내용상 맥을 같이하는 것이다.

¶ 주석

1 : **17** - **2** : **1** 하나님이 인간에게 주시는 가장 큰 선물은 생명이

다. 특히 하나님은 고난 가운데 있는 그의 종을 방관하거나 포기하지 않으신다. 하나님은 막다른 상황, 죽음의 상황에 처해 있는 그의 종을 구하기 위하여 큰 물고기('닥 가돌' דָּג גָּדוֹל)를 보내신다. 여기에 나오는 큰 물고기가 구체적으로 어떤 종류의 물고기이며 얼마나 큰 것인가에 관해 성경은 말하지 않는다. 그것이 이 이야기의 초점이 아니기 때문이다.

여기에서 중요한 것은 본문의 문맥 안에서 이 물고기의 역할과 기능이다. 하나님은 바다의 하나님이다. 하나님은 모든 생물의 창조주이시다. 창세기 1장에서 하나님은 바다를 창조하신 분이시며(창 1:9–10) 동시에 큰 물고기들(הַתַּנִּינִם הַגְּדֹלִים)을 창조하신 분이시다(창 1:21–23). 물론 여기에 나오는 '탄닌'(תַּנִּין)은 동양의 용과 같은 바다의 괴물(great sea monsters; great sea creatures; great whales[KJV])을 가리킨다. 요나서의 큰 물고기는 '물고기'를 가리키는 전형적인 표현인 '닥'(דג fish)이 사용된다. 그러나 이 양자는 유사한 문장구조를 가지고 있으며 유사어로 구성되어 있다(하탄닌님 하게돌림 הַתַּנִּינִם הַגְּדֹלִים/닥 가돌 דָּג גָּדוֹל). 이 표현은 창조주 하나님을 연상하는 말이다.

요나의 하나님은 구원의 하나님이시되 창조의 하나님이심을 선포하고 있는 것이다. 하나님은 절대적 권능을 가지신 분이시다. 그 하나님은 모든 것을 하실 수 있는 분이시다. 그분은 부활을 가능하게 하시는 분이시며, 죄도 사하시는 분이시다. 실제 요나서 2:1–9는 출애굽의 역사 특히 홍해 구원의 역사를 하나님의 창조적 구원의 역사로 강조하는 출애굽 15장(승리의 노래)과 밀접한 관계를 가지고 있다. 이 양자의 병행적 관계는 다음과 같다.

요나의 시	출애굽 승리의 노래
메줄라(מְצוּלָה 깊은 곳, 욘 2:4)	메졸로트(מְצוֹלֹת 출 15:5)
르밥 얌밈(לִבַב יַמִּים 바다 속, 욘 2:4)	렙 얌(לֶב־יָם 출 15:8)
트홈(תְּהוֹם 깊은 바다, 욘 2:6)	트호모트(תְהֹמֹת 출 15:8)
숲(סוּף 갈대, 욘 2:6)	얌 숲(יַם־סוּף 출 15:4)
헤칼 코드셰카(הֵיכַל קָדְשֶׁךָ 거룩한 전, 욘 2:5, 8)	느베 코드셰카(נְוֵה קָדְשֶׁךָ 거룩한 처소, 출 15:13, 17)
헤세드(חֶסֶד 충성, 욘 2:9)	헤세드(חֶסֶד 출 15:13)
예슈아타(יְשׁוּעָתָה 구원, 욘 2:10)	예슈아(יְשׁוּעָה 출 15:2)

이 짧은 시들 안에 이와 같은 중요어휘들이 서로 반복되며 병행을 이룬다는 것은 이 양자의 밀접한 상관관계를 보여 주는 것이다. 특히 메쭐라(깊음)와 렙 얌(바다 속)은 구약성경 전체를 통해 각각 10번 남짓밖에 나오지 않는 표현인데, 이 양자에서 이 두 표현이 공히 나온다(메쭐라: 출 15:5; 느 9:11; 욘 2:4; 미 7:19; 스 1:8; 10:11; 시 68:23; 69:3, 16; 88:7; 107:24; 욥 41:23/렙 얌: 출 15:8; 겔 27:4, 25, 26, 27; 28:2, 8; 욘 2:4; 시 46:3; 잠 23:34; 30:19).[17]

요나는 이 물고기 속에서 3일 밤낮을 지냈다. 여기에서 3일이라는 기간이 의미하는 것이 무엇인가? 실제의 기간인가 아니면 또 다른 어떤 의미를 가진 것인가? G. M. 랑드(G. M. Landes)는 지하세계로의 여행에 3일 걸린다는 수메르 신화의 이해를 바탕으로 여기에서 스올에서 산 자의 세상으로의 귀환 여행에 소요되는 시간을 가리키는 것으로 해석한다.[18] L. C. 앨런(Leslie C. Allen)은 이 해석을 하나의 가능성으로 수용하고 있다.[19] 그는 여기에서 강조되고 있는 주제가 사망과 생명 사이의 극복할 수 없는 간격을 나타내는 것이며, 이 모든 어려움을 극복하시고 그의 종을 건지시는 하나님의 권능을 나타내 주는 말로 본다.

그러나 이러한 가능성을 넘어서 창조의 하나님의 모습을 보여 주는 '바다'와 한 인간을 뱃속에 담을 수 있는 '큰 물고기'라는 말 자체가 하나님은 기적과 능력의 하나님이심을 보여 주며, 따라서 3일 동안 사람이 뱃속에 들어가 있을 수 있는 기적도 가능하다는 사실에 대한 믿음을 가질 수 있게 하는 것이다. 본문은 이 모든 것을 문자적으로 믿을 것을 전제로 하고 있으며 독자들에게 그러한 믿음을 요구한다.

2:1은 운문부의 도입부 역할을 하지만 1:17과 2:2-9를 잇는 연결부 역할도 한다. 1:17-2:1과 2:10의 연결관계는 하나님은 기도에 응답하시어 요나를 구원하여 주셨음을 강조한다. 구원 자체가 하나님의 섭리 가운데 있었고 하나님의 구체적 계획 안에 있었고 이의 성취를 위해 큰 물고기를

17) 더 상세한 내용은 박철우, 『구약성서 구조와 신학』, 332-334.

18) George M. Landes, "The Three Days and Three Nights' Motif in Jonah 2:1," *JBL* 86(1967), 446-450.

19) Leslie C. Allen, 213.

보내 주셨지만, 하나님은 기도하기를 원하시고 이 기도에 응답하시어 요나가 구원되었음을 강조한다. "요나가 물고기 뱃속에서 그 하나님 여호와께 기도하여"(바이트팔렐 וַיִּתְפַּלֵּל 2:1[פלל '팔랄'의 히트파엘형 미완료 3인칭 남성단수, 기도하다])라는 말을 통하여 명백히 기도행위를 표현한다.

2 - **4** 1절도 요나의 기도를 요나서 저자가 삽입하였음을 분명히 보여 준다. 그리고 이 기도는 하나님이 큰 물고기를 보내어 그를 살려 주신 것에 대한 감사의 찬양을 "물고기 뱃속에서" 올린 것을 회상하는 형태를 취하고 있다.

이 본문은 요나가 아직 완전히 물 밖으로 나와 구원된 것은 아니지만, 하나님께서 그에게 큰 물고기를 보내 주시어 물고기 뱃속에 살아 있게 하신 것 자체를 이미 하나님의 구원의 은혜로 인식하고, 죽음의 세계에서 그를 건져 주신 것에 감사하고 있음을 보여 준다. 따라서 2:2의 고난과 스올의 뱃속은 물에 빠져 허우적대는 상황을 말하고 있다고 할 수 있다. 여기에서 '고난'(짜라, צָרָה)과 '스올의 뱃속'(베텐 쉐올 בֶּטֶן שְׁאוֹל)은 병행을 이루는 말이다. 고난으로 번역된 '짜라'(צָרָה)는 극도의 공포를 야기시키는 극심한 곤경의 상황을 나타내는 데 주로 쓰이는 말이다(렘 4:31; 6:24; 30:7). 그리고 스올은 개역한글판에서 이곳을 제외하고 대개 음부로 번역되는 말로서 죽은 자의 거처를 나타낸다.

구약에서 스올은 가장 낮고 깊은 곳이며 종종 가장 높은 하늘과 대조되어 나타난다(신 32:22; 사 7:11; 암 9:2; 시 139:8; 욥 11:8). 그리고 스올은 죽은 후에 다시 돌아오지 못하는 어둡고 캄캄한 흑암의 장소이며(욥 7:9; 10:21-22; 시 143:3), 적막한 침묵의 장소로(시 31:17-18; 94:17; 115:17) 나타난다. 그리고 세상과 단절되어 세상의 소식을 알 수 없는 곳이고(욥 14:21), 일도 계획도 지식도 지혜도 없는 곳이며(전 9:4-6, 10; 욥 14:21), 하나님으로부터 단절되어 있는 곳이며, 주의 사랑과 진실을 이야기할 수도 없는 곳이고(시 88:5, 11), 하나님을 찬양하며 감사하고 경배하지 못하는 곳이다(시 6:5; 시 88:10-12; 사 38:18). 그러나 하나님의 임재는 이 모든 영역을 포함한다(암 9:2-3; 시 95:4-5; 139:8-10; 잠 15:11). 여기에서 스올의 뱃속은 이 스올의 세계 안에 들어오게 되었다는 사실에 대한 상징적 표현이다. 구약에서 스올은 의인화되어 나타나곤 한다. 스올은 채워지지 않는 식욕을 가진 존재로 나타나며(사 5:14; 합 2:5; 잠 27:20; 30:15b-16), 삼키는 존재로 나타나기도 한다(잠 1:12; cf. 시 141:7). 이사야 25:8에서는 하나님은 이 죽음을 삼키시는(멸하시는) 분으로 나타난다.[20]

요나는 이러한 고난 가운데서 하나님을 불러 구원을 간구하였고, 하나님은 이에 응답하셔서 그에게 큰 물고기를 보내 주시어 살려 주신 것이다. 2:3에서 그는 이러한 고난을 "깊음 속 바다"로 다시 반복해서 표현한다(cf. 시 88:6-7). '깊음 속 바다'는 '메쭐라 빌르밥 얌밈'(מְצוּלָה בִּלְבַב יַמִּים)의 번역이다. 이것의 직역은 '주께서 나를 [깊음 곧 바다의 중심(심장으로)] 던지셨다'이다. 이것의 현대 역본은 다음과 같다.

> You hurled me into the deep, into the very heart of the sea(NIV); For thou didst cast me into the deep, into the heart of the sea(RSV); You cast me into the deep, into the heart of the sea(NRSV); For You cast me into the deep, Into the heart of the sea(NKJV).

이처럼 대개의 역본들은 '깊음'과 '바다의 중심(심장)'을 병행구로 이해한다. '깊음'(메쭐라)은 트홈(תְּהוֹם)의 유사어로서 태초의 시원적 대양(primeval ocean) 곧 우주적 물(cosmic waters)을 가리킨다. 여기에서 이 대양('깊음')은 죽음의 세계로 서술된다(욥 38:16-18).[21] '바다의 중심(심장)'은 이 말과 병행되는 말로 이 죽음의 세계 한가운데에 있게 되었음을 강조하는 말이다. 인간의 힘으로 어쩔 수 없는 극도의 절망적 상황을 나타낸다. 하나님은 이 '바다'에서 그의 백성을 건지신 창조적 구원의 하나님이시다.

3절에서는 2절에서 고백한 결론적 내용을 다시 부연하여 설명한다. 그

---

20) Theodore J. Lewis, "Dead, Abode of the," *ABD*, vol. 2, 1992, 101-105; Leslie C. Allen, 216.

21) C. L. Seow, "Deep, the," *ABD*, vol. 2, 1992, 125-126.

때 요나는 다음과 같이 고백하였다고 말한다. "내가 주의 목전에서 쫓겨났을찌라도 다시 주의 성전을 바라보겠다." 그러한 죽음의 경황 속에서 이러한 고백이 어떻게 이루어질 수 있느냐는 질문은 죽음 직전 상황 속에 체험하는 다양한 영적 경험들이 이것이 가능함을 보여 준다. 이 부분은 육지로의 완전한 귀환 후에 그가 물속에 빠져 죽음 직전의 상황까지 갔을 때와 물고기 뱃속에서의 구원 상황을 회상하며 기록한 것으로 볼 수도 있다. 이러한 경우라도 그의 고백은 체험을 바탕으로 한 것으로서 그 사실성을 부정할 수 없을 것이다.

요나는 그가 자신의 죄로 인하여 이와 같은 곤경에 빠지게 된 것을 인정하고, 하나님만이 이러한 상황 속에서 자신을 구원해 주실 것에 대한 믿음을 고백하며, 하나님께 돌아가 하나님만을 섬기며 살기를 결단하고 있는 것이다. 그는 다시 하나님의 성전에서의 삶을 사모하게 된 것이다(시 84:1-12). 물고기의 뱃속으로 구출된 요나는 이미 다른 피조물, 새로운 존재, 거듭난 존재가 되어 있었던 것이다. 4절에서 "내가 말하기를"('아니 아마르티' אֲנִי אָמַרְתִּי)이라는 말을 1인칭 대명사('아니')의 특별한 첨가로 강조하며 자신이 약속한 것을 반듯이 지킬 것임을 결단한다. 그 결단의 내용은 '주님의 눈앞에서 쫓겨났어도, 내가 반드시 주님 계신 성전을 다시 바라보겠습니다'라는 고백이다. 그의 소망의 근원이며 복과 은혜의 근원이 바로 하나님이 계신 곳이라는 사실을 고백하는 것이다(시 84; 겔 47:1-12; 출 20:24; 40:34-38).

5 - **7** 여기에서 다시 3절에서 언급된 내용을 반복하며 전개한다. 깊음과 바다가 다시 반복된다(3절). 영혼으로 번역된 '네페슈'(5절)는 목 또는 목구멍의 의미도 갖고 있는 단어이다(시 69:1; 사 5:14).[22] "물이 나를 둘렀으되 영혼까지 하였사오며"는 '물이 내 목까지 휘감아 올라왔다'로 번역할 수 있다. 이 말은 그를 삼키고 있는 물이 그를 죽음의 상황까지 끌고

---

22) George Pidoux, *L'homme dans l'ancien testament*(『구약성서 인간론』, 박철우 역, 서울: 토기장이), 1994, 23; Carl -A. Keller, *Commentaire de l'ancien testament, Osée, Joël, Amos, Abdias, Jonas*(Genève: Labor et Fides, 1992), 281('la gorge'); JB('my throat').

갔다는 것을 의미한다. NASB는 'Water encompassed me to the point of death,' NKJV는 'The waters surrounded me, even to my soul,' NIV는 'The engulfing waters threatened me'라고 번역하고 있다. 이어져 나오는 "깊음이 나를 에웠고 바다 풀이 내 머리를 쌌나이다"도 바로 바다에 던져진 후, 그러나 아직 큰 물고기에 의해서 구원을 받기 전의 상황을 서술한다고 할 수 있다.

6절의 산의 뿌리는 땅을 바치고 있는 기둥과 같은 것으로 바다의 바닥을 의미하며 육지의 기초에 해당되며, 이것은 땅의 가장 깊은 곳 곧 죽음의 세계로 내려갔음을 나타내는 것이다. 그 지하의 땅 곧 돌아오지 못하는 죽음 세계에 들어간 것이다. 그 빗장이 그를 살아 나가지 못하게 막았던 것이다. 요나에게 이것은 오랜 시간이었을 것이다. 이 시간은 이 고통에서 벗어나기를 간절히 원하는 사람의 시간이며 이 고통을 직접 겪고 있는 사람들이 느끼는 시간이다. 따라서 그 시간의 길이는 평온함을 누리는 사람들이 느끼는 시간과 질적으로 달랐을 것이다.

그러나 이것이 그에게 마지막이 아니었다. 구원의 하나님이 계셨기 때문이다. 요나는 '여호와'를 나의 하나님으로 고백한다. 그분이 큰 물고기를 통하여 이러한 죽음에서 건져 주셨기 때문이다. 시편 9:13의 고백과 유사하다(고후 1:8-10). 구덩이(샤하트 שַׁחַת)는 무덤을 나타내며 동시에 죽은 자의 세계를 의미한다(사 38:17-18; 시 16:10; 55:23; 욥 33:18, 22, 24, 28, 30). "내 생명을 구덩이에서 건지셨나이다"라는 말은 '나의 생명을 죽은 자들의 세계로부터 건지셨나이다'를 의미한다.

7절에서 '네페슈'는 생명 또는 목숨의 의미에 가깝다. "내 영혼이 내 속에서 피곤할 때에"를 NRSV는 'As my life was ebbing away, I remembered the LORD'로 번역하고 있으며, NIV도 이와 마찬가지로, 'When my life was ebbing away, I remembered you, LORD'로 번역하고 있다.[23] 이것은 요나가 죽음 직전의 상황, 소생 불가능의 상황에 있음을 표현하고 있는 것이다. L. C. 앨런(Leslie C. Allen)은 이것을, 'When I was

23) Carl -A. Keller, 279('Quand en moi la vie s'affaiblissait, je me souvins de YHWH').

losing consciousness, I remembered Yahweh'라고 번역한다.[24] 그가 죽음 직전의 혼수 상태에 있음을 말하고 있다. '생각하다'로 번역된 히브리어 '자카르'(זכר)는 '기억하다, 상기하다'로 번역되는 단어로서 표준새번역에서 '기억하다'로 번역하며, 이 부분 전체를, '내 목숨이 힘없이 꺼져 갈 때에, 내가 주님을 기억하였더니'라고 번역하고 있다. "내 기도가 주께 이르렀사오며 주의 성전에 미쳤나이다"에서 '주의 성전'은 4절의 경우와 달리, 예루살렘의 성전이라기보다는 하늘의 성전을 가리킨다. 성전은 하나님의 발등상이다(애 2:1; 시 99:5). 하나님은 땅의 성전에 거하실 뿐만 아니라 하늘 성전의 보좌에 좌정하고 계시는 분이시다. 이것은 하나님 역사의 신비이다. 여기에서 기도 응답의 고백이 병행구를 통하여 강조된다(주께[엘레카 אֵלֶיךָ] // 주의 성전에[엘 헤칼 코드세카 אֶל־הֵיכַל קָדְשֶׁךָ]).

8 – **9** 이제 요나는 물고기 뱃속에서의 감사기도를 마감한다. 여기에서 그는 마지막 결정적인 신앙고백을 행한다. 세상 사람들은 하나님의 은혜를 저버리나, 자기만은 결코 그러한 일을 하지 않을 것임을 선언한다. 자기 자신은 하나님께 감사의 찬양과 고백을 올리며 주께 제사를 드릴 것이며, 자신의 서원을 갚을 것임을 결단한다. "거짓되고 헛된 것"에서 '거짓된 것'('샤브' שָׁוְא, 거짓, 허무, 헛됨, 공허)은 우상을 나타내며(렘 18:15; 시 31:6), '헛된 것'('헤벨' הֶבֶל: 증기[vapor], 숨[breath], 헛됨[vanity])과 동의어이다(신 32:21; 왕상 16:13, 26; 왕하 17:15; 렘 2:5; 8:19; 10:8, 15; 16:19; 51:18). 여기에서는 이 두 단어가 합쳐져서 하나의 의미 곧 우상을 강조한다('하블레 샤브' הַבְלֵי שָׁוְא, 시 31:6). "거짓되고 헛된 것을 숭상하는 자는 자기에게 베푸신 은혜를 버렸사오나"에서 '자기에게 베푸신 은혜'('하스담' חַסְדָּם their grace)의 직역은 '그들의 은혜' 또는 '그들의 충성'(cf. NRSV, Those who worship vain idols forsake their true loyalty)이다. '헤세드'가 언약적 충성을 강하게 나타내는 말이지만 이 경우에는 은혜로 번역하는 것이 더 타당하다. 우상 숭배자들은 이미 그들의 충성을 저버린 자들이다. 따라서 '그들의 충성을 버린 자들이다'라는 설명이

24) Leslie C. Allen, 214; JB('While my soul was fainting within me').

더 첨가될 필요가 없는 것이다. 이 경우 은혜로 번역하되, 이 단어가 3인칭 남성복수 대명사를 가지고 있음으로 '그들이 받은 은혜', '하나님의 한결같은 사랑', '하나님이 그들에게 주신 이 은혜', 또는 '그들이 갚아야 할 은혜'로 이해하는 것이 타당하다. 이런 차원에서 개역한글판과 개역개정판의 번역은 적절하다. 그러나 개역한글판과 개역개정판의 경우 이것을 완료형으로 번역한 문제점을 갖고 있다. NKJV가 본문의 의미에 가장 가깝다고 할 수 있다(Those who regard worthless idols Forsake their own Mercy).[25] NKJV는 여기에서 'Mercy'를 대문자로 씀으로써 이것이 하나님 자신 또는 하나님의 특별한 은혜로 이해하고 있음을 보여 주고 있다.[26] 즉 우상 숭배하는 자들은 하나님이 주신 은혜의 역사에 감사하지 못하고 오히려 그들이 당연히 갚아야 할 은혜, 더 나아가서 은혜의 근원을 저버린다는 것이다. 이것은 불변의 사실이다. 그래서 히브리어는 이것을 미완료형으로 표현하고 있다(야아조부 יַעֲזֹבוּ : 아자브[עזב abandon]의 칼 3인칭 미완료 남성복수). 개역한글판과 개역개정판은 이것을 완료로 번역하나, 표준새번역은 다른 대부분의 역본을 따라 미완료로 번역한다(cf. ASV, NASB, RSV, NRSV, KJV, NKJV, NIV, JB 등).

그 다음 첫 표현은 וַאֲנִי(바아니 [But I, 그러나 나는])이다. 우상을 좇는 세상 사람들은 하나님의 은혜를 모르고 하나님의 은혜를 저버리지만, '나만은' 그러하지 않을 것임을 접속사 '바브'(וְ)와 1인칭 대명사 '아니'(אֲנִי)의 서두 결합어를 통하여 강조한다(바아니 [וַאֲנִי But truly I]). 요나는 그가 이제 안전히 살아 돌아가게 되면 성전에 가서 감사의 찬양으로 주께 제사를 드릴 것임('브콜 토다 에즈브하 라크'[בְּקוֹל תּוֹדָה אֶזְבְּחָה־לָּךְ I will sacrifice to you with the voice of thanksgiving : NASB ; NKJV])을 고백한다. 그는 우상을 섬기는 것이 얼마나 어리석은 일인가를 잘 알고 있다(사 41 : 23-29 ; 44 : 9-20 ; 45 : 20-21 ; 46 : 1-2 ; 시 96 : 4-6 ; 97 : 7-9 ; 115 : 3-8 ; 135 : 15-18). 우상은 아무 도움이 되지 못한다. 그들은 단지 땔감으로 쓰이

---

25) L. C. 앨런은 '하스담'(חַסְדָּם)을 God's grace to them으로 번역한다(Leslie C. Allen, 215).

26) H. W. Wolff, 138.

는 나무로 만든 물건일 뿐이다. 하나님을 떠나는 것은 단지 수많은 슬픔과 괴로움을 갖게 되는 길일 뿐이다(시 16:4).

요나서 1장에서 선원들은 그들의 신들에게 기도하였으나 아무 소용이 없었고, 그들은 결국 기도 응답의 하나님이시며, 역사의 주관자는 여호와임을 깨달았다. 요나는 구원의 역사에 감사하여 자신의 서원을 여호와께 갚을 것을 약속한다('아세르 나다르티 아샬레마' אֲשֶׁר נָדַרְתִּי אֲשַׁלֵּמָה I will pay what I have vowed[NKJV; cf. RSV, NRSV, ASV, NASB, JB]). 서원은 말로 행한 것이기에 쉽게 잊혀질 수 있는 것이며, 따라서 서원의 실천은 신앙과 충성의 중요한 척도이다. 성경은 서원한 것은 반드시 갚지 않으면 안 된다는 사실을 강조한다. 마지막으로 이 감사의 노래의 기본적 전제가 되는 신앙고백을 한다. "구원은 여호와께로서 말미암나이다"('예슈아타 라야웨' יְשׁוּעָתָה לַיהוָה). 개역개정판은 이것을 '구원은 여호와께 속하였나이다'로 수정하였다. 두 번역이 다 가능하며 내용상 차이는 없다. 표준새번역은 이것을 좀더 쉽고 명료하게 번역하였다. '구원은 오직 주님에게서만 옵니다.' 이것은 이 감사의 노래의 절정이다. 요나는 이제 그의 불순종으로 인하여 받게 된 당연한 징벌을 받았고 이 징벌에서 구원의 은총을 입은 새 사람이 되었다. 그는 회개한 사람이며, 새로운 충성을 결단한 사람이다. 2장의 마지막 절에 나오는 서원과 제사에 대한 약속은 1장의 말미에서도 나왔다. 1장에서 주님을 고백하고 이와 같은 충성을 약속한 사람은 선원들 곧 이방인들이었다.

그러나 이제 요나가 그들처럼 하나님에 대한 충성을 고백한다. 하나님의 백성이요, 종인 요나가 오히려 이방선원들의 신앙체험을 따라간다. 우리의 삶 속에는 이와 같은 일들이 있는 것이다. 세상의 어느 누구도 자기의 태생을 자랑할 수 없는 것이다. 모두 소중한 구원의 대상자들이다.

10 이제 하나님은 요나의 구원을 완성하신다. 여호와는 물고기에 명하시어 요나를 해변으로 토하도록 하신다. 이로써 하나님은 그를 완전히 원상으로 회복시키신다. 이제 물고기 뱃속에서의 3일 동안의 여행은 끝이 난 것이다. 물고기가 요나를 '삼키는 것'으로부터 시작된 산문(1:17)의 대칭점 곧 이 문학단위에서 서두 산문의 반대 극점인 산문 2:10에서 요나는

물고기의 뱃속에서 나와 육지에 이른다. 비록 이 두 문장이 하나는 '삼킴'을 통한 역사요, 다른 하나는 '뱉음'을 통한 역사라는 반의어적 관계를 가지고 있으나, 둘 다 '하나님의 구원의 역사'라는 점과 이 두 단어가 다 동일한 의미범주 안에 들어 있는 단어(입을 통한 행위: '삼키고 뱉음')라는 차원에서 동일하다.

첫 번째 물고기의 행위(삼킴 בלע ['발라'])가 구원의 시작이었다면, 두 번째 물고기의 행위(뱉음 קיא ['키이'])는 구원의 완성이다. 이 두 부분은 서로 반대의 개념이지만 서로 한 쌍이 되어 그 의미를 완성하는 '볼트와 너트'로서 문두문미병행구(inclusio)를 이루며 통일성 있는 문학단위체를 형성하고 내용상 하나님의 구원 이야기를 완성한다.

¶ 메시지

하나님은 곤궁 가운데 있는 그의 백성을 건지시는 구원의 하나님이심이 선포된다. 하나님은 구원하시되 창조적 권능으로 구원하시는 분, 죽음에서 생명을 주시는 기적과 능력과 사랑의 하나님이심을 보여 준다.

요나는 죽음의 상황에서 건짐 받은 것에 감사한다. 그리고 자신이 쫓겨났을지라도 주의 성전을 바라보겠노라고 고백한다. 하나님은 요나의 기도를 받아 주시어 그를 구원하신 것이다. 하나님은 회개하는 주의 백성의 기도를 응답해 주시어 건져 주시는 분이시다. 이 하나님에 대한 믿음과 감사를 잊지 않고 순경에서나 역경에서도 항상 변함없는 충성을 다하는 것이 성도의 도리임을 강조한다.

4. 3:1-10(위기)

¶ 본문

1여호와의 말씀이 두 번째 요나에게 임하니라 이르시되 2일어나 저 큰 성읍
니느웨로 가서 내가 네게 명한 바를 그들에게 선포하라 하신지라 3요나가
여호와의 말씀대로 일어나서 니느웨로 가니라 니느웨는 극히 큰 성읍이므로
삼일길이라 4요나가 그 성에 들어가며 곧 하룻길을 행하며 외쳐 가로되 사
십일이 지나면 니느웨가 무너지리라 하였더니 5니느웨 백성이 하나님을 믿
고 금식을 선포하고 무론 대소하고 굵은 베를 입은지라 6그 소문이 니느웨
왕에게 들리매 왕이 보좌에서 일어나 조복을 벗고 굵은 베를 입고 재에 앉으
니라 7왕이 그 대신으로 더불어 조서를 내려 니느웨에 선포하여 가로되 사
람이나 짐승이나 소떼나 양떼나 아무 것도 입에 대지 말찌니 곧 먹지도 말
것이요 물도 마시지 말 것이며 8사람이든지 짐승이든지 다 굵은 베를 입을
것이요 힘써 여호와께 부르짖을 것이며 각기 악한 길과 손으로 행한 강포에
서 떠날 것이라 9하나님이 혹시 뜻을 돌이키시고 그 진노를 그치사 우리로
멸망치 않게 하시리라 그렇지 않을줄을 누가 알겠느냐 한지라 10하나님이
그들의 행한 것 곧 그 악한 길에서 돌이켜 떠난 것을 감찰하시고 뜻을 돌이
키사 그들에게 내리리라 말씀하신 재앙을 내리지 아니하시니라

¶ 개요

이 단락은 이 책 전체의 반전이며, 위기에 해당되는 부분으로서 다음과 같은 세 개의 내용으로 구성되어 있다.

1. 3:1-4 하나님의 명령에 대한 요나의 순종과 니느웨를 향한 말씀선포
2. 3:5-9 하나님의 말씀에 대한 니느웨의 회개
3. 3:10 하나님의 응답

요나는 죽음에서 건짐 받고 이제 새로운 피조물로서 거듭나는 역사를 체험한다. 이제 불순종하던 요나가 순종하는 종으로 변한 것이다. 하나님은 요나에게 이제 새로운 기회를 부여해 주신다. 요나는 하나님의 말씀대로 순종하여 니느웨로 가서 하나님의 말씀을 선포한다(3:1-4). 그리고 이 하나님의 말씀을 들은 니느웨 사람들은 회개하게 되고(3:5-9), 이 회개에 대한 응답으로 하나님은 그들을 구원하여 주신다(3:10). 이것이 이 단락의 내용이다. 금식하며 통회하는 백성의 기도에 대한 하나님의 응답의 역사는 사무엘상 7:3-14; 에스라 8:21-23; 에스더 4:1-8:17; cf. 요엘 2:12-27 등에서 볼 수 있는 내용이다. 이 단락은 이 단락 자체만으로 보면 조용한 변화의 역사 곧 조용한 회개와 구원의 역사로서 이것 자체로 독립된 이야기로 여겨질 수 있다. 그러나 이 사건은 이 책 전체의 내용적 전개라는 차원에서 아주 심각한 위기의 내용을 잉태하고 있는 부분이다. 이 부분은 위기의 상황이 절정(4:1-3)으로 발현되는 계기가 된다. 절정부를 위한 예비적 전단계의 역할을 하고 있는 것이다. 그러나 이 단락(3:1-10)은 그 자체로서 고유한 하나님의 뜻을 담고 있다.

전체적 차원에서 3-4장의 내용은 1-2장에서 전개된 이방인들에 대한 인간관을 전제로 한다. 1-2장은 3-4장의 내용적 전제이며, 조건이고, 기초이다. 이방인들도 구원의 대상이며 본질적으로 선한 양심을 가진 존재임을 전제로 한다. 그러한 존재이기에 하나님의 말씀을 들으면 회개할 수 있었던 것이다. 그들은 이스라엘 백성과 마찬가지로 하나님의 관심의

대상이다.

멸망의 선포와 관련하여 3:1-4의 결어부분에서 니느웨의 멸망을 선포하고, 3:5-9의 결어부분에서 멸망하지 않을 가능성을 선포하며, 3:10에서는 멸망이 취소되었음을 선포한다. 이러한 세 단락의 상관관계 역시 이 단락의 삼단양식적 면모를 보여 주는 것이다.

1 - **4** 이 단락은 세 개의 소단락으로 구성되어 있다(1-2절; 3절; 4절).

1-2절 일어나(קוּם) 가라(לֵךְ); 선포하라(קְרָא).
3절 일어나 갔다(קוּם הָלַךְ).
4절 선포하였다(קְרָא).

1절에서는 하나님의 말씀이 요나에게 임하신다. 이것은 요나 1:1의 말씀과 병행을 이룬다. 이제 요나는 '하나님의 사역을 새롭게 시작'하는 것과 같음을 나타낸다. 하나님은 그에게 두 번째 기회를 허용하신 것이다(셰니트 שֵׁנִית[the second time]). 하나님은 그에게 명령하신다. "일어나 저 큰 성읍 니느웨로 가서 내가 네게 명한 바를 그들에게 선포하라"(2절). 이 문장의 핵심은 3개의 명령동사이다(일어나라, 가라, 선포하라). 그리고 그 목적어("내가 네게 명한 바", הַקְּרִיאָה אֲשֶׁר אָנֹכִי דֹּבֵר אֵלֶיךָ[하커리아 아셰르 아노키 도베르 엘레카])이다. 여기에서 특히 이것은 1인칭 대명사 '나'의 사용으로 강조된다. 이 절은 절의 중심 액센트 '아트나흐'를 중심으로 두 개의 명령형 문장, '일어나 가라'('쿰 레크' קוּם לֵךְ)와 '선포하라'('크라' קְרָא)로 구성되어 있다. 그리고 이 명령은 3절과 4절에서 요나에 의해서 행동으로 옮겨진다.

3절에서 요나는 '일어나 가라'는 하나님의 명령대로 '일어나 떠난다'('쿰 할라크' קוּם הָלַךְ). 그리고 4절에서는 '선포하라'는 명령에 순종하여 '선포한다'(아마르 אמר; 카라 קרא). '일어나 가라'(קוּם לֵךְ)는 표현은 1:2, 곧 하나님의 처음 명령에서 사용된 말이다. 이 처음 명령은 순종되지 않은 명령이었다. 그러나 여기에서는 그와 정반대로 순종으로 나타난다. 3장 이하의 내용이 반전을 통하여 새로운 역사가 시작되고 있음을 알리는 말이다. 이 명령의 반복 자체가 요나에게 주어진 선교사명을 강조하고 있는 것이다.[27] 4절에서 요나는 다시 하나님의 명령대로 하나님의 말씀을 '선포한다'(קרא אמר). 3절과 4절은 2절의 명령에 대한 어김없는 완전한 순종을 보여 주고 있으며, 이 세 부분들(1-2절; 3절; 4절)은 서로 밀접한 상관관계를 보여 주며 내용적 단일체를 구성하고 있다. 이것도 이 책의 삼단양식적 경향을 반영하는 것이다. 요나가 가서 선포해야 하는 곳은 니느웨(2절)이며, 그 도성은 '큰 성읍'('하이르 하게돌라' הָעִיר הַגְּדוֹלָה)이었다. 니느웨는 '극히 큰 성읍'(an exceedingly great city)을 가리키는 표현(great to God עִיר־גְּדוֹלָה לֵאלֹהִים)으로 강조된다. 이것은 피수식어에 '엘로힘'(하나님)을 첨가함으로써 최상급을 만드는 독특한 성경적 표현이다.[28] 물론 이것은 가능한 해석이고 대부분의 현대 역본이 이를 따르고 있다('an exceedingly great city': ASV, NASB, RSV, NRSV, KJV, NKJV; cf. 'a very important city' [NIV]).[29]

그러나 엘로힘이 최상급에 사용되는 대부분의 경우는 '엘로힘'이 명사 뒤에 바로 나오는데(이르 엘로힘 [게돌라]), 이 경우는 형용사 뒤에 '엘로힘'이 온다('이르 게돌라 렐로힘').[30] 물론 '이르 게돌라 렐로힘'이 불가능한 구조는 아니지만, 여기에서 특별히 '엘로힘(하나님)'을 첨가하는 형태의 최상급을 사용한 데는 이유가 있는 것이다. 즉 이것은 '극히 큰 성읍'임을 나타내는 동시에, 이 성읍도 결국 '하나님의 것'('렐로힘' belonging to God, 또는 God's)이라는 사실을 나타내기 위한 언어 선택인 것이다. 즉 하나님은 모든 역사를 주관하시는 절대주임을 암시하는 것이다. 가장 큰 도시 니느웨라고 할지라도 하나님의 주권 안에 있는 존재일 뿐이라는 것이며 그들도 하나님의 관심의 영역 안에 있으며 구원의 대상이라는 사실을 선포하고 있는 것이다. 하나님이 하늘과 땅과 바다, 곧 온 세상의 주권자이시

27) 서론 참조.

28) Leslie C. Allen, 221; D. W. Thomas, "A Consideration of Some Unusual Ways of Expressing the Superlative in Hebrew," *VT* 3(1953), 210-224.

29) D. 스튜어트(Douglas Stuart)는 이 구절을 다음과 같이 번역한다. 'Nineveh was a city important to God'; 483-487.

30) Jack M. Sasson, 228.

며, 세상의 모든 사람을 구원하고자 하시는 것이 하나님의 뜻이라는 사실은 요나서의 근본적 선포이기도 하다.

4절에 의하면, 이곳을 지나가는데 3일이 걸리는 큰 도시였다. 이곳의 실제 넓이는 둘레가 12km이며, 지름이 약 5km인 도시라고 본다. 이 책의 저자의 시대에는 과거 영화로운 시대의 니느웨를 이와 같이 큰 도시로 이해하고 있었던 것으로 해석할 수도 있다. 그러나 이 넓은 곳은 아마 그 주변 지역까지를 포함한 것으로 볼 수 있다.[31] 예언자 요나는 아주 간결한 말씀을 선포한다. 니느웨가 멸망하리라는 것이다. 이 표현은 창세기 19:25에 나오는 징벌의 내용과 유사하다. 4절에서 니느웨가 무너지리라에 사용된 히브리 동사는 창세기 19:25와 마찬가지로 '하파크'(הפך)이다. 하나님은 니느웨가 소돔과 고모라와 같은 죄를 짓고 있음을 나타내는 것이라고 할 수 있다(신 29:23; 암 4:11). 40일간의 유예기간은 성경에 나오는 기다림과 시험의 기간과 같은 것이다(광야에서의 40년, 예수님의 40일의 시험; 하나님 앞에서의 모세의 탄원[신 9:18, 25-26]).

5 - **9** 이 단락은 하나님의 말씀을 들은 니느웨 사람들의 반응에 관해 언급한다. 이 부분은 다시 세 개의 소단락으로 구분된다.

A. 5절 백성의 종교적 활동
  B. 6절 왕의 반응
A'. 7-9절 백성의 반응을 강화 확대하는 공식적 명령[32]

이 세 개의 소단락에 공히 "굵은 베"(사크 שַׂק [sackcloth]) 옷이 언급되고, 5절(A)에서 나온 모든 사람의 회개와 구원의 문제가 8절(A')에서 다시 나온다. A'(7절)에서 A(5절)와 마찬가지로 금식의 내용이 다루어진다. 이 단락 역시 삼단양식적 특징을 보여 준다.

5절에 언급되는 금식은 사무엘하 12:16; 역대하 20:3; 에스라 8:21;

---

31) Leslie C. Allen, 221-222.

32) Leslie C. Allen, 223; 이 단락도 삼단양식적 면모를 보여 준다.

느헤미야 9:1; 에스더 4:3, 16; 9:31; 시편 35:13; 이사야 58:3-6; 예레미야 36:9; 요엘 1:13-14; 2:12-13, 15; 다니엘 9:3 등에 언급되는 것으로 자기를 낮추는 행위이며, 굵은 베옷을 입는 것과 마찬가지로 참회나 애곡의 상징적 행위이다(cf. 삼하 3:31; 욜 1:14-15, 19-20).

왕궁에 있는 니느웨의 왕은 이 예언 말씀을 듣고 참회의 자세를 갖는다. 그는 그의 왕좌와 화려한 왕복 대신 굵은 베옷과 재를 뒤집어쓴다(느 9:1-3; 사 58:5). 이미 5절에서 니느웨 사람들은 하나님을 믿고 통회를 한다. 6절에서는 왕이 이에 참여한다. 7-9절에서는 이러한 내용이 종합되며 이러한 것이 공식적 조서로 선포되고 강화된다. 이러한 참회의 행위에 사람과 짐승이 모두 참여한다. 짐승도 하나님이 내리실 재앙의 대상이기 때문에 그들도 참여시켰다고 볼 수 있다. 짐승들이 애곡의 예식에 참여하는 것은 페르시아의 한 관습이었다.[33] 이것은 5-6절에 기록된 내용 곧 니느웨 사람들 전체의 통회를 보여 주는 것이다(욜 1:20). 그리고 이러한 총체적 회개 자체가 하나의 기적임을 보여 준다. 여기에서 왕은 참회의 제의적 자세만이 아니라 사악한 삶의 모습(악한 길과 강포)에서 완전히 회개하고 돌아서지 않으면 안 된다는 사실을 강조한다(렘 18:11; 욜 2:12-13). 3:8의 "강포"는 히브리어로 '하마스'(חמס)인데, 이 어휘는 모든 형태의 사회적 불의, 즉 억압과 착취와 박해 등 인간에게 저질러지는 모든 형태의 폭력을 가리키는 데 쓰이는 말이다. 특히 가난한 약자에 대한 횡포와 억압과 살상의 의미를 내포한다(겔 7:11, 23; 8:17; 12:19; 28:16; 45:9). 여기에서 이 강포(하마스)에서의 회개가 구원의 조건임을 제시한다. 여기에서는 회개가 단순히 종교를 바꾸는 것을 의미하지 않는다. 참 하나님 여호와의 뜻에 따라 정의와 공평과 평화의 삶을 살지 않는 한, 회개는 아무런 의미도 없으며 재앙에서의 구원도 가능하지 않다는 것이다.

앗시리아의 강포함과 사악함은 이사야 10:12-14; 나훔 2:11-13; 3:1, 19 등에 나타난다(cf. 이스라엘의 강포: 렘 6:7; 겔 7:23; 암 3:10; 미 6:12 etc.). 이와 함께 구원의 하나님에 대한 소망을 고백한다(욜 2:14). 그러나 이러한 하나님의 구원은 인간의 소망일 뿐이다. 그것을 결정하시는 분

---

33) Leslie C. Allen, 224; 유딧 4:10.

은 하나님이시라는 사실이 '미 요데아'(מִי יוֹדֵעַ[Who knows, 누가 알겠느냐?])라는 표현으로 강조된다. 이것은 1:6에 나온 '울라이'(אוּלַי[perhaps, 혹시])와 같은 의미를 가진 말이다(욜 2:12-14; 암 5:15). 모든 역사의 주관자는 하나님이시니 인간은 단지 하나님께 회개하고 돌아가야 할 뿐이다.

이 니느웨 사람들의 회개는, 그들도 1-2장에서 강조된 이방인들의 신심과 양심을 가지고 있는 사람들이며, 회개할 수 있는 사람들이고, 하나님의 관심의 대상이며, 구원과 전도의 대상임을 보여 준다.

10 이 절의 문장 구조 또한 삼단양식적 구조를 보여 준다. 이 절은 하나님이 그들의 회개를 보시고 뜻을 돌이키시어 그들에게 재앙을 내리지 않으셨다는 내용을 담고 있다. 이 절은 세 개의 '접속사(ו)+3인칭 단수 동사(주어: 하나님)'가 기본 틀로 서로 연결되어 있는 문장구조를 가지고 있다.

1. 바야르(וַיַּרְא God saw[ASV: And God saw their works, that they turned from their evil way])
2. 바이나헴(וַיִּנָּחֶם God relented[ASV: and God repented of the evil which he said he would do unto them])
3. 벨로 아사(וְלֹא עָשָׂה He did not do it[ASV: and he did it not])

우선 하나님은 그들이 행한 것을 '보신다'(1. 바야르[וַיַּרְא God saw]). 그들이 악한 길에서 돌이켜 떠난 것을 보신 것이다. 여기에는 복합적인 요소가 담겨 있다. 그들의 심령이 변한 것과 행동의 수정을 보신 것이다. 이것은 앞단락(특히 3:7-8)에 언급된 그들의 통회하는 겸손과 악한 길과 강포에서 떠난 것을 내포한다. 이것이 참다운 회개이다. 행동이 수반되지 않는 회개, 마음속에만 머물렀던 회개는 아직 완전한 의미의 회개라고 할 수 없다. 하나님은 이것을 보신 것이다. 그리고 하나님은 뜻을 '돌이키신다'(2. 바이나헴[וַיִּנָּחֶם God relented; God changed his mind]). 이 말은 이미 3:9에 나온 말이다. 인간의 후회나 회개를 나타낼 경우는 주로 '슈브'가 사용된다(욘 3:8, 10; 시 4:30; 30:8-9; 삼상 7:3; 왕상 8:33, 48; 왕하 17:13 etc.). 하나님은 후회를 하시기도 하신다(regret, 창 6:6-7; 삼상

15:11; 삼하 24:16). 그러나 또 다른 여러 경우에 여기에서처럼 '나함'(נחם)의 니팔형은 하나님이 특별한 목적이 계시어 사람에 대한 태도와 계획을 바꾸시는 것을 의미한다(출 32:12-14; 삿 2:18; 렘 26:3; 42:10; 암 7:6). 하나님께서 뜻을 바꾸신다고 하는 것은 하나님의 말씀의 불변성과 모순되는 것같이 보인다(삼상 15:11; 시 110:4). 그러나 이것은 모순되는 것이 아니다. 이것은 단지 현상적인 면모일 뿐이다. 이 현상적 모습 뒤에는 더 큰 원칙이 자리하고 있다. 즉 하나님은 항상 사랑을 바탕으로 움직이신다는 사실이다.

따라서 이 사랑의 원칙에 의해서 인간에게 유익이 되면 하나님의 계획과 뜻도 바꾸시는 분이시다. 이것이 바로 하나님의 주권적 자유의 특징이다. 하나님은 사랑을 베푸시는 데 자유하신 분이시다. 하나님의 뜻에 따라 살지 않고 하나님을 떠난 것에 대한 하나님의 징벌도 하나님의 사랑에서 나온 것이다. 하나님이 계획을 바꾸시는 배경에는 항상 인간에 대한 하나님의 사랑과 연민과 긍휼이 전제된다(암 7:2-3, 5-6; 렘 42:9-12; 삿 2:18). 특히 인간이 하나님 앞에 통회할 때 하나님은 그의 계획을 바꾸신다(사 57:15; 시 51:3-17). 그래서 요엘 2:13에서는 '너희는 옷을 찢지 말고 마음을 찢고 너희 하나님 여호와께로 돌아올찌어다 그는 은혜로우시며 자비로우시며 노하기를 더디하시며 인애가 크시사 뜻을 돌이켜 재앙을 내리지 아니하시나니'라고 말씀하신다. 여기에서 하나님은 재앙을 내리려던 뜻을 돌이키셔서, 이것을 '내리지 않으셨다'(3. 벨로 아사[וְלֹא עָשָׂה He did not do it]). 이것도 하나님의 이러한 연민과 긍휼의 표현이다.

"악한 길"에 사용된 히브리어 '라아'(רָעָה[wicked, wickedness])는 1:2에 언급된 내용이다(3:8). 그리고 이것은 10절 안에서 "재앙"이라는 의미로 다시 나온다. 한 절 안에서 이와 같이 한 개의 단어로 두 가지 의미를 표출하는 것은, 좋지 않은 행실(악한 길[라아 רָעָה])은 좋지 않은 결과(재앙[라아 רָעָה])를 낳는다는 평범한 진리를 나타내는 언어유희라고 할 수 있다. 그러나 하나님의 궁극적 목적은 모든 사람이 다 회개하고 구원을 받는 데 있다(벧후 3:9). 니느웨 사람들은 그들의 죄를 통회하였고, 하나님은 자신의 뜻을 바꾸시어 그들을 구원하여 주신다. 이러한 결말은 요나의 의도와는 정반대되는 결과이다. 이제 요나의 저항이 나타나며 이 책 전체의 절정 곧 대단원 이전의 파국적 상황에 이른다. 요나는 하나님 앞에 행해서는 안 되는 행동을 하게 된다. 그것이 4:1-4의 내용이다.

¶ 메시지

사람은 누구나 실수할 수 있고 하나님을 거역할 수도 있다. 그러나 하나님은 자신이 선택한 사람을 훈련하시고 연단하시어 자신의 목적을 위해 사용하신다. 요나는 새로 거듭나는 체험을 한다. 그는 이제 하나님의 명령에 순종한다. 그리고 하나님 말씀을 니느웨에 선포한다. 니느웨 사람들은 하나님의 질타의 말씀을 듣고 금식하며 회개한다. 하나님은 이들의 믿음을 보시고 그들에게 구원의 손길을 베푸신다. 요나를 용서하시고 다시 그를 사용하신 하나님께서 이제 이방인 니느웨 사람들을 용서하시고 구원의 은총을 베푸신 것이다.

하나님은 세상만민의 구원을 원하시는 분이시다. 그리고 하나님은 모든 죄인들에 관심을 가지고 계신 분이며, 그들이 구원되기를 원하시는 분이시다. 하나님은 세상 사람들의 회개를 보시고, 그들을 불쌍히 여기시고 뜻을 바꾸시는 긍휼의 하나님이시다. 이 진리를 먼저 구원받은 모든 백성이 깨닫기를 원하신다. 요나 자신의 체험이 이를 보여 준다. 하나님은 죄인들이 회개하여 죽음에서 건짐 받는 삶을 살며, 마음과 행위에 있어 온전한 변화를 원하신다(롬 6:13). 선한 행실은 선한 결과를 낳고 악한 행실은 악한 결과를 낳음을 보여 주신다.

5. 4:1-4(절정)

¶ 본문

1 요나가 심히 싫어하고 노하여 2 여호와께 기도하여 가로되 여호와여 내가
고국에 있을 때에 이러하겠다고 말씀하지 아니하였나이까 그러므로 내가 빨
리 다시스로 도망하였사오니 주께서는 은혜로우시며 자비로우시며 노하기
를 더디하시며 인애가 크시사 뜻을 돌이켜 재앙을 내리지 아니하시는 하나
님이신 줄을 내가 알았음이니이다 3 여호와여 원컨대 이제 내 생명을 취하
소서 사는 것보다 죽는 것이 내게 나음이니이다 4 여호와께서 이르시되 너
의 성냄이 어찌 합당하냐 하시니라

¶ 개요

이 단락은 요나의 기대와는 정반대의 결과를 다루고 있으며, 이에 대한 요나의 극단적 반응을 다룸으로써 이야기의 절정 곧 숨겨져 있던 위기가 이제 폭발하는 절정의 상황, 해소되지 않으면 안 되는 극단의 상황을 보여준다. 이 단락은 세 개의 소단락으로 나눌 수 있다.

A. 1절 요나의 큰 분노
B. 2-3절 요나의 기도(요나의 신관과 요나의 실망과 분노의 이유)
A'. 4절 요나의 분노에 대한 하나님의 지적

¶ 주석

1 - **4** 1절에서 요나의 극단적 반응이 강조된다. "요나가 심히 싫어하고"('바예라 엘 요나 라아 게돌라' וַיֵּרַע אֶל־יוֹנָה רָעָה גְדוֹלָה)의 문자적 번역은 '그러나 이것은 요나에게 불쾌하였다 - 큰 재앙으로'(But it is displeasing unto Jonah - a great evil)이다. 개역한글판과 개역개정판은 이것의 의역이다(cf. 'But it displeased Jonah exceedingly'[KJV; RSV]; 'But this was very displeasing to Jonah'[NRSV]). 요나의 기대와는 정반대로 그들이 회개하고 구원받은 것은 요나를 극히 화나게 하였다. 이러한 극단적인 감정의 표출 자체가 이 단락이 갖고 있는 내용적 절정을 보여 준다. 1장에서 요나는 하나님 명령을 피해 도망할 뿐이었다. 그러나 여기에서 요나의 감정은 폭발하였고 이제 이 책의 핵심적 주제가 완전히 밖으로 표출되어 나온 것이다.

그 내용이 2절에서 다루어지는 요나의 기도에 명시된다. 2절은 서두에서부터 특별한 강조용법을 사용함으로써 그 내용을 강조한다. 서두에서 요나의 기도가 강조된다("여호와께 기도하여 가로되 여호와여… 말씀하지 아니하였나이까"[바이트팔렐 엘 야웨 바요마르 안나 야웨 할로 제: וַיִּתְפַּלֵּל אֶל־יְהוָה וַיֹּאמַר אָנָּה יְהוָה הֲלוֹא־זֶה]). 여기에서 동일한 의미범주에 속하는 두 개의 단어(기도하다[바이트팔렐 וַיִּתְפַּלֵּל]; 말하다[바요마르 וַיֹּאמַר])가 이어져 나옴으로 그 내용 곧 기도의 행위가 강조되고, 이어서 나오는 '안나'(אָנָּה)는 감탄사로서 '원하건대', '내가 간구하오니', '아 이제' 등으로 번역될 수 있는 강세어이다(창 50:17; 출 32:31; 사 38:3; 왕하 20:3; 느 1:11; 시 116:4; 118:25). 이어서 다시 "여호와여"라는 호격이 나오면서 그 내용의 간절함이 표출된다. 여기에서 요나는 그가 다시스로 도망하게 된 이유도 바로 하나님의 이와 같은 구원의 역사였음을 고백한다. 그리고 그 자신의 분노의 이유도 이것이었음을 밝힌다. 그 이유는 바로 하나님께서 이방민족 니느웨 사람들도 회개하고 하나님께 돌아오면 구원하여 주신다는 것이다. 하나님이 구원의 하나님이시며, 자비의 하나님이신 것은 이미 앞 단락에서 나타났다. 요나의 입을 통하여 다시 그러한 하나님의 속성이 강조된다. "은혜로우시며"로 번역된 '한눈'(חַנּוּן)은 '형용사 남성단수'로서 곤궁 가운데 있는 사람을 불쌍히 여기시며, 회개한 사람을 받아 주시며 용서하시는 하나님을 나타낸다(출 22:26-27; 34:6; 대하 30:9; 느 9:17, 31; 욜 2:13; cf. 시 86:15; 103:8; 111:4; 112:4; 116:5; 145:8). "자비로우시며"로 번역된 '라훔'(רַחוּם)은 어머니의 자궁, 모태(레헴 רֶחֶם)와 동일한 어근을 가진 말로 어머니의 사랑과 같은 무한히 깊은 사랑과 긍휼을 가리키는 말로서 자주 '한눈'(חַנּוּן)과 연결되어 나온다(출 34:6; 대하 30:9; 느 9:17, 31; 시 86:15; 111:4; 145:8; cf. 신 4:31; 시 78:38; 112:4).[34)]

"인애"로 번역된 '헤세드'는 언약적 사랑이 강조되는 어휘이다. 이스라엘에게 특별한 언약적 사랑을 베푸시는 하나님은 다른 민족들도 사랑하시는 하나님이심을 선포하고 있는 것이다. 이와 같은 이해는 시편 145:9; 룻기 1:8; 사무엘하 15:20; 시편 33:5; 117:1-2; 119:64 등에 나온다. 이제 그 하나님께서 그 속성대로 재앙을 돌이키신다(니함[נִחָם] : 나함 נָחַם의 니팔 분사 남성단수, 돌이키다). 이 단어는 앞 단락(3:8, 10)에 나온 단어로서 하나님의 사랑과 연민의 마음을 나타내 준다. 하나님의 이러한 모습은 이미 앞에서(3:1-10[위기부]) 일어난 사건을 통해서 드러난 것이다. 여기(절정부)에서의 초점은 이에 대한 요나 자신의 반응이다. 요나는 이제 하나님의 이러한 역사에 대해 화가 났던 것이다. 저자는 이러한 편협한 요나의 생각을 질타하고 있는 것이다. 마태복음 18:23-35의 악한 부자나 누가복음 15:29의 돌아온 탕자의 형과 같은 자세인 것이다.

3절에서 다시 특별한 강조용법이 나온다. "여호와여 원컨대 이제 내 생명을 취하소서"(베아타 야웨 카흐 나 에트 나프쉬 밈멘니, וְעַתָּה יהוה קַח־נָא אֶת־נַפְשִׁי מִמֶּנִּי). 여기에도 많은 강조용법이 혼합되어 있다. '라카흐'(לקח to

34) James Limburg, 154.

take)의 명령형 동사 '카흐'(קַח)가 '그러므로(וְ) 여호와여(יהוה) 원하건대(נָא) 이제(עַתָּה)'라는 강세적 어휘와 함께 그 내용 곧 요나의 격앙된 마음의 상태를 강조하고 있으며, 특히 나의 생명을 취해 달라는 말에는 '나에게서'(멤멘니 מִמֶּנִּי)라는 표현을 통하여 그의 절망적 심사가 강조되어 있다. 이 표현은 개역한글판과 개역개정판에는 표현이 되어 있지 않다(표준새번역에는 번역되어 있음). 1절에 나타난 격앙된 분노의 감정이 여기에서는 생명을 취하여 달라는 말로 요나의 편협성을 강조한다. 특히 '베아타'(וְעַתָּה [그러므로 이제])는 기도나 연설 또는 편지에서 예비적 내용이 언급된 후 핵심적 내용을 시작할 때 나오는 전형적인 서두이다(창 44:33; 삼상 25:7; 사 5:3, 5).[35]

이렇게 곤비한 예언자에 관한 이야기는 민수기 11:11–15; 예레미야 15:10; 20:14–18; 열왕기상 19:4 등에 나온다. 특히 열왕기상 19:4의 '내 목숨을 취하소서'라는 말은 이 요나의 고백과 유사하다. 하나님의 종들은 순경에나 역경에나 하나님의 말씀과 주님의 대변자로서 직분에 충성하면 되는 것이다.

4절에서는 1절의 어휘를 사용함으로 문두문미병행구를 이루고 이를 통하여 단락을 마무리한다. 여기에서 하나님은 요나의 분냄이 온당한 것이 아님을 수사학적 의문문으로 지적한다. 이 의문문은 요나의 대답을 암시한다. 그 답에 대한 내용이 다음 단락에서 전개될 것임을 암시하며 이 절정부에서 대단원으로 넘어가는 전환부의 역할을 한다. 하나님은 요나를 깨우치실 계획을 가지고 있음을 암시하고 있다.

¶ 메시지

요나는 이방인들이 구원받은 것에 대해 분노한다. 그의 편협한 신앙을 보여 주는 것이다. 이것은 하나님의 백성 곧 언약백성이 갖고 있는 사명을 망각한 자세이다. 하나님은 그들이 먼저 구원하시고 복을 내리신 이유와

---

35) Leslie C. Allen, 229; H. A. Brongers, *VT* 15(1965), 296f.

목적을 깨닫고 하나님의 뜻에 순종하길 원하신다. 이렇게 사는 것이 성숙한 신앙인의 삶인 것이다. 요나 자신은 불평을 하고 있기는 하지만, 요나의 입술을 통해, 하나님은 은혜와 자비의 하나님이시며, 노하기를 더디하시며, 인애가 크신 하나님이심이 고백된다. 그 하나님은 구원을 베푸시기 위해 자신의 뜻까지 돌이키시는 사랑과 긍휼의 하나님이심이 다시 확인된다. 그리고 동시에 하나님은 생사화복의 주관자이심이 고백된다. 죽음도 삶도 하나님의 주권 안에 있다는 것이다.

6. 4:5-11(대단원)[36]

¶ 본문

[5] 요나가 성에서 나가서 그 성 동편에 앉되 거기서 자기를 위하여 초막을 짓
고 그 그늘 아래 앉아서 성읍이 어떻게 되는 것을 보려 하니라 [6] 하나님 여
호와께서 박 넝쿨을 준비하사 요나 위에 가리우게 하셨으니 이는 그 머리를
위하여 그늘이 지게 하며 그 괴로움을 면케 하려 하심이었더라 요나가 박 넝
쿨을 인하여 심히 기뻐하였더니 [7] 하나님이 벌레를 준비하사 이튿날 새벽에
그 박 넝쿨을 씹게 하시매 곧 시드니라 [8] 해가 뜰 때에 하나님이 뜨거운 동
풍을 준비하셨고 해는 요나의 머리에 쬐매 요나가 혼곤하여 스스로 죽기를
구하여 가로되 사는 것보다 죽는 것이 내게 나으니이다 [9] 하나님이 요나에
게 이르시되 네가 이 박 넝쿨로 인하여 성냄이 어찌 합당하냐 그가 대답하되
내가 성내어 죽기까지 할찌라도 합당하니이다 [10] 여호와께서 가라사대 네가
수고도 아니하였고 배양도 아니하였고 하룻밤에 났다가 하룻밤에 망한 이
박 넝쿨을 네가 아꼈거든 [11] 하물며 이 큰 성읍, 니느웨에는 좌우를 분변치

36) L. C. 앨런은 4:4를 4:5-11과 연결하여 이해하나, 4:4는 내용상 4:1-3과 연결되어 이해되는 것이 더 타당하다. 특히 4:5부터 성 밖이라는 새로운 무대와 장면이 전개된다는 차원에서 더욱 그러하다.

못하는 자가 십이만 여명이요 육축도 많이 있나니 내가 아끼는 것이 어찌 합당치 아니하냐

¶ 개요

이 단락은 대단원으로서 앞에 전개된 모든 문제와 갈등을 해소하는 결론부분이다. 이 단락은 희곡의 마지막 장면과 같다. 직접적으로는 이 단락의 이야기 자체가 앞 단락의 위기의 절정 곧 요나가 갖고 있는 극도의 불만과 갈등을 해소시킨다. 요나의 불만은 하나님이 이방민족들을 용서하시어 구원하셨다는 사실이다. 그들은 선민 이스라엘의 적이었다. 따라서 요나의 입장에서 그들이 구원되는 것을 수용할 수 없었다. 하나님은 이러한 요나의 갈등 곧 이스라엘의 갈등을 해소시켜야 했다. 이 과정을 통하여 하나님은 누구시며, 인류를 향한 하나님의 계획이 무엇인가를 계시하신다. 그리고 무엇이 참다운 선민의 자세인가를 제시하신다. 저자는 이것을 하나의 에피소드를 통하여 보여 준다.

이 단락은 크게 세 개의 소단락으로 구성되어 있다. 이 단락의 내용전개의 특징은 화자인 '여호와'와 '하나님'의 사용에 있다.

1. 5절 새로운 장면의 시작
2. 6-9절 요나에게 깨우침을 주시기 위한 일차적 시도(주어: 하나님[엘로힘 אֱלֹהִים 사용])
3. 10-11절 요나를 깨우치는 결론적 말씀(주어: 여호와[야웨 יהוה 사용]).

첫 번째 소단락 1.은 이 책의 마지막 장면을 준비한다. 요나가 무대를 옮긴다. 두 번째 소단락 2.에서 하나님은 요나에게 깨우침을 주시기 위하여 일차적 시도를 하신다. 여기에 이미 결론은 나와 있다. 이 소단락은 하나님을 '엘로힘'(אֱלֹהִים 하나님)으로 강조하는 특징을 갖고 있다.[37] 그리고 세 번

37) 예외적으로, 이 단락의 실제적 내용을 시작하는 둘째 소단락(2.)의 시작절에

째 소단락 3.은 요나의 잘못을 지적하며 요나를 결정적으로 설득하는데, 이 소단락은 주어를 '여호와'(יהוה 야웨)로 서술하는 특징을 갖고 있다.

¶ 주석

5 이제 무대는 '성 밖'으로 바뀐다. 새로운 국면을 알리는 것이다. 이 책은 무대를 '예루살렘 – 바다 위 – 바다 속 물고기 뱃속 – 육지 – 니느웨 성 안 – 니느웨 성 밖'으로 움직이면서 하나님의 말씀과 가르침을 선포한다. 이제 마지막 무대와 장면에 이른 것이다.

4:2에서 요나는 하나님께 의문문의 형태로 '여호와여 내가 고국에 있을 때에 이러하겠다고 말씀하지 아니하였나이까'('할로 제' הֲלוֹא־זֶה)라고 물었다. 요나가 하나님께 부정 의문문('할로'[הֲלוֹא not?])을 사용하며 따지듯 원망조로 물었으나, 하나님은 요나를 가르치고자 하시며 설득하시어 깨달을 수 있게 하신다. 그러나 요나는 이에 대해 대답하지 않고 성읍에서 나가 성읍 동쪽에 자리를 잡고 앉는다. 그는 하나님의 질문에 대답하지 않을 만큼 아직 화가 난 상태이다. 저자는 여기에서 이 무응답을 통해 요나의 화난 상태를 나타낸다. 요나는 성읍에서 나와 초막('수카', סֻכָּה shelter)을 짓고 그 그늘 아래서 그 성읍에 무슨 일이 일어나는가를 주시한다. 이 5절은 이 단락의 서두부분으로 이제 전개될 사건과 이야기의 배경 설정의 역할을 한다.

"초막"은 사자들이 웅크리고 있는 수풀 은신처를 가리키기도 하며(욥 38:40), 가축의 우리(창 33:17)를 가리키기도 하고, 포도원의 원두막을 가리키기도 한다(사 1:8; 욥 27:18), 이 경우처럼 피신처나 보호처를 가리키기도 한다. 그러나 무엇보다 이 초막은 이스라엘의 3대 절기 중의 하나인 초막절과 관련되어 있다. 초막절은 포도 수확을 한 다음 지키는 절기이

는 하나님(엘로힘 אֱלֹהִים)과 여호와(야웨 יהוה)가 함께 연결되어 나오며, 둘째 소단락(2.)과 셋째 소단락(3.)에서 나오는 '여호와'와 '하나님'(엘로힘)은 한 분이시라는 사실과 이 두 명칭이 내포하는 신학적 의미를 결합한다.

며, 이스라엘이 출애굽을 한 다음 초막에 거하던 광야에서 하나님의 은혜를 기억하는 절기이며, 가을 추수를 감사하는 절기이다(레 23:39-43; cf. 레 23:34-36; 출 23:16; 신 16:13-16; 느 8:15-18; 스 3:4). 이 초막절은 이스라엘 미래의 소망의 근원이기도 하다(암 9:11; 사 4:6). 이것은 출애굽을 상징하는 것이다. 이 어휘는 바로 앞에 나오는 "요나가 성에서 나가서"라는 말과 연결되어 있는데, 여기에서 "나가서"라는 말이 히브리어 '야짜'(יצא)이다. 이 단어는 출애굽과 관련하여 집중적으로 나오는 표현이다(출 13:3, 9, 14, 16; cf. 출 3:10-12; 6:13, 26-27; 12:17, 41, 42, 51; 13:3, 4, 8, 9, 14, 16; 14:11; 16:8, 32; 20:2; 29:46; 레 19:36; 25:42, 55; 26:13, 45; 신 4:37; 5:6, 15; 렘 11:4; 시 106:6-12; 136:11 etc.). 6절에서는 '그의 괴로움(라아, רָעָה)을 면하게 하여(나짤, נצל)'라는 표현이 나오는데, 여기에 사용된 동사 '나짤'(נצל)은 '구원하다'는 의미로 사용되는 단어이다. 전체적으로 이 콘텍스트에서 하나님은 구원의 하나님이며 특히 출애굽의 하나님이심이 상기된다. 이것은 1:9와 2:1-9에서 강조되어 나타난 출애굽 하나님에 대한 고백과 맥을 같이하는 것이다. 요나는 아마 그 도성을 이방신을 섬기는 죄악의 나라 애굽으로 여겼고, 그 도시에서 나오고 싶었을 것이다. 그리고 출애굽에서 애굽의 왕과 그 군대에게 행하신 것처럼 그들을 징벌하시는 것을 보고 싶었을 것이다. 그가 그 도성에서 나와 초막을 짓고 그곳에 있었다는 것 자체가 하나님께 출애굽의 하나님이심을 기억하시기를 갈망하는 항의와 바람의 표시일 수 있다. 요나는 하나님이 니느웨를 다시 치실 것을 기대하며 성 밖으로 나왔을 것이다. 그러나 6-11절에서는 요나의 기대와 마음과는 정반대되는 하나님의 뜻과 가르침이 나온다.

6 – **9** 이 소단락에서 "하나님"(엘로힘, אֱלֹהִים)이 도입된다. 이 첫 문장은 전환부로서 여기에서는 "여호와"와 연결되어 나오는 특징을 갖는다(엘로힘 אֱלֹהִים; 야웨 יהוה). 그러나 6-9절은 전체적으로 '하나님'에 의해 지배되는 단락이다(엘로힘, אֱלֹהִים, 7, 8, 9절; cf. 6절). 여기에서 하나님은 창조주 하나님과의 연관성을 상기하게 한다. 이 소단락에서 하나님은 땅의 하나님이시며 식물들의 하나님이시다. 이것은 이 책 서두의 전개부에 나오

는 바다의 하나님, 출애굽의 하나님, 창조적 구원의 하나님과 맥을 같이하는 것이다. 여기에서 하나님은 식물들과 벌레와 해와 바람을 사용하신다. 이 모든 것을 주관하시는 분이시다. 이러한 창조의 하나님을 강조하기 위하여 창세기 1장에 나오는 '엘로힘'을 사용했다고 할 수 있다. 그 하나님은 동시에 '여호와' 하나님이시다. 그래서 이 단락에서 이 두 이름이 교차하며 나온다. 6-9절에서 '하나님'(엘로힘)이 중심어휘로 나오고, 10-11절에서는 '여호와'가 중심어휘로 나온다. 창조의 하나님은 곧 출애굽의 하나님이시다. 절대주이시며 동시에 역사의 주관자이시며 언약의 하나님이시다. 하나님은 이제 박넝쿨을 예비하신다. 박넝쿨로 번역된 '키카욘'(קִיקָיוֹן)은 초막을 덮는 식물로 보아 '박넝쿨'(*cucurbita*, gourd)로 번역하거나, 손바닥 모양의 넓은 잎으로 그늘을 넓게 줄 수 있는 식물로 무더운 기후에 나무처럼 자라는 '아주까리'(castor oil plant, *ricinus communis*)로 번역되는 식물이다. 이 식물이 어느 것이라고 단정하기는 어렵다. 70인역에는 '박넝쿨'([climbing]gourd, *Cucurbita lagenaria*)로 번역하였고, 히에로니무스(Jerome)는 이것을 초막을 덮는 덩굴로 봐서 '담쟁이'(ivy)로 번역한다. L. 알론소 쇠켈(L. Alonso Schökel)은 '아주까리'(un ricino)라고 번역하고, H. W. 볼프(H. W. Wolff)나 L. C. 앨런(Leslie C. Allen)도 '아주까리'(a ricinus, castor oil plant)라고 번역한다. J. M. 새슨(Jack M. Sasson)은 그 어느 것도 단정적으로 옳다고 말할 수 없다는 차원에서 이 단어를 그대로 음역(qîqāyôn)하는 것이 낫다는 견해를 취한다.[38)]

"스스로 죽기를 구하여"라는 말은 열왕기상 19:4에 나오는 표현이다. 여기에서 요나의 기대와 분노와는 달리, 하나님은 요나를 가르치고자 하신다. "하나님 여호와"는 박넝쿨(아주까리)을 자라게 하시어 그에게 그늘을 주셔서 괴로움에서 해방되게 하셨다. 요나 자신도 크게 기뻐하였다(6절). 그러나 하나님은 벌레를 예비하시어 그 박넝쿨을 갉아먹게 하셨다(7절). 그리고 뜨거운 동풍을 예비하시어 요나의 머리에 쪼이셨다. 그러자 요나는 사는 것보다 죽는 것이 차라리 낫겠다고 했다(8절). 이제 하나님은 요나를

---

38) L. Alonso Schökel, 1028; Leslie C. Allen, 232; H. Walter Wolff, 159; Jack M. Sasson, 291-292.

깨우치는 말씀을 선포하신다. "네가 이 박넝쿨로 인하여 성냄이 어찌 합당하냐."(9절) 요나는 하나님께, "내가 성내어 죽기까지 할찌라도 합당하니이다"(9절)라고 대답한다.

요나는 이기적 관심만을 가지고 있을 뿐이다. 요나는 박넝쿨이 없어진 것을 아쉬워하며 화를 내지만, 그것은 하루 있다가 없어진 것일 뿐이다. 그런데도 그렇게 화가 났다. 그렇다면 이것을 창조하고 키우신 하나님은 자신이 창조하신 것이 없어지는 것을 보며 얼마나 안타까울 것인가라고 하며 반문하신다.

10 - **11** 여기에서 하나님은 "여호와"로 나타난다. '여호와'는 이스라엘뿐만 아니라 세상의 모든 사람들과 동물들도 사랑하시는 긍휼의 하나님이심을 나타낸다. 여호와는 주로 요나와 관련해서 언급된다(1:14-17; 2:9; 3:1-3; 4:1-4). 이 세 번째 소단락에서 여호와는 요나의 하나님이실 뿐만 아니라 니느웨의 하나님으로 그 의미가 확대되어 나온다.

12만의 니느웨의 인구는 적절한 숫자이다. M. E. L. 맬로원(M. E. L. Mallowan)은 현대 이라크 모술(Mosul)에서 동남쪽으로 약 30km 떨어진 칼라(Calah[Nimrud])에서 발견된 아슈르나지르팔 2세(Ashurnasirpal II [주전 883-859])의 비석에 있는 비문을 출판하였는데, 이 비문에 아슈르나지르팔 2세가 주전 879년에 자기의 왕궁 건축을 축하하는 축제에 6만 9,574명을 초대하였다고 언급되어 있다. M. E. L. 맬로원은 칼라(Calah)에는 최소한 6만 5,000명이 살았던 것으로 보며 따라서 니느웨의 인구 12만은 타당하다고 본다. D. J. 와이즈먼(D. J. Wiseman)은 니느웨의 성벽이 칼라(Calah) 성곽의 두 배에 해당된다는 점을 지적하며 M. E. L. 맬로원에 동의한다.[39] J. M. 새슨(Jack M. Sasson)은 이 당시의 니느웨 인구가 30만이 넘었을 것이라고 계산하는 시모 파르폴라(Simo Parpola)의 의견을 따르며 이 당시 12만 명의 인구가 살았다고 하는 것은 충분히 가능하다고 주장한다.[40] D. 스튜어트(Douglas Stuart)는 W. 루돌프(W. Rudolf)를 따르며

39) Jack M. Sasson, 311-312; Leslie C. Allen, 234.
40) Jack M. Sasson, 311-312.

이 숫자를 '무수히 많은 사람들'(a dozen myriads)을 나타내는 어림수에 해당된다고 본다.[41] 이처럼 많은 수의 사람들이 살고 있다는 것은 이미 1:2; 3:2에 강조되었던 내용이다. 이 표현들도 이 마지막 결론부를 위해 예비되었던 것이다. 이러한 사람들에 대한 긍휼은 예수님이 보여 주신 것이다(마 9:36; 10:29; 막 6:34; 8:2).

"내가 아끼는 것이 어찌 합당치 아니하냐"(개역한글판 11절: '바아니 로 아후스' וַאֲנִי לֹא־אָחוּס)의 직역은 '어찌 아끼지 아니하겠느냐'(개역개정판, 표준새번역: '어찌 내가 아끼지 않겠느냐'; cf. And should not I pity [RSV])이다. 여기에서는, 1인칭 대명사 '나'(아니 אֲנִי)를 서두에 언급함으로써 하나님은 이스라엘뿐만 아니라 '모든 사람', 사람뿐만 아니라 동물들까지 관심과 긍휼로 사랑하시는 분이라는 사실을 강조한다(시 36:6). 여기에서 '아끼지 아니하겠느냐'(개역한글판: "아끼는 것이 어찌 합당치 아니하냐")로 번역된 히브리어 '후스'(חוס, look upon with compassion, pity)에 내포되어 있는 본래적 의미는 '… 때문에 눈물이 흐르지 않겠느냐'(the eye flows on account of)이다.[42] 이와 유사한 용례는 창세기 45:20; 에스겔 16:5; 20:17 등에도 나온다. 창세기 45:20('너의 기구를 아끼지 말라')의 직역은 '네 눈이 너의 기구로 인하여 눈물을 흘리지 말라'(your eye shall not overflow[알 타호스 אַל־תָּחֹס]on account of your goods)이다. 에스겔 16:5('너를 긍휼이 여긴 자가 없음으로')의 직역은 '너를 위해 아무도 눈에 눈물을 흘릴 자가 없었다'(no one's eye overflowed with tears on your behalf[로 하사 알라이크 아인 לֹא חָסָה עָלַיִךְ עַיִן])이다. 에스겔 20:17에서 하나님은 그들을 아껴 보시어 멸망에서 건져 주셨다고 말씀하신다. 여기에서도 하나님의 긍휼은 눈물 가득한 긍휼이었다(the pity of a tearful eye).[43]

41) Douglas Stuart, 507; W. Rudolf, Jona. tr. K. Galling, Tübingen: Mohr, 1970, 368, n. 15

42) James Limburg, 155; Ludwig Koehler/Walter Baumgartner, *Lexicon in Veteris Testamenti Libros*, 282.

43) S. Wagner, "חוס chûs," *Theological Dictionary of the Old Testament,* vol. IV. eds., G. Johannes Botterweck & Helmer Ringgren(Grand Rapids: Eerdmans), 1980, 271-278.

하나님은 그들로 인하여 눈물을 흘리시는 분이신 것이다. 이것이 하나님의 긍휼이다.

이스라엘은 하나님의 뜻을 배운 사람들이지만 니느웨 사람들은 그러하지 못하다. 따라서 그들은 더욱 용서받을 이유가 있는 것이다(눅 23:34; 딤전 1:13; cf. 행 3:17-21; 13:27-38; 17:23-31). 여기에서 요나는 마치 돌아온 탕자의 형의 모습을 갖고 있다(눅 15:2, 25-32). 하나님은 이러한 편협한 삶의 자세가 온당치 않음을 보여 주고 계신 것이다. 더 넓은 마음으로 하나님이 사랑하시는 '영혼들'을 사랑하기를 원하시고 계신 것이다.

¶ 메시지

하나님은 천지창조의 주관자이시며, 출애굽과 언약의 하나님이심을 보여 준다. 하나님은 세상 모든 사람을 구원하시길 원하시고 그들이 모두 복된 삶을 살기를 원하시는 긍휼의 하나님이시다. 하나님은 이러한 하나님의 뜻을 깨닫지 못하고 있는 요나를 가르치시길 원하시는 분이시다. 이것은 요나뿐만 아니라 모든 하나님의 백성이 알기를 원하시는 하나님의 뜻이었다.

하나님은 요나에게 명령하신다. "너는 일어나 저 큰 성읍 니느웨로 가서 그것을 쳐서 외치라"(쿰 레크 엘 니느웨 קוּם לֵךְ אֶל־נִינְוֵה)(요나서의 서두, 욘 1:2). 그리고 요나가 하나님의 명령을 거역하여 다시스로 가려다가 바다에 빠지는 고통을 겪고 돌아왔을 때 다시 하나님께서 말씀하신다. "일어나 저 큰 성읍 니느웨로 가서… 선포하라"(쿰 레크 엘 니느웨 קוּם לֵךְ אֶל־נִינְוֵה)(요나서 후반부의 서두, 욘 3:2).

하나님의 뜻과 목적은 명백하다. 하나님께서는 요나로 하여금 불의와 강포의 도성 니느웨로 가서 하나님의 말씀을 선포하기를 원하신다. 하나님은 이스라엘만을 구원하고자 하시는 것이 아니라, 이방민족들(포악한 도성 니느웨)도 그들의 죄를 깨닫고 회개하여 구원받기를 원하신다. 그래서 하나님께서는 하나님의 선택된 종에게 고난을 겪게 하면서까지 그로 하여금 하나님의 뜻을 알게 하시고 하나님의 말씀을 선포하러 니느웨로 갈 것을 명하신다.

그러나 피압박자의 증오는 쉽게 사라지지 않는다. 바로 이 증오의 문제가 이 책 전체의 줄거리에 전제되어 있는 내용이다. 이 증오는 요나가 다시스로 간 원인이며, 이 책의 절정부에서(4:1-4) 하나님에 대한 반항으로 분출되어 나타난다. 요나는 억압자 니느웨가 구원되는 것이 못마땅하였을 뿐 아니라 분하기까지 하였다. 하나님께서 요나로 하여금 박넝쿨의 시원함을 알게 하시고, 그것이 사라지게 됨을 아쉬워하게 하신다. 그리고 말씀하신다. "네가 이 박넝쿨로 인하여 성냄이 어찌 합당하냐 … 니느웨에는 좌우를 분변치 못하는 자가 십이만 여명이요 육축도 많이 있나니 내가 아끼는 것이 어찌 합당치 아니하냐"(욘 4:9-11). 내가 어찌 그들을 보고 연민의 눈물을 흘리지 않겠느냐고 하신다. 하나님은 그들을 불쌍히 여겨 긍휼의 눈물을 흘리고 계신 것이다.

이렇게 요나서는 끝을 맺는다. 요나가 하나님의 뜻을 깨달았는지 아닌지를 알 수 없다. 그러나 요나서는 요나의 괴로움 곧 피압박자의 깊은 증오가 쉽게 풀어지지 않는다는 사실을 암시한다. 그러나 이것은 결국 극복되어야 할 괴로움임이 하나님의 말씀을 통하여 명백해진다.

용서와 화해, 이것이 신앙인의 자세이다. 정의와 평화의 삶의 중요성을 억압자들에게까지 알려서 이들이 모두 회개하고 여호와께로 돌아오게 하여 억압자와 피억압자, 착취자와 피착취자가 다함께 형제로서 살아가며 하나님의 영원한 복과 은혜를 함께 소유할 수 있도록 그들을 하나님께로 부르는 선교, 이 세계선교의 사명이 요나서에서 강조되는 것이다. 그들은 증오의 대상이 아니라 전도의 대상이다. 그들도 우리처럼 하나님의 피조물이며, 하나님이 보시기에 선하다 하신 존재이다. 그리고 그들의 마음속에도 하나님은 신심을 심어 놓으셨다.

하나님께서는 요나에게뿐만 아니라, 우리 모든 기독교인에게 '니느웨로 가라'고 명령하고 계신다(마 28:18-20). 하나님의 사랑은 만민에 대한 사랑이다. 하나님은 이스라엘뿐만 아니라 이방민족들인 니느웨까지도 죄인까지도 사랑하신다. 여기서 하나님께서는 하나님의 종은 억압자라 할지라도 그가 하나님께 돌아와 선을 행하면 그를 용서해야 한다는 것을 가르치신다. 이러한 회개를 통하여 하나님은 만민이 정의와 평화와 선을 실천하는 형제가 되기를 원하신다. 하나님께서는 이방민족, 억압자, 예루살렘, 니느웨, 아테네… 등 이 모든 세상만민을 하나님의 명을 따라 정의와 평화 그리고 선의 길로 부르는 세계선교의 사명을 요나 같은 우리에게 주신 것이다. 하나님은 우리가 그 하나님의 사랑을 닮아 실천하기를 간절히 바라신다.

참고문헌

Allen, Leslie C. *The Books of Joel, Obadiah, Jonah and Micah.* Grand Rapids : Eerdmans, 1976.

Alonso Schökel L. / Sicre Díaz, J. L. *Profetas Comentario II.* Madrid : Ediciones cristiandad, 1980.

Aune, D. E. "Lots," *ISBE.* vol. 3. Grand Rapids : Eerdmans, 172–173.

Bass, George F. / Wachsmann, Shelley "Ships and Boats," *Oxford Encyclopedia in the Near East.* vol. 5, 1997, 30–34.

Bewer, J. A. *Jonah.* ICC. Edinburgh : T. & T. Clark, 1911.

Ceresko, Anthony R. "Jonah," *The New Jerome Biblical Commentary.* London : Geoffrey Chapman, 1989, 580–584.

Fretheim, T. E. *The Message of Jonah : A Theological Commentary.* Menneapolis : Augsburg, 1977.

Gealy, F. D. "Lots," *IDB.* vol. 3. Nashville : Abingdon, 1962, 163–164.

Hubbard, Jr. R. L. "Sea," *ISBE.* vol. 4, 366–367.

Joüon, P. Paul *Grammaire de l'hébreu biblique.* Rome : Institut Biblique Pontifical, 1923.

Keller, Carl –A. *Commentaire de l'ancien testament, Osée, Joël, Amos, Abdias, Jonas.* Genève : Labor et Fides, 1992.

Landes, George M. "The Three Days and Three Nights' Motif in Jonah 2 : 1," *JBL* 86(1967), 446–450.

Lewis, Theodore J. "Dead, Abode of the," *ABD.* vol. 2, 1992, 101–105.

Limburg, James, *Hosea–Micah,* Interpretation. John Knox Press : Atlanta, 1988.

Pesch, R. "Zur Konzentrischen Struktur von Jona 1," *Biblica,* 47[1966], 577–581.

Pidoux, George. 『구약성서 인간론』(*L'homme dans l'ancien testament*). 박철우 역. 서울 : 토기장이, 1994.

Sasson, Jack M. *Jonah.* AB. New York : Doubleday, 1990

Seow, C. L. "Deep, the," *ABD.* vol. 2, 1992, 125–126.

Smart, J. D. *The Book of Jonah.* IB. VI, 1956.

Stuart, Douglas. *Hosea–Jonah.* WBC 31. Waco : Word Books, 1987.

Thomas, D. W. "A Consideration of Some Unusual Ways of Expressing the Superlative in Hebrew," *VT* 3(1953), 210–224.

Verhoef, Pieter A. *The Books of Haggai and Malachi.* Grand Rapids : Eerdmans, 1986.

Wagner, S. "סוּחַ chûs," *Theological Dictionary of the Old Testament.* vol. IV. eds. G. Johannes Botterweck & Helmer Ringgren. Grand Rapids : Eerdmans, 1980, 271–278.

Watts, J. D. W. *The Books of Joel, Obadiah, Jonah, Nahum, Habakkuk, and Zephaniah.* CBC. Cambridge : Cambridge University Press, 1975.

Weiser, Artur. 『소예언서』(*Das Buch der zwölf Kleinen Propheten*, ATD, 1974). 임태수 역. 국제성서주석. 서울 : 한국신학연구소, 1985.

Wiseman, D. "Jonah's Nineveh," *Tyndale Bulletin* 30(1979), 29–51.

Wolff, Hans. *Walter Obadiah and Jonah*(*Obadja und Jona*, BK, 1977). Minneapolis : Augusburg Publishing House, 1986.

박철우. 『구약성서의 구조와 신학』. 서울 : 한국신학연구소, 1994.

미가

Ⅰ. 서론

1. 미가 활동기의 역사적 배경

미가의 활동 시기는 이사야와 동시대로 주전 8세기 후반 이스라엘과 유다가 앗시리아(앗수르)의 위협하에 있었던 시기에 해당된다. 1:1은 미가가 유다 왕 요담(주전 742-735), 아하스(주전 735-715), 히스기야(주전 715-687) 시대에 활동한 것으로 기록하고 있다. 이 시기의 앗시리아에는 티글랏빌라셀(주전 745-727), 살마네셀 5세(주전 727-722), 살곤 2세(주전 721-705), 산헤립(주전 705-681) 등의 위협적인 왕들이 통치하고 있었다. 시로-에브라임 전쟁(주전 734-732)에서 시리아와 이스라엘이 패전함으로 다메섹이 함락되고, 르신 왕이 살해되었으며, 그 백성이 포로로 끌려갔다. 이스라엘 왕 베가가 살해되고, 친(親) 앗시리아파인 호세아가 왕이 되었다(주전 732-722). 비록 이스라엘은 아직 그 명맥을 유지하고는 있었으나 그의 완전한 멸망은 시간 문제였다(주전 722 멸망).

바로 이 시기에 미가는 이스라엘의 멸망은 이스라엘의 죄로 인한 하나님의 징벌이며, 유다 또한 자신의 죄를 깨닫고 하나님의 뜻에 순종하는 삶을 살지 않을 경우 이스라엘과 같은 운명에 처해지게 된다는 것을 예언하였다.

미가는 예루살렘 서남방, 유다 고지와 지중해 중간에 있는 세펠라의 한 농업지대인 모레셋에 살았다. 그는 부자들과 지주들, 그리고 위정자들에 의해 억압받고 착취당하는 가난한 농민들의 고통을 잘 알고 있었고, 이를 대변하는 하나님의 말씀을 선포하였으며, 이러한 사회윤리적 죄악의 이면에 있는 영적인 죄악에 대한 하나님의 질타의 말씀을 선포하였다. 동시에 미가는 선민 이스라엘과 이 세상을 향한 하나님의 미래의 계획을 선포하였다. 이 예언 사명을 위해 하나님께서 자신을 영과 능력으로 채워 주셨음을 고백한다(미 3:8).[1)]

1) James Limburg, *Hosea–Micah,* Interpretation, Atlanta: John Knox Press, 1988, 159–165; Marvin A. Sweeney, *The Twelve Prophets,* vol. 2, Collegeville: The Liturgical Press, 2000, 339–343; Daniel J. Simundson, *Hosea Joel Amos Obadiah Jonah Micah,* Abingdon Old Testamnent Commentaries, Nashville: Abingdon Press, 2005, 293–294.

2. 책의 전체적 내용과 신학

미가는 농업지대 모레셋 출신의 예언자로서 가난한 농민들을 억압하고 착취하던 당시의 도시 위정자들의 불의에 대해 하나님의 징벌의 말씀을 선포하였다. 그리고 이 징벌이 이스라엘과 인류에 대하여 갖는 궁극적 의미와 하나님의 새로운 계획을 전하였다.

1) 도시 지도자들의 죄악

하나님께서 이스라엘 백성 가운데 특히 권력자들과 지도자들의 죄악을 질타하신다.

> 침상에서 악을 꾀하며 간사를 경영하고 날이 밝으면 그 손에 힘이 있으므로 그것을 행하는 자는 화 있을찐저 밭들을 탐하여 빼앗고 집들을 탐하여 취하니 그들이 사람과 그 집 사람과 그 산업을 학대하도다(미 2:1-2).

이것은 권력을 쥐었다고 해서 잠자리에서 못된 짓을 꾸몄다가 날이 밝기가 무섭게 자신이 꾸민 악을 행하는 자들에 대한 고발이다. 이스라엘의 농민들은 권력자들의 착취와 억압으로 늘 궁핍한 삶을 살아야 했다. 이것은 부익부 빈익빈 현상을 더욱 악화시켜, 결국 농민들의 토지는 권력자들의 손에 넘어가게 되고, 농민들은 자신의 토지에서 쫓겨나 종살이를 해야만 했다. 여호와 하나님은 이스라엘의 이 피억압자, 가난한 농민, 힘없는 백성의 편에 서 계셨다. 하나님께서는 이렇게 선언하신다.

> 그러므로 여호와의 말씀에 내가 이 족속에게 재앙 내리기를 계획하나니 너희의 목이 이에서 벗어나지 못할 것이요 또한 교만히 다니지 못할 것이라 이는 재앙의 때임이니라(미 2:3).

그들은 가난한 이스라엘 백성을 원수처럼 다루었다. 그래서 그들은 전쟁을 피하여 평안히 지나가는 사람들의 의복을 벗기며 가난한 이스라엘 백성 중 부녀자들을 보금자리에서 내쫓고, 하나님께서 어린 아이들에게 주신 복을 빼앗아 간다(미 2:8-9).

하나님께서는 이렇듯 무고한 백성을 해치고 불의와 폭력으로 공동체의 안녕을 파괴하는 권력자들의 비인간적 행각을 통렬히 질타하신다.

> 야곱의 두령들과 이스라엘 족속의 치리자들아 청컨대 들으라 공의는 너희의 알 것이 아니냐 너희가 선을 미워하고 악을 좋아하여 내 백성의 가죽을 벗기고 그 뼈에서 살을 뜯어 그들의 살을 먹으며 그 가죽을 벗기며 그 뼈를 꺾어 다지기를 남비와 솥 가운데 담을 고기처럼 하는도다(미 3:1-3).

이렇듯 이스라엘은 이미 정의가 지배하는 나라가 아니었다. 이것은 언약의 파기였다. 위정자들은 선을 미워하고 악을 따르고 있으며 겨레의 피를 빨아 자신을 살찌우는 파렴치한들이었다(3:9-10). 그리고 종교 지도자들과 예언자들은 돈을 보고서 판결을 하고 점도 쳤다(미 3:5, 11-12).

미가는 백성을 이렇게 착취하고 억압하는 위정자들과 백성을 그릇된 길로 인도하는 종교 지도자들 때문에, 이들이 집중되어 있어 죄악의 온상

이 되어 있는 시온(예루살렘)이 재앙을 받아 폐허가 될 것임을 선포한다. 그리고 미가는 하나님의 구원역사를 망각하고 있는 이스라엘 백성에 대한 하나님의 질타의 말씀을 선포한다.

> 내 백성아 내가 무엇을 네게 행하였으며 무엇에 너를 괴롭게 하였느냐 너는 내게 증거하라 내가 너를 애굽 땅에서 인도하여 내어 종노릇 하는 집에서 속량하였고 모세와 아론과 미리암을 보내어 네 앞에 행하게 하였었느니라 내 백성아 너는 모압 왕 발락의 꾀한 것과 브올의 아들 발람이 그에게 대답한 것을 추억하며 싯딤에서부터 길갈까지의 일을 추억하라 그리하면 나 여호와의 의롭게 행한 것을 알리라(미 6:3-5).

이스라엘은 위 본문이 말하는 바, 구원과 언약과 정의의 하나님(미 6:3-4), 약속하시고 성취하심으로 스스로의 권능과 사랑을 드러내시는 역사의 주 여호와(미 6:5)를 잊고 있는 것이다. 그들은 출애굽의 하나님 창조적 구원과 사랑의 하나님을 잊었고, 하나님의 언약과 은혜를 망각하고 있었다. 그래서 그들은 언약법을 파기하는 온갖 사회적 · 신앙적 죄악을 저지른다. 이스라엘은 부정 축재하는 자(미 6:10), 남을 등쳐 치부하는 자(미 6:12), 오므리와 아합처럼 이방신을 숭배하고 온갖 불의와 착취와 억압을 행하는 자(미 6:16), 도덕적 패륜아(미 7:6)들이 날뛰는 세상이 된 것이다. 그래서 하나님께서 이렇게 말씀하신다.

> 선인이 세상에서 끊쳤고 정직자가 인간에 없도다 무리가 다 피를 흘리려고 매복하며 각기 그물로 형제를 잡으려 하고 두 손으로 악을 부지런히 행하도다 그 군장과 재판자는 뇌물을 구하며 대인은 마음의 악한 사욕을 발하며 서로 연락을 취하니 그들의 가장 선한 자라도 가시 같고 가장 정직한 자라도 찔레 울타리보다 더하도다 그들의 파숫군들의 날 곧 그들의 형벌의 날이 임하였으니 이제는 그들이 요란하리로다(미 7:2-4).

2) 바른 삶의 길

하나님께서는 이러한 이스라엘의 죄악에 대한 징벌을 내리심과 함께 인간이 가야 할 바른 삶의 길을 일러주신다.

> 사람아 주께서 선한 것이 무엇임을 네게 보이셨나니 여호와께서 네게 구하시는 것이 오직 공의를 행하며 인자를 사랑하며 겸손히 네 하나님과 함께 행하는 것이 아니냐(미 6:8).

이것이 언약의 하나님의 요구였다. 미가 6:8에서는 미가 6:6-7에서 표현된 제의적 신앙의 전제가 되며 참 신앙생활의 근본 조건이 되는 바른 삶의 길이 제시된다. 이 본문은 인간에 대한 사랑의 실천이 없는 그 어떤 신앙생활도 참다운 신앙생활이라 할 수 없다는 사실을 말한다. 이것은 "누구든지 하나님을 사랑하노라 하고 그 형제를 미워하면 이는 거짓말하는 자니 보는 바 그 형제를 사랑치 아니하는 자는 보지 못하는 바 하나님을 사랑할 수가 없느니라"는 요한일서 4:20의 말씀과 맥을 같이하는 것이다.

위 본문의 '공의(미슈파트 מִשְׁפָּט)를 행하라' 함은 법정을 포함한 모든 구체적 삶의 영역에서 여호와의 뜻에 따라 공평과 정의를 행하라는 것을 의미한다. '인자(헤세드 חֶסֶד)를 사랑하라'는 말에서의 '인자'는 하나님에 대한 한결같은 사랑과 충성의 의미를 내포한다. 하나님에 대한 언약적 충성과 신실함을 요구하고 있는 것이다. 그리고 "겸손히(하쯔네아 הַצְנֵעַ) 네 하나님과 함께 행하는 것이 아니냐"라는 표현은 '겸손히 하나님을 경외하고 의뢰하며 삼가 조심스럽게 하나님의 뜻을 실천하라'는 것을 의미한다. 이 세 가지 명령이 삶 속에서 하나처럼 융해되고 발현되어 나타날 때 하나님이 기뻐하시는 온전한 삶이 되는 것이다. 하나님 앞에 겸손하여 언약의 하나님을 경외하며 하나님의 말씀에 순종하는 삶 곧 주님을 경외하며 의와 사랑의 삶을 실천하라는 것이다.

3) 하나님의 구원의지

하나님께서 이스라엘에게 그들의 죄로 인하여 재앙을 내리시기는 하나, 결코 그것 자체가 하나님의 궁극적 목적이 아니다. 이것은 다만 그들을 정화하고 만민을 구원하시기 위한 한 수단이요, 과정에 지나지 않는다(미 2: 12-13). 하나님은 구원과 회복과 복 주심의 하나님이시다. 평화의 세상이 그들에게 임하게 하시고 세상만민으로 하여금 시온에서 나오는 하나님의 가르침에 따라 살게 하기 위함이 하나님의 목적이다. 하나님께서 민족들 사이의 분쟁을 판가름해 주시고 강대국 사이의 시비를 가려 주시는 세상, 그리하여 나라마다 칼을 쳐서 보습을 만들고 창을 쳐서 낫을 만드는 세상, 나라와 나라가 더는 칼을 들고 서로 싸우지 아니하며 더는 군사훈련이 필요 없는 세상, 그리하여 각 사람마다 자기가 가꾼 포도나무와 무화과나무 아래서 편히 쉴 수 있는 평화의 세상을 가져다주며, 그리고 궁극적으로는 하나님이 친히 통치하시는 영원한 복의 세상을 내려 주시기 위함이다(4: 1-5). 이것이 바로 하나님의 인류에 대한 사랑이요, 계획인 것이다. 인간은 이에 감사해야 할 뿐이다. 하나님께서 이를 위해 한 왕을 주시리니, 그가 곧 베들레헴에서 나실 분이다.

> 베들레헴 에브라다야 너는 유다 족속 중에 작을찌라도 이스라엘을 다스릴 자가 네게서 내게로 나올 것이라 그의 근본은 상고에, 태초에니라 그러므로 임산한 여인이 해산하기까지 그들을 붙여 두시겠고 그 후에는 그 형제 남은 자가 이스라엘 자손에게로 돌아오리니 그가 여호와의 능력과 그 하나님 여호와의 이름의 위엄을 의지하고 서서 그 떼에게 먹여서 그들로 안연히 거하게 할 것이라 이제 그가 창대하여 땅 끝까지 미치리라(미 5:2-4).

이분이 이미 예수 그리스도로 오셨고 이제 종말의 승리를 주시기 위해 다시 오실 것을 믿는 사람들이 그리스도교인이다. 이 메시야 도래의 소망이 예수 그리스도 안에 이미 성취되었음을 믿고 그 완성을 기다리는 사람들이 기독교인인 것이다. 따라서 인류의 구원을 위한 하나님의 약속과 성취를 믿는 기독교인들은 이 구원의 하나님께 감사하여야 하며, 주님의 가르침 대로 주님을 믿고 의뢰하며 소망 가운데 성령의 인도하심에 따라 이 땅에서 정의와 사랑과 믿음의 삶을 살아야 한다.

3. 미가서 전체적 구조

미가서는 설교로 구성된 책이다. 서론부에서부터 결론에 이르기까지 설득의 효율성을 높이는 다양한 형태의 수사학적 특징과 설교자의 로고스와 파토스와 에토스를 보여 주며, 결국 청중들로 하여금 그들의 문제를 깨달아 하나님께 충성을 결단하고, 주님을 절대적 하나님으로 고백하며 찬양하고, 하나님에 대한 소망을 갖고 믿음을 회복하게 하는 것을 목적으로 편집된 한편의 설교이다.

미가서는 세 개의 큰 문학 단락(대단원)으로 구성되어 있다(1:1-2:13; 3:1-5:15; 6:1-7:20). 이 각각의 대단원은 '들으라'(Hear!)는 복수명령형으로 시작된다(이와 유사한 명령형의 서론적 기능: 암 3:1; 4:1; 5:1; 8:4; 호 4:1; 5:1; 사 1:2; 34:1; 렘 2:4). 이 세 개의 대단원 중 첫 번째와 세 번째는 '질타+구원'의 구조를 갖고 서로 구조적 병행을 이루고 있으며, 중간의 두 번째 대단원은 X-Y-Z-Y′-X′의 중앙집중구조로 구성되어 있고, 이 책의 중심에는 종말론적 구원의 약속을 방대하게 다루고 있다. 이와 같이 이 책은 세 개의 큰 문학 대단원이 서로 유기적으로 연결되어 발전적 전개를 보여 주는 책이며, 이러한 발전적 구성을 통하여 그 내용을 강조하는 전형적인 삼단양식 구조체이다.[2)]

---

2) 미가서의 기본적 구조 이해에 있어 필자는 L. C. 앨런(Leslie C. Allen[cf. James

1. 1:1–2:11 질타의 말씀
2. 2:12–13 구원의 말씀

X. 3:1–4:5 질타의 말씀+구원의 소망
  Y. 4:6–8 남은 자의 구원
    Z. 4:9–5:6 질타+구원의 말씀(3개의 '아타')
  Y′. 5:7–9 남은 자의 구원
X′. 5:10–15 질타의 말씀+구원의 소망

1. 6:1–7:7 질타의 말씀
2. 7:8–20 구원의 말씀

'질타+구원'의 말씀 구조는 예언서의 일반적인 구성이기도하다(암 1:1–9:10[질타]+9:11–14[구원]; 호 1:1–9[질타]+1:10–2:1[구원]; 2:2–13[질타]+2:14–3:5[구원]; 욜 1:1–2:17[질타]+2:18–3:21[구원]; cf. 사 1–39장+40–66장). 이 구조 자체는 하나님의 목적은 백성의 죄에 대한 질타와 징벌에 있는 것이 아니라 그들과의 관계를 회복하고 구원하는 데 있으며, 하나님은 심판의 하나님이지만, 근본적으로 사랑과 긍휼의 하나님이심을 보여 주는 것이다. 성경 전체가 이를 증명한다. 창세기 1장도 하나님은 천지창조의 주관자임을 선포한다. 그러나 동시에 그 하나님은 이미 구원의 하나님이심이 선포되고 있는 것이다.[3] 특히 미가서에서는 구조체 전체의 중심에서 이러한 구원의 약속을 강조함으로써 이 책의 궁극적 목적이 회복과 구원임을 강조한다.

Limburg])과 많은 공통점을 갖고 있다(Leslie C. Allen, *The Books of Joel, Obadiah, Jonah and Micah*, Grand Rapids: Eerdmans, 1976, 239–261). 최근의 D. J. 시먼슨(Daniel J. Simundson)도 이와 유사한 관점에서의 전개를 보여 준다(Daniel J. Simundson, 289–347).

3) 박철우, 『구약성서의 구조와 신학』(서울: 한국신학연구소, 1994), 15–48.

II. 본문 주석

1. 설교의 전체적 서두(1:1)

¶ 본문

[1] 유다 열왕 요담과 아하스와 히스기야 시대에 모레셋 사람 미가에게 임한 여호와의 말씀 곧 사마리아와 예루살렘에 관한 묵시라

¶ 개요

이것은 표제어(superscription)로서, '제목'이라고 하기에는 길고, '서론'이라고 하기에는 짧은 형태의 책의 서두로서 구약의 예언서에 주로 나오는 표현법이다(사 1:1; 렘 1:1; 호 1:1; 암 1:1; 옵 1:1; 욜 1:1 등). 1절은 이 설교 전체의 서두로서 이 예언서에 담겨 있는 말씀들이 선포된 때와, 이 말씀을 선포한 예언자의 이름과 배경을 간략하게 언급하고 있다.

¶ 주석

이 서두는 몇 가지 중요한 요소들을 담고 있다. 우선 이 책이 하나님의 말씀이라는 사실을 명백히 밝히고 있다. 우리말 번역에서는 '여호와의 말씀'과 '묵시'라는 말이 문장의 뒷부분에 나오나, 히브리어 본문에서는 이 말이 이 절의 맨 앞 서두에 나오면서 제목의 역할을 한다. 이 말 곧 '드바르 야웨'(דְּבַר־יְהוָה 야웨의 말씀)가 이 책의 맨 앞에 나오면서, 미가서의 모든 말씀이 하나님의 말씀임을 강조한다. 이 표현('드바르 야웨')은 접속사('아셰르')가 이끄는 두 개의 종속절을 통하여 그것이 무엇인가를 서술한다. 첫째, 이 '드바르 야웨'(하나님의 말씀)는 '미가에게 임한' 말씀이고, 둘째, 이 말씀은 '미가가 본' 말씀이다. 우선 미가에게 '임한' 말씀이라는 표현에는 히브리어 '하야'(הָיָה) 동사가 사용된다. 이 말은 단순한 '상태'(to be)를 나타내는 것이 아니라 무언가가 일어난다는 역동성과 발생의 의미를 내포하는 말이다(to become 또는 to happen). 이것은 히브리 언어와 사고의 행동지향적 · 사건지향적인 특성을 보여 주는 것이다. 여기에서 미가를 통해 선포된 하나님의 말씀은 '일어나다, 발생하다, 권능으로 임하다'는 의미를 내포하고 있는 말씀이다. 따라서 여기에 전제되어 있는 의미는 예언자 미가의 말씀은 하나님의 특별한 성령의 역사를 통하여 그에게 주어진 하나님의 초월적인 능력의 말씀이라는 것이다.

성경은 에스겔의 영적 체험을 '하야' 동사를 사용하며 이렇게 밝힌다. '주님께서 바빌로니아 땅의 그발 강가에서 부시의 아들인 나 에스겔 제사장에게 특별히 말씀하셨으며, 거기에서 주님의 권능이 나를 사로잡았다.'(겔 1:3, 표준새번역). 하나님의 말씀은 에스겔에서 그러했던 것처럼 미가에게 강력한 영적 힘으로 체험되었고 그에게 주어졌음을 보여 준다. "오직 나는 여호와의 신으로 말미암아 권능과 공의와 재능으로 채움을 얻고 야곱의 허물과 이스라엘의 죄를 그들에게 보이리라"(3:8). 미가에게 임하신 하나님의 말씀은 능력의 말씀이며, 참 하나님의 절대적 말씀이다. 그리고 여기에서 임하였다고 하는 것은 무언가 능력 안에서 사건이 일어났다는 것을 의미한다. 이 말씀 자체는 하나님의 역동성을 가진 말씀이며, 권능의 말씀이라는 사실이 전제되어 있는 것이다. 두 번째, 그 말씀은 미가가 '본' 말씀이다. 개역한글판과 개역개정판은 이것을 '묵시'라고 번역하였다. 표준새번역은 '보여 주시면서 하신 말씀'이라고 번역한다. 이 하나님의 말씀은 미가가 '본' 말씀인데, 여기에서 사용된 히브리어는 '하자'(חָזָה, to see)이다.

이 표현은 예언자의 기능 중의 하나가 일반 사람들이 볼 수 없는 것을 보는 초자연적인 능력을 갖고 있는 사람이라는 사실을 전제로 하는 말이다(삼상 9:6-10). 이것이 '선견자'('호제' חזה; '로에' ראה, seer)라는 말의 기원일 것으로 추정된다. 이것은 미가가 일반 사람들은 볼 수 없는 숨겨진 사실들을 보는 초자연적 은사를 가진 사람이라는 사실을 암시한다. 이것은 미가의 말씀은 초월적 환상의 영역을 포함하는 말씀임을 암시한다. 그는 하나님의 계시를 보고 하나님과의 영적 교제 속에 있으며 하나님과의 영적 교감 속에서 영에 사로잡혀 하나님의 말씀을 전한 사람임을 보여 주는 것이다.[1] 그리고 그는 천상어전의 하나님의 회합에 참석한 사람이며, 그가 선포한 말씀은 하나님의 말씀을 직접 들은 사람의 말이라는 사실을 내포하고 있다(사 6장; 40:1-8). 그 말씀은 미가에게 '임한 주님의 말씀'(드바르 야웨 아셰르 하야)이며 동시에 그가 '본(하자) 환상의 말씀'이다. 여기에서 예언자의 복합적인 영적 체험과 활동이 암시된다. 그는 말씀의 사명자이지만 동시에 하나님의 환상을 보는 사람, 영적 체험과 비전(vision)의 소유자임을 알리고 있는 것이다.

미가는 예언자로서 하나님의 대변자 역할을 한다. 그는 하나님의 영에 사로잡혀 하나님과 정념의 합일 속에, 하나님의 마음이 자신의 마음이 되고 하나님의 사랑과 분노가 자신의 사랑과 분노가 되어 주님의 뜻을 대신 전하는 하나님의 지상대변자의 역할을 하고 있는 것이다. 그는 이스라엘의 죄에 대해 하나님의 아픈 마음을 그 안에 품고 하나님의 역사(役事)와 말씀을 대언한다. 미가는 하나님의 영적 개입의 역사 곧 성령의 역사를 개인적으로 뚜렷이 체험한 사람으로 하나님의 말씀을 대언하고 있는 것이다. 그는 전하지 않으면 안 되는 마음의 강렬한 충동 속에 사로잡혀 말씀을 선포했던 참 예언자였다. 후일 예레미야도 에스겔도 이러한 하나님의 강력한 역사를 체험하게 된다(렘 15:16-17; 20:8-9; 겔 1:1-3, 4-28; 2:1-10; 3:1-15, 22-27). 그래서 그는 죽음의 위협이나 위험도 두려워하지 않고 담대히 하나님의 말씀을 증거할 수 있었던 것이다(3:8).

---

1) James Lindblom, *Prophecy in Ancient Israel* (Philadelphia: Muhlenberg Press, 1962), 88, 94; Ralph L. Smith, 14.

미가에게 임한 이 말씀이 여호와의 말씀이다('드바르 야웨'). '여호와'(야웨)는 많은 신학적 의미를 내포하고 있는 하나님의 이름이다. '여호와'라는 이름 안에는 우선 그분이 절대주시라는 의미가 내포되어 있으며 동시에 그 하나님은 특히 이스라엘의 하나님이시라는 사실에 대한 고백이 담겨 있다. 출애굽과 언약의 하나님이시며 그래서 항상 그들과 함께하시는 임마누엘의 하나님이시다. 출애굽기 3:14, '나는 스스로 있는 자이니라' 하시는 하나님이시다. 롤랑 드보는 이 하나님의 이름에 절대성이 내포되어 있음을 강조한다. 하나님은 절대적으로 존재하시는 하나님(the Existent)이신 분이시다.[2] 과거에도 계셨고, 현재에도 계시며, 장래에도 계시는 절대적 역사의 주관자이시다. 그분이 처음이요, 나중이시며, 알파요, 오메가이신 분이시며 그의 백성 이스라엘과 함께하시는 하나님이시다. 엘마 마튼스는 이 하나님은 현존하시되 구원하기 위하여 현전하시는 존재자로 이해한다.[3] 에드몽 자콥도 하나님의 절대적 존재성이라는 차원에서 이해한다.[4]

이 미가의 선포는 이러한 절대적 하나님의 말씀이기에 절대적 능력을 갖고 있는 말씀인 것이다. 말은 그 존재를 나타낸다. 절대적 능력의 하나님의 말씀이기에 이 말씀은 절대적 역동성과 권능을 가지고 있는 것이다. 이 말씀은 살아 있는 능력의 말씀이다. 그래서 반듯이 성취되는 말씀이다. 이 말씀은 '생명'이며(신 32:47), 하나님은 천지를 창조하시되 말씀으로 창조하시는 분이시다(시 33:6-9; 창 1장). 아모스는 1:2에서 하나님이 말씀하시자 자연이 변혁되는 크신 역사가 있을 것임을 선포한다. '여호와께서 시온에서부터 부르짖으시며 예루살렘에서부터 소리를 내시리니 목자의 초장이 마르고 갈멜 산 꼭대기가 마르리로다'(cf. 욜 3:16). 이사야는 하나님의 말씀은 반듯이 성취되는 역동성을 가진 말씀임을 선포한다(사 40:6-8; 55:10-11). 예레미야에게는, 하나님이 '세상을 헐고 세울 무기'로 하나님의 말씀을 그의 입에 주신다(렘 1:9-10). 에스겔이 말씀을 선포할 때 하나

---

2) Roland de Vaux, *Historia antigua de Israel*, vol. I(*Histoire ancienne d'Israël*, 1971)(Madrid: Ediciones cristiandad, 1975), 339-347.

3) E. Martens, 『구약에 나타난 하나님의 계획과 목적』(*Plot and Purpose in the Old Testament*, 1981)(서울: 생명의 말씀사, 1990), 15-19.

4) E. Jacob, 『구약신학』(서울: 크리스챤 다이제스트, 1999), 51-59.

님의 말씀을 거역하는 죄인인 '브나야의 아들 블라댜'가 죽는 역사가 일어난다. 히브리 4:12에서는 다음과 같이 선포된다. '하나님의 말씀은 살아 있고 활력이 있어 좌우에 날선 어떤 검보다도 예리하여 혼과 영과 및 관절과 골수를 찔러 쪼개기까지 하며 또 마음의 생각과 뜻을 판단하나니.' 그리고 디모데후서 3:16에는 다음과 같은 말씀이 나온다. '모든 성경은 하나님의 감동으로 된 것으로 교훈과 책망과 바르게 함과 의로 교육하기에 유익하니.' 이 모든 말씀은 하나님의 영감 받은 말씀이며, 이 말씀의 이해 또한 하나님의 성령의 역사로 온전히 이해되어질 수 있는 것이다(벧후 1:19-21). 이 책의 서두는 말씀에 대한 이와 같은 포괄적인 이해(말씀신학)를 전제로 한 선포이다.

이러한 말씀이 '모레셋 사람 미가'에게 임한 것이다. 미가의 고향 '모레셋'은 1:14에서 언급된 모레셋 가드로서 예루살렘 서남방 약 40km 떨어진 블레셋 평원에 위치하고 있는 곳을 가리킨다. '마레사'(Mareshah)에서 가까운 오늘날의 '텔 엘 주데이데'(Tell el-Judeideh)라고 추정되는 곳이다.[5] 그가 활동했던 때는 요담(주전 742-735), 아하스(주전 735-715)와 히스기야(주전 715-687) 시대라고 말한다. 사마리아에 대한 미가의 예언(1:2-7)은 주전 722년 이전의 것이다. 예레미야 26:18-19에 의하면, 시온의 파괴에 대한 그의 말씀은 히스기야 왕 때인 주전 701년경에 선포된 말씀이다.

1 1절은 그의 "말씀"의 초점이 사마리아와 예루살렘에 관한 것임을 밝힌다. 이 서두는 이스라엘의 역사와 무관한 것이 아니라 구체적 상황 속에서 구체적 필요에 따라 하나님이 주신 살아 있는 말씀이라는 사실이 전제되어 있는 것이다. 하나님은 역사 속에서 종을 선택하시고 그들에게 필요한 말씀을 주시고 인도하시는 분이심을 내포하고 있는 것이다.

이처럼 많은 신학적 전제가 담겨 있는 이 표제어를 기록한 사람이 누구인가는 불분명하다. 이 책은 설교적 목적으로 편집된 책이다. 이 편집자는,

---

5) Gary V. Smith, *Hosea/Amos/Micah,* NIV Application Commentary(Grand Rapids: Zondervan, 2001), 441.

그가 미가 자신이든, 그의 제자이든 이 책이 이러한 하나님의 말씀으로 이해되어지고 하나님에 대한 신앙적 결단을 하기를 기원하며 이 말씀을 편집한 것이다.

¶ 메시지

미가는 그의 설교 서두에서, 자신이 선포하는 말씀은 살아서 역사하시는 절대적 하나님이 주신 말씀이며, 자기는 하나님의 지상 대리자로서 하나님의 말씀을 선포한 사람임을 밝힌다. 그리고 이 말씀은 구체적 역사 속에 선포된 하나님의 진리임을 선포한다. 그리고 그는 하나님의 종일 뿐임을 암시한다. 그 말씀은 여호와의 말씀이며, 묵시이다. 자신은 하나님의 대변자일 뿐인 것이다. 말씀의 주체자는 하나님 자신이시다. 이것이 예언자의 유일한 권위의 원천이다. 미가는 서두에서 이러한 그의 사역과 말씀의 의미를 고백하고 있는 것이다.

오늘날의 설교자들도 자기 자신이 누구이며 그의 사명과 위치는 무엇인가에 관한 분명한 이해가 필요한 것이다. 이것이 그를 담대하게 하며, 겸손하게 하며, 자유롭게 하며, 진리에 대한 확신에 찬 말씀을 선포할 수 있게 한다.

설교자는 예언자처럼 하나님의 대변자로서 하나님이 주신 말씀을 선포하는 사람이며, 설교자는 예언자처럼 성령의 인도 속에 초월적 진리를 선포하는 사람이며, 구체적 · 역사적 상황 속에서 백성에게 필요한 하나님의 진리를 선포하는 사람들이다. 설교자는 예언자처럼 이 능력의 하나님을 의지하며 그의 말씀의 능력을 믿고 하나님의 말씀을 선포하는 사람들이다. 이러한 믿음과 확신을 가지고 성령께 의지하여 말씀을 선포하는 사람은 세상에 대하여 자유롭고 담대히 말씀을 증거할 수 있으며 동시에 겸손해질 수 있다. 하나님은 이러한 설교자에게 특별한 은혜의 역사를 베푸시는 분이다.

2. 첫 번째 대단원(1 : 2–2 : 13)

1) 설교의 서론부(1 : 2–16) : 하나님의 오심(현현)

¶ 본문

2백성들아 너희는 다 들을찌어다 땅과 거기 있는 모든 것들아 자세히 들을
찌어다 주 여호와께서 너희에게 대하여 증거하시되 곧 주께서 성전에서 그
리하실 것이니라 3여호와께서 그 처소에서 나오시고 강림하사 땅의 높은
곳을 밟으실 것이라 4그 아래서 산들이 녹고 골짜기들이 갈라지기를 불 앞
의 밀 같고 비탈로 쏟아지는 물 같을 것이니 5이는 다 야곱의 허물을 인함
이요 이스라엘 족속의 죄를 인함이라 야곱의 허물이 무엇이뇨 사마리아가
아니뇨 유다의 산당이 무엇이뇨 예루살렘이 아니뇨 6이러므로 내가 사마리
아로 들의 무더기 같게 하고 포도 심을 동산 같게 하며 또 그 돌들을 골짜기
에 쏟아 내리고 그 지대를 드러내며 7그 새긴 우상을 다 파쇄하고 그 음행
의 값을 다 불사르며 그 목상을 다 훼파하리니 그가 기생의 값으로 모았은즉
그것이 기생의 값으로 돌아가리라 8이러므로 내가 애통하며 애곡하고 벌거
벗은 몸으로 행하며 들개 같이 애곡하고 타조 같이 애통하리니 9이는 그 상
처는 고칠 수 없고 그것이 유다까지도 이르고 내 백성의 성문 곧 예루살렘에

도 미쳤음이니라 10가드에 고하지 말며 도무지 호곡하지 말찌어다 베들레아
브라에서 티끌에 굴찌어다 11사빌 거민아 너는 벗은 몸에 수치를 무릅쓰고
나갈찌어다 사아난 거민은 나오지 못하고 벧에셀이 애곡하여 너희로 의지할
곳이 없게 하리라 12마롯 거민이 근심 중에 복을 바라니 이는 재앙이 여호
와께로 말미암아 예루살렘 성문에 임함이니라 13라기스 거민아 너는 준마에
병거를 메울찌어다 라기스는 딸 시온의 죄의 근본이니 이는 이스라엘의 허
물이 네게서 보였음이니라 14이러므로 너는 가드모레셋에 작별하는 예물을
줄찌어다 악십의 집들이 이스라엘 열왕을 속이리라 15마레사 거민아 내가
장차 너를 얻을 자로 네게 임하게 하리니 이스라엘의 영광이 아둘람까지 이
를 것이라 16너는 네 기뻐하는 자식으로 인하여 네 머리털을 깎아 대머리 같
게 할찌어다 네 머리로 크게 무여지게 하기를 독수리 같게 할찌어다 이는 그
들이 사로잡혀 너를 떠났음이니라

¶ 개요

1:2-2:13은 두 개의 상반된 내용으로 서로 연결되어 있다(1:1-2:11[질타의 말씀]; 2:12-13[구원의 말씀]). 1:1-2:11은 이스라엘의 죄에 대한 긴 질타의 말씀을 담고 있으며, 이어서 하나님은 구원과 긍휼의 하나님이심을 선포하는 짧은 구원의 말씀이 이 대단원의 끝부분에 나오며 첫 번째 큰 대단원을 마무리한다(2:12-13). 1:2-2:11의 내용은 다시 다음과 같은 세 개의 단락으로 형성되어 있다(1:2-16; 2:1-5; 2:6-11). 그 중 1:2-16은 비교적 긴 단락으로 사마리아와 예루살렘에 대한 징벌의 말씀이 포괄적으로 전개되어 있다. 1:2-16은 무엇보다도 설교의 서두로서의 역할을 잘 수행하고 있다.

이 단락의 구조를 요약하면 다음과 같다.

1. 1:2-7 이스라엘 야곱 사마리아 유다 예루살렘; 사마리아의 멸망
2. 1:8-9 이러므로(알 조트[עַל־זֹאת over this]); 사마리아의 멸망에

대한 애곡과 유다와 예루살렘 멸망의 예고
3. 1:10-16 유다와 예루살렘의 멸망의 선포

이 단락은 세 개의 소단락으로 구성되어 있다(2-7절; 8-9절; 10-16절). 이 세 개의 소단락은 내용적으로 서로 연결되는 삼단양식 구조를 보여준다. 1:2-7에서 하나님의 현현과 사마리아와 예루살렘의 죄와 사마리아에 대한 심판에 관해 언급된다. 1:2-7은 크게 세 부분으로 구성되어 있다. 2-5절에서 미가의 선포가 나오는데, 이것은 명령형으로 그 서두를 시작한다(쉬므우 שִׁמְעוּ 들어라). 여기에서 이스라엘의 징벌을 위한 하나님의 현현(2-4절)과 징벌의 이유(5절)가 선포된다. 6-7절에서 1인칭으로 선포된 하나님의 말씀이 연결되어 나오면서 앞의 내용을 강조한다. 우선 1:2-4에서 하나님의 현현과 말씀에 대한 초대가 나오고, 1:5에서 신현현의 의미를 설명한다. 그리고 이어지는 6-7절에서 이스라엘의 패망과 징벌이 선포된다.

2-4절의 하나님의 현현 선포는 이스라엘 백성에게 하나의 큰 충격이다. 이러한 신현현의 사건과 언어는 출애굽기 19장, 시내산에서의 하나님의 나타나심에서도 볼 수 있는 것이고, 사사기 5:4와 사무엘하 22:8-16에서도 나타나는 사건이었고, 시편 77:17-20; 114:3-8과 나훔 1:2-6이나 하박국 3:3-15에 나타나는 내용이기도 하다. 하나님의 현현은 그들에게 복이 될 수도 있고, 재앙이 될 수도 있다. 그러나 이 말씀에 대한 첫 번째 반응은 당연히 두려움이다. 하나님이 그들에게 나타나신다고 하는 것은 극히 충격적인 사건이다. 미가는 이 책의 서두에서 이 중대한 사건을 선포한다. 이 충격적 선포를 통하여 청중의 주의를 집중시킨다. 그리고 이와 함께 사용된 수사법은 '유도법'(rhetoric of entrapment)[6]이다. 화자가 서두에서 자신이 정작 질타하고자 하는 내용을 숨기고 일반적인 문제들에 초점을 맞추어 이야기하며 청중들로 하여금 그의 이야기에 공감하고 동의하게 한 후에 문제의 핵심으로 들어가서, 바로 그 질타의 대상이 청중 자신임을 깨닫게 하는 수사법이며, 아모스 1-2장에서 볼 수 있는 수사법이기도 하다.

6) Leslie Allen, 269; Gary V. Smith, 442; 박철우, 『아모스/오바댜』(서울: 대한기독교서회, 2001), 78-79.

여기에서 미가는 우선 '만유의 주님에 대한 선포'를 통하여 청중들의 동의와 공감을 구한 후(2-4절), 이스라엘 자신의 문제에 초점을 맞추어 그들을 질타하는 형태를 취하며 이스라엘로 하여금 그들의 죄를 깨닫게 한다.

미가는 이러한 방법으로 그의 설교의 서론적 선포를 행한다. 그러나 이 설교는 여기에서 끝나지 않는다. 1:8-9에서 예언자(설교자) 자신의 에토스와 파토스가 고백된다. 청중과 자신을 동일시하며 공감대를 형성하여 설교의 효과를 높인다. 그리고 다시 하나님의 말씀을 직접 인용하면서 이스라엘의 운명과 관련된 하나님의 메시지를 전한다. 이러한 방식으로 이 책 전체 곧 설교 전체의 서론을 이룬다. 이 서론부에서 청중과 예언자의 관계 설정에 결정적 역할을 하는 부분은 8-9절에 나오는 예언자 자신의 애곡이라고 할 수 있는데, 여기에서 예언자의 애곡과 함께 사마리아와 예루살렘의 재앙이 선포된다. 이 애곡이 설교의 효과를 증대시키는 핵심적 요소이다. 이 단락(1:2-16)은 8-9절을 중심으로 삼단양식적 구조를 가지고 있는 것이다. 이어지는 1:10-16에서는 심판의 군대가 유다의 11개의 성읍들을 점령하고 예루살렘에 이르는 과정을 서술한다. 이 서론적 단락에 이어서 나오는 2:1-5에서는 이스라엘의 죄를 좀더 구체적으로 질타함으로써 하나님의 진노의 이유를 설명한다. 2:6-11에서 거짓 예언자에 대한 질타를 선포한다.

¶ 주석

2 2절은 우선 서두 명령어 '들으라'(쉬므우 שִׁמְעוּ)로부터 시작한다. 그리고 그 명령의 대상은 모든 백성이다. 개역한글판에서 "백성들아"로 번역된 히브리어는 일반적으로 한 민족을 가리키는 '암'(עַם)의 복수형 '암밈'(עַמִּים)이다. 일부 학자들은 이 '암밈'이 창세기 49:10; 신명기 32:8; 33:3; 호세아 10:14; 스가랴 11:10; 열왕기상 22:28 등에서와 같이 이스라엘의 지파들을 가리키는 것으로 이해하나, 여기에서 "땅과 거기 있는 모든 것들아"와 병행을 이루고 있다는 차원에서 세상만민이라는 의미로 이해하는 것이 더 적절하다.[7] 표준새번역은 이 단어를 '뭇 민족'으로, 공동번역은 '만

민들'로 번역하고 있다. 대부분의 영어 역본들이 이 단어를 'peoples'(민족들)로 번역하고 있다(KJV, NKJV, RSV, NRSV, NIV, NEB, JB etc.).

하나님의 말씀의 대상은 온 세상만민이다.[8] 하늘과 온 세상의 왕이신 하나님께서(시 18:10; 사 3:13-14; 26:21; 렘 25:30) 이 땅에 왕으로서 오신다. 여기에서 화자는 미가 자신이다. 미가는 예언자로서 하나님의 대변자 역할을 한다.

이제 선포될 말씀과 하나님의 역사는 이스라엘에만 국한된 문제가 아니다. 이것은 온 세상과 만민들에게 다 관계가 되어 있는 문제였다. 하나님의 관심과 역사(役事)는 이스라엘에만 국한되지 않으신다. 동일한 표현 '암밈'이 4:1에 나온다. 4:1에서는 세상만민들이 하나님의 율법을 배우기 위하여 예루살렘의 성전에 모일 것임을 선포한다. 그리고 5:7-8에서 이스라엘은 많은 민족 가운데서 남은 자가 될 것임이 선포되고, 5:15와 7:16-17에서는 민족들이 하나님의 심판을 겪게 되고, 하나님의 구원의 역사가 완성될 것임을 선포한다.

하나님의 말씀과 역사(役事)의 대상은 이스라엘뿐만 아니라 세상만민의 죄를 포함한다. 하나님은 그들 모두에게 해당되는 죄를 밝히시고 증언하시고자 하나님의 성전에서 말씀하신다. 세상만민을 포함한 이스라엘의 공통적 죄는 하나님께 대적하는 죄이다. 그들은 하나님을 온전히 섬기지 못하는 죄를 짓거나, 하나님 이외의 다른 신을 섬기는 죄, 하나님을 알지 못하는 죄, 하나님을 인정하지 않는 죄를 짓는다. 특히 하나님의 백성의 죄는 더욱 특별한 의미를 가지고 있다. 그들은 세상의 빛과 소금이 되도록 특별한 사명을 받은 특별한 존재이고, 하나님은 그들을 특별히 그의 선민의

---

7) Ralph L. Smith, 17; J. T. 윌리스는 이 민족들이 실제 미가의 청중인 히브리 사람들을 가리키는 것으로 해석한다; cf. John. T. Willis, "Some Suggestions on the Interpretation of Micah 1:2," *VT 18*(1969), 377.

8) Gary V. Smith, 441; Marvin A. Sweeney, 349; 'pueblos todos'(L. Alonso Schökel / J. L. Sicre Díaz, *Profetas Comentario II*(Madrid: Ediciones cristiandad, 1980), 1043; Rolland E. Wolfe, *The Book of Micah,* IB, vol. 6 (Abingdon Press, 902-903); Artur Weiser, 『호세아/요엘/아모스/즈가리야』(*Das Buch der zwölf Kleinen Propheten,* ATD, 1974)(서울: 한국신학연구소, 1985), 71-72.

거룩한 백성으로 선택하시고 복을 주셨기 때문이다(출 19 : 3-6; 벧전 2 : 9-10).

이 명령은 모든 사람이 들어야 하는 것이고, 하나님의 현현은 실제 세상 모든 사람에게 영향을 끼치는 것이기 때문이기도 하다. 이와 같은 만민에 대한 관심을 서두에서 드러내는 것은 아모스서에서도 볼 수 있는 면모이다(암 1-2장). 이사야서의 서두에서는 하나님은 우주 만물의 주관자이심이 선포된다. 이사야 1 : 2-3에서는 하나님이 하늘과 땅을 부르시며 그의 백성 이스라엘의 죄를 탄식하신다. 동시에 이스라엘은 세상만민을 향한 빛의 역할을 감당해야 한다는 사실도 강조된다(사 2 : 1-5; 49 : 6; 42 : 6-7; 53 : 3-10[9]; 60 : 1-3).

"증거하시되"라는 표현은, '하나님이 친히 모든 불의한 죄인들에 대한 증인으로 오신다'(렘 29 : 23; 말 3 : 5)는 것을 의미한다. 증언은 어떤 사건에 대하여 자기가 직접 본 대로 말하여 그것을 확인하는 일이다. 증언은 사건을 본 사람의 의무이며, 그가 증언을 하지 않음으로 피해가 생기게 하는 것은 죄이다(레 5 : 1; 잠 28 : 24). 이스라엘은 하나님에 대하여 이러한 증인의 역할을 해야 하는 의무를 갖고 있기도 하였다(사 43 : 9-10; 44 : 8-9; cf. 행 1 : 8). 구약에서 유죄판결을 내리는데 적어도 2명의 증인이 필요하였다(신 19 : 15; 17 : 6; 민 35 : 30). 증인의 역할의 중요성을 나타내는 것으로서 결코 거짓 증언을 해서는 안 된다는 것을 밝히고 있는 것이다. 거짓 증언의 죄는 십계명에 언급되어 있는 심각한 죄이다(출 20 : 16). 거짓 증언을 하는 경우 그가 피해자에게 가하고자 했던 형벌을 그대로 받은 경우도 있었다(신 19 : 16-21). 그리고 증인으로는 사람뿐만 아니라 경우에 따라서는 하늘과 땅도 세워질 수 있었다(신 31 : 28; 32 : 1; cf. 사 1 : 2-3).

그러나 최고의 증인은 하나님이시다. 그분은 의의 하나님이시며 전지전능한 하나님이시기 때문이다. 이제 그분께서 세상 사람들의 죄 특히 하나님 백성의 죄를 증언하시기 위해서 주의 성전에서 오신다. 이 증언은, 하나님은 언약의 하나님이심을 전제로 하는 말이다. 하나님은 언약의 주관자로

9) 고난 받는 종의 사명은 메시야의 사명인 동시에 메시야를 주로 고백하는 모든 백성 곧 선민 이스라엘의 사명이기도 한 것이다.

서 언약을 파기한 이스라엘의 죄를 징계하실 것임을 말하고 있는 것이다. 주의 성전('헤칼 코드쇼', הֵיכַל קָדְשׁוֹ)은 하늘의 어전을 가리킨다. '헤칼'이라는 말 자체가 성소와 왕궁을 동시에 가리키는 말이다. 하나님은 신이시며 동시에 왕이신 분이시다(시 11:5; 합 2:20). 하나님은 땅위에 있는 그의 백성을 방문하시는 분이시고, 그의 이름은 예루살렘 성전 안에 거하시지만 그분의 참다운 거처는 하늘이시다(시 11:4; 사 63:15; 64:1; 합 2:20; 슥 2:13). 하나님은 우주적 주권자이시다. 그곳은 거룩한 곳('카도슈' holy)이다. 이것은('카도슈') 하나님의 초월성을 보여 준다. 하나님은 인간과 다르신 분, 그 어떤 것과도 비교되실 수 없는 절대적인 분이심을 나타낸다.

인간은 그분 앞에서 두려워하며 죄인임을 고백할 수밖에 없는 존재이다(사 6:1-8). 그 절대적 권능의 하나님이 이 세상에 오신다는 것이다. 그분이 이제 친히 세상을 심판하러 오신다. 하나님이 친히 오시는 이 신현현의 특별성은 이 본문에서 '아도나이'(אֲדֹנָי)가 반복적으로 나오며 그 내용이 강조되는 데서 엿볼 수 있는 내용이다(2b절: '아도나이 야웨'[אֲדֹנָי יהוה]; '아도나이'[אֲדֹנָי]). 이것은 하나님의 절대성과 주권을 강조하는 동시에,[10] 절대적 주권의 하나님에 대한 그들의 죄의 심각성을 나타내며, 하나님이 진정으로 원하시는 것이 무엇인가를 강조하는 것이다. 하나님은 세상만민이 하나님을 온전히 섬기기를 원하시며, 하나님을 떠난 사람이 회개하고 돌아오기를 간절히 원하시는 분이심을 나타낸다.

여기에서 특별히 예언자 미가는 하나님을 '아도나이'라고 말함으로써 개인의 주님이심을 깊이 고백하고 있다. 이것이 예언자 자신의 개인적 체험이요, 고백이다. 그가 만난 하나님, 체험한 하나님, 그가 본 하나님이심을 보여 주는 것이다. 예언자는 이러한 사람이어야 한다. 모든 성도는 이렇게 하나님과 '나'와의 개인적 관계 속에서 살아 계신 하나님의 선택하심과 그

10) '아도나이'와 '야웨'가 겹쳐서 나오는 경우, 하나님의 주권(sovereignty)이 강조된다. cf. Kenneth L. Barker/Waylon Bailey, *Micah, Nahum, Habakkuk, Zephaniah,* The New American Commentary vol. 20(Broadman & Holman Publishers, 1998), 49.

하나님에 대한 믿음이 무엇을 의미하는가에 관심을 가져야 하며 바로 그런 개인적 구원의 하나님에 대한 믿음이 요구되는 것이다.

3 '키 힌네'(כִּי הִנֵּה, 정녕 볼지어다)로 시작한다. 이 말은 이제 그 사건은 이미 이루어졌다는 사실을 나타내는 아주 강한 강세적 표현이다. 하나님은 "그 처소에서" 나오신다. 이곳은 2절의 하나님의 성전과 병행을 이루는 말이라고 할 수 있다. 하나님의 처소는 하늘이다. 하나님은 만유의 주님이시다. 땅을 포함한 천상의 모든 것을 다스리시는 만유의 주님이시다. 이것은 창세기 1장에서 선포된 절대적 진리이며 우리 기독교 신앙의 본질적 요소이다. 하나님은 천지창조의 주관자이시며, 모든 역사의 주관자이시다(창 1:1; 사 1:2-3; 40:12-31; 41:1-4, 17-20; 44:6-8; 45:11-13; 65:17-19). 그 하나님은 영이시며 능력의 주님이시다(미 3:8; 2:7; 슥 4:6; 신 34:9; 창 1:2; 출 14:21-31; 15:1-18; 수 4:21-24; 삼상 6:19-21; 왕상 18:36-39; 왕하 2:9-15).

하나님께서 이 땅위에 오셔서 "땅의 높은 곳을 밟으"신다는 말씀이 나오는데, 이것은 아모스 4:13과 맥을 같이하는 말씀이다. 여기에서 땅의 높은 곳을 가리키는 말이 '바모트'('바마'의 복수형 [high places])인데, 이 단어의 선택은 우연이라고 할 수 없다. 이 말은 5절에서도 다시 나오는 말(5절: '산당들'[바모트])이며, 이곳은 주로 이방 산당들이 있는 곳이고, 이스라엘의 가장 심각한 신앙적 문제를 야기시키는 곳이었다(왕상 11:5-8; 13:2; 14:22-23; 왕하 17:9-12; 23:5-8; 렘 7:30-34; 19:3-5; 32:35; 겔 16:16-26). 하나님은 이 땅에 오시되, 이스라엘의 신앙을 정화하기 위해서 오시며 세상의 거짓 신들을 멸하기 위하여 그들을 섬기는 사람들을 징벌하기 위하여 오신다는 사실이 암시되어 있는 말이다. 여기에서 사용된 동사 '다라크'(דרך)는 다양한 의미를 가지고 있는 단어이다(tread, march, subdue; 밟다, 걷다, 행진하다, 정복하다 등). 그러나 이 단어는 미가 5:5에서 앗시리아 군대가 이스라엘을 짓밟게 되는 것을 서술할 때 나온다(cf. 시 91:13; 삿 5:21). 여기에서는 하나님의 통치와 다스리심의 의미를 내포하지만 이 말은 하나님이 우상들과 하나님의 적들을 짓밟고 패배시키신다는 강한 의미를 담고 있는 말이다(사 63:2-6; 렘 25:30; 애 1:15; 계

19:15; cf. 합 3:15). 이러한 심판이 신현현의 중요한 목적 중의 하나였다.

4 그분이 나오시니 뭇 "산들이 녹고 골짜기들이 갈라"진다(4절). 여기에서 신현현의 목적은 이스라엘의 죄에 대한 징벌의 역사를 위한 것이다. 이와 유사한 신현현의 모습, 즉 자연에 가공할 영향을 끼치며 강림하시는 모습은 나훔 1; 사사기 5:4; 사무엘하 22:10; 시편 68:1-2, 8; 출애굽기 19:16 등에 나타난다.[11] 이 표현은 하나님의 무한한 능력, 하나님의 가공할 능력을 나타낸다. 하나님은 천지창조의 주관자이시며 권능의 하나님이시다. 하나님은 구원하시되 창조적 능력으로 구원하시고, 징벌을 하시되 역시 세상을 변화시키는 놀라운 역사로 행하신다. 이것이 앞에 언급된 미가서의 말씀신학과 맥을 같이하는 것이다.[12] 하나님은 전능하신 분이시며 그의 말씀은 무한한 역동성과 파괴력을 가진 말씀이다. 이와 같은 권능의 하나님이 오시기에, 이와 같은 거룩한 하나님이 강림하시기에, 세상은 두려워 떨 수밖에 없는 것이다. 반대로 그와 같은 권능의 하나님이 구원의 역사를 베푸시는 분이시기에 그만큼 그분에 대한 소망은 큰 것이기도 한 것이다.

그 하나님이 결국 종말에 이와 같은 역사를 통하여 세상을 심판하시고 하나님의 백성을 구원하실 것이다. 그 하나님이 새 하늘과 새 땅을 주시고 새 예루살렘을 주실 분이시다. 그 하나님이 새로운 에덴을 주시고 영생과 부활의 역사를 행하실 분이신 것이다. 이것이 우리의 믿음의 본질이다. 성경에서 하나님은 구원을 위해서도 오시고, 징벌을 위해서도 오신다. 구원의 신현현의 궁극적 역사가 예수 그리스도를 통해 이루어졌다. 그리고 하나님의 마지막이며 영원한 현현이 예수 그리스도의 재림과 함께 이루어진다.

5 서두에서의 신현현의 선포는 우선 청중들에게 두려움과 외경심을 갖게 한다. 이 시점에서 아직 신현현의 이유는 모른다. 단지 그들의 마음속에 두려움과 소망의 복합적 요소로 흥분된다. 이 설교의 서두에서 이 선포

11) Ralph L. Smith, 17; Gary V. Smith, 442; Daniel J. Simundson, 299.
12) 1:1 '말씀'과 관련된 주석 참조.

는 청중에게 하나의 큰 충격이었다. 하나님이 세상의 죄에 대하여 징계의 말씀을 선포하신다는 것 자체가 우선 두려움을 야기시킨다. 그러나 이 서두에서는 단지 세상만민들을 향한 선포일 뿐이다. 이것은 아직 청중들의 관심을 집중시키는 정도의 두려움일 뿐이었다. 그러나 5절에서 청중의 마음에 결정적 말씀을 선포한다. 하나님이 오시는 것은 그들의 죄 때문이라는 것이다. 하나님의 심판의 첫 번째 대상은 하나님의 백성이다(사 1:24-25; 암 9:4, 7, 8, 10; 벧전 4:17).

5절은 2-4절에 언급된 하나님의 징벌의 이유를 설명하는 말씀이다. 예언자는 이 모든 일이 일어나는 것이 야곱의 '허물' 때문이며, 이스라엘의 "죄" 때문이라고 말한다. 허물로 번역된 히브리어는 '페샤'(פֶּשַׁע)이며, 이것과 병행을 이루며 이 죄를 강조하는 말은 '핫토오트'(חַטֹּאות ['핫타아'의 복수형])이다. '페샤'는 언약적 죄악, 즉 언약을 파기한 죄를 나타내는 전형적 표현이다(사 1:2-5, 28; 암 1:3, 6, 9, 11, 13; 2:1, 4, 6; 렘 3:13; 겔 14:11; 호 7:13 etc.). '페샤'는 주로 '반역' 또는 '범죄'로 번역되는 말로서 이스라엘의 죄와 관련해서는 주로 하나님의 언약을 파기한 죄 곧 하나님을 반역한 죄를 가리킨다. '핫토오트'는 죄를 가리키는 일반적 어휘로서 여기에서 이 말은 '페샤'와 병행을 이루면서 하나님에 대한 죄를 강조한다. '핫토오트'의 어근적 의미는 과녁에서 벗어나는 것을 의미하며, 정도에서 벗어나는 삶 또는 행동을 가리킨다. 즉 하나님의 길, 언약과 복의 길을 벗어난 죄를 가리킨다.

이스라엘은 마치 탕자와 같은 죄를 지은 것이다. 하나님은 이스라엘을 선택하셨다. 그리고 그들을 애굽에서 구원하여 주셨으며, 그들에게 특별한 언약을 하사하셨다. 그들이 이 언약에 순종하면 그들은 제사장 나라가 될 것이며 하나님의 거룩한 백성이 될 것임을 약속하신다(출 19:4-6). 이 언약에의 순종이 복을 받는 길이었던 것이다. 그 언약에서 가장 강조되는 것이 하나님에 대한 절대적 충성이다. 하나님 이외에 그 어떤 다른 신도 섬겨서는 안 되는 것이다. 이 언약법의 요약이 십계명이다. 십계명은 두 개의 근본적 내용을 다룬다. 전반부(1-4계명)는 하나님과의 관계의 문제, 후반부(5-10계명)는 인간과 인간 사이의 관계에 초점을 맞추고 있다. 출애굽기 21-24장에서 선포되는 내용들도 이 두 범주 안에 있는 것이다. 여기에서 하나님에 대한 충성과 사회에서의 사랑과 정의의 실천이 요구되며, 이것은 거룩한 하나님 여호와를 닮아 가라는 레위기의 성결명령과 맥을 같이하는 것이다(레 19:2, 18, 33-37). 하나님께서는 이스라엘에게 이 양자 모두에 대하여 성실하기를 원하신 것이다. 그러나 이스라엘은 이 언약을 파기하였다. 그들은 사회적 불의를 저지름으로써 하나님의 언약을 파기한 것이다. 이 언약파기가 그들의 허물이요, 죄였던 것이다.

5절에서 본문 말씀은 두 개의 잘 짜여진 병행구조를 통하여 그 내용을 강조한다.

1. 5a절: 이는 다 야곱의 허물('페샤' פֶּשַׁע)로 인함이요, 이스라엘 족속의 죄('핫토오트' חַטֹּאות)로 인함이라.
   [야곱의 허물] // [이스라엘의 죄];

2. 5b절: [야곱의 허물]이 무엇이뇨(페샤 פֶּשַׁע)[사마리아]가 아니뇨(할로 הֲלוֹא) [유다의 산당]이 무엇이뇨(바모트 בָּמוֹת) [예루살렘]이 아니뇨(할로 הלוֹא).
   [야곱의 허물] + [사마리아] // [유다의 산당] + [예루살렘].

5a절에서는 "야곱의 허물"과 "이스라엘 족속의 죄"가 병행을 이루고 있으며, 5b절에서는 '야곱의 허물 + 사마리아'와 '유다의 산당 + 예루살렘'이 병행을 이루며, 이스라엘의 죄와 유다의 죄를 강조하며 그들에 대한 하나님의 징벌의 당위성을 선포한다.

5a절과 5b절의 병행관계상 5b절에서 기대되는 표현은 "유다의 산당"이 아니라 '유다의 죄'라고 할 수 있다. 따라서 고대역본에서도 '산당'(바모트, high places) 대신에 '죄'로 번역하곤 하였다(70인역, 시리아역, 타르굼). 그러나 이 경우는 '유다의 죄'라는 표현을 직접 사용하는 대신 유다의 죄를 가리키는 '상징어'를 사용한 경우라고 할 수 있다. '산당'은 일반적으로 이방인들의 예배 처소를 가리키는 것으로서(대하 28:25; cf. 민 33:52), 산당을 중심으로 한 우상 숭배는 유다의 가장 심각한 죄였던 것이다(왕상 11:7; 왕하 17:9, 29; 23:5, 8; 렘 7:31; 19:5; 32:35; 겔 6:3; 16:16). 여기

에서는 예루살렘의 성전 자체를 산당과 같은 우상 숭배의 본거지로 보고 그들의 죄를 비유적으로 질타하고 있는 것이다.[13)]

6 – **7** 6-7절은 하나님이 화자로 직접하신 말씀이 나온다. 여기에서 하나님 자신의 말씀을 통하여 이스라엘(특히 사마리아)에 대한 징벌과(5절) 징벌의 이유가 다시 강조된다(7절). '들의 무더기'(히브리어, '이' 'עִי')는 더는 사람이 살 수 없고 소출을 내는 경작지로도 쓸 수 없는 폐허를 가리킨다. '이'(עִי)는 '아바'(עוה, 구부리다, 비틀다, 왜곡하다, 또는 뒤엎다, 폐허로 만들다[사 24:1])에서 나온 말로서 '폐허, 폐허더미' 등을 의미하며, 미가 3:12(무더기); 예레미야 26:18(무더기); 시편 79:1(돌무더기) 등에서 예루살렘의 폐허와 관련되어 나온다. 사마리아의 건축물들이 모두 무너진 것으로 모자라서 이들을 골짜기로 쓸려 내려가 버리게 하고 이 도성은 더는 회복이 불가능한 폐허로 남게 하실 것임을 선포한다. 이스라엘의 성읍들은 거주민들이 그곳을 떠나 폐허가 되면 그 다음에 다시 사람들이 들어와서 성읍을 재건할 때 이미 그곳에 있던 건물들의 기초와 아직 남아 있는 벽들과 돌들을 사용하여 성을 재건하곤하였다. 그러나 그 돌들을 골짜기로 쏟아 내리고 기초를 드러낸다고 하는 것은 그 이상의 재건이 불가능할 정도의 폐허로 만드시겠다고 하는 것이다.

7절에서 하나님은 그들의 우상들을 다 부수고 목상들을 다 깨뜨리실 것임을 선언하신다. 이스라엘은 일차적으로 하나님을 온전히 섬기지 못하고 있었던 것이다. 그들은 하나님의 절대적 충성이 요구되는 언약법을 파기하고 있었던 것이다. 이것은 하나님과의 영적 관계의 파기이며 사탄을 섬기는 가장 본질적 죄인 것이다. 이것이 징벌의 첫 번째 이유였다. "그 음행의 값"으로 번역된 히브리어는 '에트난네하'(אֶתְנַנֶּיהָ)이다.[14)] 이 말은 화대 곧

---

13) E. 악트마이어(Elizabeth Achtemeier)는 이것을 우상 숭배로 물든 예루살렘 성전을 상징적으로 견유적으로 가리키는 표현으로 본다(Elizabeth Achtemeier, *Minor Prophets I,* New International Biblical Commentary, Hendrickson Publishers, 1996, 299-300).

14) NEB는 'images'로 번역하나, 대부분의 역본들은 '화대'의 의미로 번역한다. 'all her hires'(ASV, RSV, KJV; cf. NKJV[all her pay as a harlot); 'all her

몸을 팔아서 번 재물 또는 재산을 가리킨다(표준새번역, '몸을 팔아서 모은 재물'). 이 말과 "기생의 값"이라고 하는 것은 우상 숭배의 죄를 가리킨다(호 4:10-15). 하나님께서는 하나님을 섬기지 않고 다른 신들을 섬기며 얻은 모든 재물은 무가치하며 그것은 재앙의 길임을 보여 주신다. 그 모든 것은 불에 타 없어질 것이라는 것이다. "그가 기생의 값으로 모았은즉 그것이 기생의 값으로 돌아가리라"고 말씀하신다. 이 표현을 표준새번역은 다음과 같이 번역하고 있다. '몸을 팔아서 화대로 긁어모았으니, 이제, 모든 것이 다시 창녀의 몸값으로 나갈 것이다.' 여기에서 "기생의 값으로 돌아가리라"는 것은 '다시 창녀의 몸값으로 나갈 것'임을 의미한다. 이 말은 단순히 그들이 얻은 모든 소득과 수고가 헛된 일로 돌아간다는 것을 의미한다고 할 수 있지만, 금과 은으로 만들어졌던 우상들이 파괴되고 녹아져서 다시 그 파괴자들의 손에 넘어가고, 그들에 의해서 창녀의 몸값으로 다시 쓰여지게 될 것이라는 의미가 더 본문의 의미에 가깝다.[15]

8 - **9** 8절에서 예언자는 이스라엘과 유다의 운명에 대하여 애곡한다. 이와 같은 애곡과 탄식은 예언서의 다른 부분들에서도 볼 수 있는 것이다(암 5:1-3; 렘 8:18-9:2; 14:17-18). 예언자는 이스라엘의 대표로서 그들이 겪게 된 고난을 자신의 것으로 동일시하며 애곡한다. 이것은 설교자로서 청중에게 자신의 에토스를 표출하는 것으로 청중과의 공감대를 형성하는 효과를 갖고 있는 것이다. 그러나 이것은 단지 자신의 슬픔의 표현에 머무르지 않는다. 예언자의 사명은 백성의 죄를 깨닫게 하며 징벌의 이유를 알리고 회개하게 하는 데 있는 것이다. 9절은 이스라엘과 유다, 사마리아와 예루살렘 전체가 죄로 물들어 있으며 결국 예루살렘까지 하나님의 피할 수 없는 징벌(고칠 수 없는 병)을 받게 될 것이라는 사실을 선포하며 예언자의 슬픔과 통곡의 이유를 설명한다.

8절의 "이러므로"(알 조트[עַל־זֹאת over this])는 일반적으로 앞의 사건

---

wages'(NRSV; cf. NASB[all of her earnings]; JB[all her earnings]with a footnote[The wages of the sacred prostitutes in the religion of Samaria]); NIV는 'all her temple gifts'라고 번역한다.

15) Gary V. Smith, 443; cf. Delbert R. Hillers, 20-21.

또는 내용을 가리키는 데 사용되는 표현이다(사 57:6; 64:12; 렘 2:12-13; 4:28; 5:9, 29; 암 8:8; 시 32:6).[16] 우선 8절에서 이스라엘의 징벌과 패망에 대한 예언자의 슬픔과 통곡이 선포되고, 9절에서는 예언자의 슬픔과 애곡의 이유를 다시 부연 설명한다. 9절의 "그 상처"(her wound, '마코트' [מַכּוֹת] : '마카' [מַכָּה]의 복수형, 상처, 때리는 것 등을 의미)는 사마리아의 상처를 가리킨다. 그 상처가 결국 유다에까지 이르고 기어이 예루살렘에까지 이르렀다는 것이다. 여기에서 상처는 '고칠 수 없는 것'('아누샤' [אֲנוּשָׁה] : '아나슈' [אנשׁ, 병들다]의 칼 분사 여성형)으로서 병이 지독히 심각하여 고칠 수 없는 상태를 가리킨다(렘 15:18; 30:12, 15; 욥 34:6 등). 즉 이 상처는 '불치병'(표준새번역)으로 서술되며 피할 수 없는 징벌로 설명된다. 그 징벌이 예루살렘 성문 곧 예루살렘의 삶의 중심부까지 이르게 되었다는 것이다.

이 부분은 앞의 2-7절의 결론 역할을 한다. 동시에 이 부분은 다음 단락(1:10-16)에 이어지는 유다와 예루살렘 멸망의 서두 역할도 한다. 다음 단락(1:12)에 언급되는 '예루살렘 성문에 임하니라'는 표현은 9절의 "예루살렘", "내 백성의 성문"을 반영한다. 그리고 슬퍼 통곡하며 애곡한다는 말도 1:16에 다시 나타난다. 따라서 1:2-16은 크게 한 단락으로 이해될 수 있는 말씀이다.

"벌거벗은 몸으로 행하며"의 히브리어는 다소 불투명하다. 마소라 본문(MT)의 자음은 שילל로 되어 있으나 MT 자음의 부적합성으로 인하여 마소라 학자들이 제안한 읽기인 '케레'(Qere)는 '숄랄'(שֵׁילָל)이며, 이것은 쿰란 사본과 다른 고대역본과 일치되는 것으로, 그 의미는 맨발(barefoot)이다(욥 12:19). 이 MT의 케레(Qere)를 따르는 대부분의 현대 역본들과 함께 표준새번역도 이 표현을 '맨발로'로 번역하고 있다.[17] 이것은 애곡과 비탄의 자세를 나타낸다. 다윗은 사무엘하 15:30에서 그의 아들 압살롬의 반란으로 인하여 괴로워하며 맨발로 애곡하며 걸었다고 말한다. 이사야 20:1-

---

16) Delbert R. Hillers, 23; Leslie C. Allen, 174.

17) Delbert R. Hillers, 22-23; Ralph L. Smith, 19-20; James L. Mays, *Micah*, OTL(Philadelphia: Westminster, 1976), 48.

2; 에스겔 24:17-23에서 예언자들은 다가올 포로를 상징하며 벗은 몸과 맨발로 다닌다. 여기에도 포로의 모양을 상징적으로 나타내는 것이긴 하지만 이것도 비탄의 의미를 내포하고 있기는 마찬가지이다. 이 맨발과 벗은 몸은 애곡자나 포로의 행색을 나타낸다. 노예들과 애곡자는 주로 맨발로 허리 옷(loin cloths)만을 걸치고 있었다.[18] 여기에서 예언자의 행동은 애곡자로서의 애통일 뿐만 아니라 그의 동포들의 운명을 상징하는 상징적 예언의 행위이기도 하였다. 동포의 비극적 운명에 대한 슬픔은 아모스도 표현한 바가 있다(암 7:2, 5). 들개와 타조는 그들의 애곡하는 것과 같은 소리를 내는 것으로서 자주 함께 연결되어 나온다(사 34:13; 렘 50:39; 욥 30:29; cf. 사 43:20).

여기에서 예루살렘이 "내 백성(עַמִּי)의 성문(שַׁעַר)"으로 불리는데, 이러한 용례는 이사야 14:31의 병행구에서 볼 수 있으며 오바댜 13에도 나온다. 성문은 백성의 정치적·사회적·종교적 중심지로서 도성 전체를 대표한다. "내 백성"이라는 말은 하나님의 언약백성을 가리키는 말로서 하나님의 특별한 사랑과 관심의 대상이라는 의미를 내포하며 선민에 대한 하나님의 연민의 마음을 담고 있는 표현이다. 이 백성은 아브라함의 후손을 가리키는 언약의 백성으로서(출 3:7-10; 5:1; 6:4-8), 하나님이 특별히 지으신 백성이며(사 43:15, 21; 51:16), 특별히 보호하시고 지키시는 백성이다(사 10:24; cf. 43:1-5; 시 78:52-55; 95:7). 그러나 그들은 하나님을 떠나 언약을 파기하는 백성이지만, 하나님이 용서하시고 다시 맞아 주시는 백성이다(호 1:9-10; 2:23; 11:1-9).

10 - **16** 이어서 예언자는 하나님의 말씀을 인용하며 예루살렘의 멸망을 여러 지명들을 언급함으로써 더욱 생생하고 극적으로 전개한다. 이 본문은 애곡과 풍자를 통하여 그 메시지를 강조하는 특징을 가지고 있다. 이 단락의 구조는 다음과 같다.

1. 1:10-11 명령형 시작; 가드

18) Ralph L. Smith, 20

2. 1:12-13 세 개의 '키'(예루살렘 / 시온)

3. 1:14-16 이러므로 (라켄); 가드

R. L. 스미스(Ralph L. Smith)는 이 본문이 주전 701년 앗시리아의 산헤립이 유다를 침공했을 때의 상황을 나타내는 것이라고 본다. R. L. 스미스는 열왕기하 18:13-16과 산헤립 자신의 기록을 바탕으로 다음과 같이 전개한다. 산헤립은 앗시리아 제국에 대한 반란의 주모자였던 두로를 공격하고 아스글론과 에크론을 공격하여 반란을 진압한 후 에크론 근처의 엘테케(Eltekeh)에서 이집트 군대를 물리치고 유다로 진격하였다. 그리고 그는 예루살렘의 히스기야를 포위하였고, 미가 1:10-16에는 예루살렘을 포함하여 12개의 지명이 언급되어 있다. 그중 11개의 성읍들은 예루살렘으로 향하는 산헤립 군대의 길목에 있던 성읍들이었다. 따라서 미가가 이러한 비극적 상황에 대하여 애곡하는 내용을 담고 있는 것이 미가 1:8-16이라는 것이다.[19]

그러나 L. C. 앨런(Leslie C. Allen)은 이 신탁이 선포된 때를 주전 720년 또는 714-711년에 앗시리아의 사르곤이 블레셋을 침공할 당시에 선포된 것으로 본다. 그 근거로 특히 미가 1:10에서 주전 711년에 앗시리아군에 의해 패망한 블레셋 도시 '가드'가 아직 망하지 않은 상태로 언급되고 있다는 점을 든다. 앨런은 주전 701년 앗시리아의 산헤립 군대에 의한 유다 침공이 미가 1:8-16의 예언을 가시화한 것으로 본다.

G. V. 스미스(Gary V. Smith)는 같은 이유로 이 견해를 따른다.[20] 첫 번째로 언급된 가드는 사울과 요나단의 비참한 죽음에 대한 다윗의 애곡을 상기시키는 표현으로 시작한다. '가드(גַת)에 알리지 말며'(삼하 1:20). 앗시리아의 침공이 가드에서부터 시작될 것을 알리는 동시에 유다에 대한 애곡은 마치 다윗이 사랑하는 사람을 위해 애곡한 것처럼 사랑하는 유다를 위해 애곡하지 않을 수 없는 안타까운 상황이 될 것임을 암시한다.

---

19) Ralph L. Smith, 20-21; cf. John Bright, *A History of Israel*, 3rd ed. (London: SCM Press, 1960), 286; Artur Weiser, 78-79.

20) Leslie C. Allen, 241-242, 277-278; Gary V. Smith, 451; M. A. 스위니도 이와 동일한 견해를 취한다(Marvin A. Sweeney, 352-353).

그러나 여기에서는 이 애곡 이상의 심각한 상황이 될 것임을 암시한다. 가드에 알리지 말며 울지도 말라고 한다. 이것은 그 침공이 너무 충격적인 것이어서 숫제 울 수도 없을 만큼 절망적이고 고통스러운 것이 될 것이라는 것을 의미한다. 두 번째 성읍인 "베들레아브라"는 '티끌의 집'(בֵּית לְעַפְרָה) 이라는 의미를 가지고 있다. 이곳은 세펠라의 동쪽에 위치한 곳으로 오늘날의 '타르쿠미야'(Tarqumiya) 근처의 '텔 엣타이베'(Tell et-Taiyibeh)로 추정되는 곳이다.[21] 그리고 이와 연결되어 나오는 표현은 "티끌에 굴찌어다"[22]인데, '티끌에 구르다'는 말은 비탄과 애곡의 한 표현이다(렘 6:26; 겔 27:30). 세 번째 성읍 "사빌"(שָׁפִיר)[23]은 '아름다움'(beautiful)을 나타낸다. "벗은 몸에 수치를 무릅쓰고 나갈찌어다"는 그 아름다운 성읍의 주민들이 이름과는 반대로 이제는 수치와 능욕의 대상이 될 것이라는 것이다. 그 주민들은 침략군들에 의해서 벌거벗겨지고 수치를 당할 것이며 포로로 끌려가게 될 것임을 나타낸다. 네 번째 성읍 "사아난"(צַאֲנָן, '짜아난')[24]은 히브리어 발음상 '야짜'(יָצָא, go out) 곧 싸우기 위하여 전쟁에 나가는 사람('one who goes out'[to battle])을 나타내고 있다. 전쟁에 나가는 용감한 백성을 의미한다. 그러나 그들마저도 두려움에 싸여, 침략군에 대항하는 전쟁에 나오질 못하고 성안에 움츠리고 있게 될 것임을 말하고 있다('사아난 주민은 나오지 못하고'). 다섯 번째 성읍인 "벧에셀"(בֵּית הָאֵצֶל)도 오늘날의 위치를 확인할 수 없는 곳이지만, 이곳은 '누군가의 곁에 있는 집'을 의미한다. 즉 누군가를 도와 주는 성읍 또는 도피처를 암시한다. "벧에셀이 애곡하여 너희에게 의지할 곳이 없게 하리라"는 적군의 공격을 받은 주

---

21) Leslie C. Allen, 279; Lamontte M. Luker, "Beth-le-aphrah," *Anchor Bible Dictionary,* vol. 1, 689.

22) 개역한글판은 70인역, 시리아역, 불가타 전통을 따른 것이나(NASB, RSV, NRSV, KJV, NKJV, NIV, JB, 표준새번역 'roll yourself in the dust'[Ralph L. Smith, 19-21]), MT는 '내가 굴렀도다'(I will roll myself: 개역개정판 ASV)이다.

23) 이곳의 위치는 오늘날 정확히 알 수 없다. Lamontte M. Luker, "Shaphir," *Anchor Bible Dictionary,* vol. 5, 1160.

24) 수 15:37, 라기스 지역의 Zenan과 동일한 곳으로 여겨진다(Leslie C. Allen, 280).

민들이 더는 성읍으로부터 아무런 도움도 얻을 수 없으며 피난처의 역할도 기대할 수 없는 상황에 빠지게 되리라는 사실을 암시한다.

12절에서는 여섯 번째 성읍인 "마롯"(מָרוֹת)이 언급된다. '마롯'도 그 위치는 불분명하나 이곳은 '쓴 것' 또는 '쓴맛'(bitter things, bitterness)을 의미한다. 마롯은 복된 것을 기대하는 그들에게 닥치는 것은 그들이 의지했던 예루살렘에 하나님의 재앙이 떨어지는 것을 보게 될 뿐이라는 것이다. 그래서 이 성읍은 그 이름이 의미하는 대로 고통 가운데 처하게 될 것이라는 것이다. 재앙이 예루살렘 성문에 온다는 말은 예루살렘이 내포하고 있는 말인 샬롬 곧 평화와 안녕이 더는 존재하지 않는다는 사실을 암시하는 것이다. "예루살렘 성문"은 앞의 9절을 반영하는 것이며, 재앙이 하나님으로부터 온다는 말은 3절의 신현현을 상기시키는 말이다. 이것은 이 단락(1:2-16)을 하나의 통일 구성체로 읽어야 하는 이유를 제공한다.

13절에서는 여덟 번째 성읍인 "라기스"가 언급된다. 라기스는 유다 서남부의 중심도시이다. 이곳은 예루살렘에서 남서쪽으로 약 48km 떨어진 곳으로서 미가의 고향인 모레셋에서 남서쪽으로 약 10km 떨어진 곳에 위치한 곳이며 오늘날의 '텔 엣두에이르'(Tell ed- Duweir[Tel Lakhish])이다. 이곳은 요새화된 성읍으로서 병거들로 무장된 도시이다(대하 11:5-12). "라기스 거민아 너는 준마에 병거를 메울찌어다"라는 말은 이제 그들에게 전투의 때가 다가왔음을 알리는 말이다. 그러나 여기에서 전제되는 것은 그들의 패망은 이제 필연적이며 그들이 자랑하는 준마와 병거도 아무런 의미가 없을 것이라는 것이다. 이 표현이 내포하는 부정적인 의미는 라기스를 시온의 죄의 근본이라고 하는 말에 암시되어 있다. 시온(예루살렘)의 죄의 근본이라는 말은 그들이 예루살렘 주민들에게 준마와 병거에 대한 신뢰를 심어 준 죄일 수 있다. 그러나 이와 함께, 라기스를 통해 예루살렘에 유입되게 된 이집트의 우상 숭배와 이교도 풍속을 가리키는 것일 수 있다.[25] 여기에 언급되어 있는 "죄"(핫타아트 חַטָּאת 단수형)와 "허물"(페샤

25) Ralph L. Smith, 22; David Ussishkin, "Lachish," *New Encyclopedia of Archeological Excavations in the Holy Land,* vol. 3, ed., E. Stern et al. (Jerusalem: Carta and the Israel Exploration Society, 897-911).

פֶּשַׁע)은 1 : 5에 나오는 내용을 반영한다. 그 죄의 핵심은 언약 파기의 죄이다. 따라서 직접적으로는 우상 숭배의 죄를 가리키는 것이지만 병거와 준마를 의지하는 것도 우상 숭배의 한 부분이기 때문에 이러한 죄들을 동시에 포함하는 것이라고 할 수 있다. 12–13절에서는 예루살렘이 중심 도성으로 나온다. 여기에서 예루살렘과 시온이 함께 연결되어 나옴으로 예루살렘이 죄와 재앙의 중심에 있음을 암시한다. 12–13절은 1 : 10–15의 중심에서 세 개의 '키'(כִּי)가 연결되어 그 의미를 강조하는 삼단양식 구조를 보여준다.

14절은 "이러므로"(라켄 לָכֵן)라는 표현으로 시작하여 앞의 내용 곧 그들에게 징벌이 임할 수밖에 없는 이유를 가리키며(시온의 죄와 이스라엘의 허물), 가드모레셋이 언급된다. 이 아홉 번째 성읍은 예언자 미가의 고향이다. 물론 이곳은 앗시리아 침공의 한 길목에 있는 한 성읍이다. 동시에 이 지명 모레셋(מוֹרֶשֶׁת)은 '결혼 지참금, 소유, 선물'(dowry, possession, gift)을 가리키는 단어 '메오레셰트'(מְאֹרֶשֶׁת)와 유사한 발음을 가지고 있다. 이 지명 자체가 이 지역의 주민들이 집을 떠나는 딸을 위한 이별의 선물로 주는 선물을 상기시킴으로(왕상 9 : 16; 신 22 : 23), 집과 고향을 떠나게 되는 포로를 연상하게 한다. 이어서 나오는 '작별하는 예물'('쉴루힘'[שִׁלּוּחִים]) 도 이것을 의미한다. 이 지명 자체가 그 주민들이 하나님의 징벌로 포로생활을 하게 될 것임을 상징적으로 나타낸다. L. C. 앨런(Leslie C. Allen)은 이 예물을 국가간의 전쟁보상금을 상징하는 것으로 보아 그들의 패망을 암시한다고 이해한다.[26)]

열 번째 성읍 "악십"(אַכְזִיב '아크집')은 아둘람에서 서쪽으로 약 5km 떨어져 있으며, 마레사에서 북동쪽으로 약 8km 떨어진 곳으로 오늘날의 '텔 엘베이다'(Tell el–Beida)일 것으로 추정된다.[27)] 이곳은 '거짓말'(falsehood, deceitful disappointing, lie)을 의미하는 '아크잡'(אַכְזָב)과 발음이 유사하다. 이 말은 예레미야 15 : 18에서 목마른 사람을 실망시키는 '시내'(wadi)를 표현할 때 나오는 단어이다(cf. 욥 6 : 15–20). 이 본문은 "악십의

---

26) Leslie C. Allen, 281.

27) Leslie C. Allen, 282; M. W. Prausnitz, "Achzib," *ABD*, vol. 1, 57–58.

집들이 이스라엘 열왕을 속이리라"고 말한다. 여기에서 악십의 집들은 왕의 공장들을 가리킨다고 할 수 있다. 악십의 공장들이 침공으로 인한 폐허 또는 또 다른 이유로 인하여 제 역할을 하지 못하고 이스라엘의 왕들을 실망시키게 될 것이라는 사실을 가리킨다.[28] 즉 악십과 이스라엘 왕들의 절망적 상황을 나타내는 것이다.

15절에는 "마레사"라는 열한 번째 지명이 나온다. 이곳은 오늘날의 '텔 산다한나'(Tell Sandahannah[Tel Maresha])이며 라기스와 함께 중요한 국경 성읍이었다(대하 11:6-10). 마레사(מָרֵשָׁה)는 '소유자, 상속자 또는 정복자'라는 의미를 갖고 있는 단어인 '모레슈'(מוֹרֵשׁ) 또는 '요레슈'(יוֹרֵשׁ)와 유사한 발음을 가진 단어이다. 이 지명을 통하여 예언자는 소유하던 자가 소유를 당하게 될 운명에 처해지게 되었다는 것을 나타내고자 하셨다. 정복한 자가 정복을 당하게 될 것이라는 비참한 운명을 예고하고 있는 것이다. 그 이유는 언약 파기의 죄에 있는 것이고, 이것은 출애굽을 체험한 이스라엘이 다시 땅을 잃게 되는 상황을 나타내는 것이기도 하다(신 28:68).

그리고 마지막으로 열두 번째 성읍인 "아둘람"이 언급된다. 아둘람은 다윗이 사울을 피해 피신처로 삼았던 동굴이 있는 곳이다(삼상 22:1; 삼하 23:13). 여기에서 "이스라엘의 영광"(카보드 כָּבוֹד)은 이스라엘의 부와 모든 고귀한 사람들을 나타낸다. 그들이 이제 동굴로 숨을 곳을 찾으며 방황하는 신세가 될 것이라는 것을 나타낸다. 이것이 이스라엘이 직면한 운명이다. 이 지명들의 위치가 모두 확인된 것은 아니다. 그러나 이 지명들은 대개 유다의 지명들로서 이스라엘 민족의 운명을 상징적으로 나타내 주는 곳들이다.

16절에서 예언자는 백성에게 그들의 "머리털을 깎아 대머리"가 되게 하여 그들의 슬픔을 나타내라고 말한다. 이것은 애곡하는 사람의 모습이며 슬픔의 표현이다. 그리고 이것은 하나님의 진노와 이스라엘의 침공군 앞에 아무것도 할 수 없는 이스라엘의 무력함과 수치를 나타내는 것이다. 이 애곡의 요구에 내포되어 있는 목적은 회개이다. 예언자는 이 애곡을 통하여 청중들로 하여금 다가올 비극의 현실을 깨닫고 회개하게 하려는 것이다.

---

28) Delbert R. Hillers, 27.

이 백성이 누구를 가리키는지는 불분명하지만, 여기에서 명령형이 여성 단수형임으로 4:8, 10, 13에서와 같이 딸 시온 곧 예루살렘 주민을 향한 선포라고 할 수 있다.[29] 예언자는 일차적으로 모든 죄악의 중심인 예루살렘의 청중을 향해 이 재앙의 말씀을 선포하고 있는 것이다. 16절에서 "그들이 사로잡혀 너를 떠났음이니라"는 표현은 과거형으로도 이해될 수 있고(NEB, JB, ASV, NRSV, 개역개정판), 미래형으로도 이해될 수 있다(NKJV, RSV, NASB, NIV, 표준새번역). 그러나 이것을 과거형으로 이해한다고 해도 이것이 이미 지나간 과거의 사실을 나타내는 것이라고 결론지을 수는 없다. 이것은 미래에 일어날 사실에 대한 확실성을 나타내는 예언자적 완료형이라고 볼 수도 있기 때문이다.[30] 이것은 앞으로 일어날 일에 대한 예언으로, 예언자는 이를 통하여 청중들에게 이것의 확실성을 깨닫고 통회하지 않으면 안 된다는 사실을 주지시키고 있는 것이다.

¶ 메시지

하나님의 말씀을 들어야 하는 대상은 세상만민이다. 하늘과 온 땅의 주님이신 하나님께서 이 땅에 왕으로 오시어 심판하실 것을 선포하신다. 하나님 말씀과 역사(役事)의 대상은 이스라엘뿐만 아니라 세상만민의 죄를 포함한다. 그 죄의 본질은 하나님을 거역하는 것이다. 그중 하나님의 백성의 죄는 더 심각한 의미를 가진다. 그들은 하나님의 은혜를 입은 백성이며 동시에 하나님의 특별한 사명을 받은 백성이기 때문이다. 그들에게 주신 은혜와 복은 이 종의 직분을 온전히 감당케 하시기 위함인 것이다. 그래서 하나님은 그들에게 각별한 관심을 가지고 계시고 그들의 죄를 징계하시기도 하신다.

하나님의 현현은 심판을 위한 것이기도 하지만, 하나님의 현현을 통해 하나님을 두려워하게 하시기 위함이기도 하다. 하나님을 두려워하며 개인

29) Ralph L. Smith, 22.

30) Gary V. Smith, 454(prophetic perfect); Leslie C. Allen, 283.

적으로 하나님을 주님으로 고백하고 알며 하나님께 돌아오기를 원하시는 분이시다.

그분은 천지를 운행하시며 지배하시는 권능의 하나님이시다. 그분이 죄인들에게 새 생명을 주시고 부활을 주시는 분이시고 새 하늘과 새 땅을 주실 분이신 것이다. 그분은 우상 숭배를 결코 용납하지 않으시는 분이시며, 오직 주님께만 충성하기를 원하시는 분이시다.

하나님은 죄인들에게 다가올 재앙에 대해 애곡하기를 원하신다. 하나님은 죄에 대하여 엄격히 징계하시는 분이심을 깨닫고 회개하기를 원하시는 것이다. 그 회개만이 죄 사함과 구원의 길이기 때문이다.

2) 설교의 전개 I(2:1-5): 이스라엘의 죄와 이에 대한 징벌

¶ 본문

[1] 침상에서 악을 꾀하며 간사를 경영하고 날이 밝으면 그 손에 힘이 있으므
로 그것을 행하는 자는 화 있을찐저 [2] 밭들을 탐하여 빼앗고 집들을 탐하여
취하니 그들이 사람과 그 집 사람과 그 산업을 학대하도다 [3] 그러므로 여호
와의 말씀에 내가 이 족속에게 재앙 내리기를 계획하나니 너희의 목이 이에
서 벗어나지 못할 것이요 또한 교만히 다니지 못할 것이라 이는 재앙의 때임
이니라 하셨느니라 [4] 그 때에 너희에게 대하여 풍사를 지으며 슬픈 애가를
불러 이르기를 우리가 온전히 망하게 되었도다 그가 내 백성의 산업을 옮
겨 내게서 떠나게 하시며 우리 밭을 나누어 패역자에게 주시는도다 하리니
[5] 그러므로 여호와의 회중에서 제비를 뽑고 줄을 띨 자가 너희 중에 하나도
없으리라

¶ 개요

1:2-16은 이 책 전체의 설교적 서론으로서, 이 책 전체의 기본적 내용과 예언자의 파토스와 에토스를 전개하면서 청중의 주의를 환기시킨다. 1:2-16에서는 주로 백성에 대한 외적인 위협에 초점을 맞추고 있다. 그러나 이제 그들에게 징벌을 가져온 내적인 잘못을 좀더 구체적으로 전개한다.

2:1-5는 세 개의 서두문형으로 시작되는 소단락들로 구성된 단락으로서 이스라엘의 언약 파기의 죄를 구체적으로 질타하는 내용을 담고 있다. 특히 이스라엘의 지도자들의 사회윤리적 죄악에 관한 질타의 말씀을 담고 있다.

1. 2:1-2 화있을찐저('호이')
2. 2:3-4 그러므로 여호와께서 이렇게 말씀하셨다('라켄 코 아마르 야웨').
3. 2:5 그러므로('라켄')

이 단락은 재앙신탁으로서 예언서에 매우 자주 나타나는 유형의 말씀이다(사 5:8, 11, 18, 20; 10:1; 29:15; 31:1; 33:1; 45:9, 10; 렘 22:13; 겔 13:18; 암 5:18; 합 2:6, 9, 12, 15, 19; 습 3:1 etc.). 미가서에는 오직 여기에만 나오는 것이다. 이 신탁은 화있을찐저('호이'[הוֹי], woe to])라는 전형적인 서두문형으로 시작된다. 이것은 재앙의 확실성과 두려움을 내포하는 감탄사이며, 대부분 이 감탄사 다음에는 불확정적인 분사들(indefinite participle)이 나온다. 이 분사들 안에 재앙을 받을 사람들에 관한 서술이 담겨 있고, 이들은 대개 언약을 파괴한 죄인들이며, 여기에는 그들의 죄에 대한 심판이 임박해 있음을 알리는 말이 담겨 있다. 이 표현('호이')은 열왕기상 13:30에서, 시체를 무덤에 안장한 다음 그의 죽음으로 인한 격한 슬픔과 탄식을 표현하며 통곡할 때 나온다(cf. 렘 22:18; 34:5). 미가는 여기에서 이러한 탄식을 풍자적으로 언급하며 그들의 죄를 질타한다.

¶ 주석

1 – 2 1절의 "침상에서 악을 꾀하며 간사를 경영하고"에서 '악'('아벤' אָוֶן)과 '간사'('라아' רָע)가 병행으로 나옴으로써 그들의 사악함과 간교함을 강조한다. '꾸미고'('파알' פעל)로 번역된 말의 직역은 '행하는 자'(doers)이나 이 콘텍스트에서 이것은 '계략을 꾸미는 자'(plotters)의 의미를 갖고 있다. 그들은 밤에 침상에서 계획한 일들을 아침이 밝으면 바로 시행하는 사람들이다. 이들은 그들의 사특한 계획을 바로 실현할 수 있을 만큼의 권력을 가지고 있었던 사람들이었다('손에 힘이 있으므로'). 그들은 소수의 지배계층이었던 것이다. 그들은 남의 밭을 탐하여 '빼앗는다, 탐하다'('하마드' חמד)라는 말은 십계명의 열 번째 계명에 나오는 표현이며(출 20:17), 이 탐욕의 죄는 언약법의 중대한 파기인 것이다. 십계명의 열 번째 계명에서 인간의 마음의 문제를 다룬다. 이 계명은 십계명의 맨 마지막에 나오는 것이지만, 십계명 전체의 근본 문제를 다루는 것이라고 할 수 있다. 마음의 문제이다. 행위는 결국 마음에서 유래됨으로 이 계명에서 성공해야 비로소 여타의 다른 모든 계명 준수가 참다운 의미를 지니게 되는 것이다(잠 4:23; 6:14, 25; 25:28; 28:25; 시 10:3; 합 2:4; 마 12:34-35; 22:37; 막 7:21-23; 눅 1:51; 롬 6:17; 빌 2:5; 살전 3:13; 약 1:14-15; 5:8 etc.). 바울은 이 탐심을 우상 숭배라고 말한다(골 3:6). 더욱이 선민 이스라엘에게 주어진 언약법에 의하면 그들은 서로 평등하며 각 지파나 각 가문의 땅을 차지할 수 없게 되어 있었다.

땅은 하나님의 것이다(레 25:23; 민 36:2, 7). 이것은 하나님으로부터 위임받은 것이며, 이것은 대대로 전해 내려가는 것이다. 이러한 하나님의 법을 파괴하는 전형적인 죄가 아합에 의해 저질러졌고 엘리야를 통해 질타된다(왕상 21장). "빼았고"로 번역된 말은 '가잘'(גזל seize, 탈취하다)이다. "학대하도다"로 번역된 '아샤크'(עשק)는 '억압하다'(oppress) 또는 '폭력을 행하다'(do violence)의 의미를 갖고 있는 말이다.[31] 이 말은 강자들

31) Delbert R. Hillers, 31(oppress); cf. L. Alonso Schökel/J. L. Sicre Díaz,

이 약자들을 착취하고 그들의 권리를 짓밟는 모든 행위를 포괄하는 어휘이다. 그들은 "사람"(게베르, גֶּבֶר)과 '그 집 사람(이슈 אִישׁ)과 그 산업을 학대하는 자들'이다. 여기에서 첫 번째 '사람'(게베르, גֶּבֶר)은 힘과 능력에 있어 절정에 있는 사람을 가리키며, 그 다음 두 번째 나오는 '사람'(이슈 אִישׁ)은 남자 주인 남편 등을 가리키는 일반적 표현이다. 이 두 어휘는 유사어이다. 이 두 어휘는 병행적 관계 속에서 그 의미를 보충한다. 이 표현은 '그들은 사람과 그의 집 곧 그 집의 주인과 그의 유산을 착취하고 억압하는 자들'이라는 의미를 갖고 있다(cf. Who oppress a man and his household, An owner and his property!).[32] '가잘'(탈취하다, seize)과 '아샤크'(억압하다, oppress)는 구약에서 자주 서로 연결되어 나온다(시 62:10; 렘 21:12; 22:3; 겔 18:18; 22:29). 이들은 이사야 5:8에 나오는 착취자들이며 언약법의 파기자들이다(레 19:13). 여기에서 집은 사람들이 가지고 있는 중요한 재산이다. 그것은 땅과 함께 이스라엘의 중요한 재산이며, 생활의 조건이다. 이 모든 것은 하나님으로부터 받은 하나님의 선물이었다. '산업'으로 번역된 '나할라'(נַחֲלָה)가 이 하나님의 선물을 의미한다. 약탈자들은 하나님이 이스라엘 백성에게 주신 하나님의 선물을 탈취한 것이며, 이것은 언약법의 파기이며 동시에 하나님에 대한 심각한 도전인 것이다.

3 - **4** 3절에서 '그러므로 여호와께서 이렇게 말씀하신다'('라켄 코 아마르 야웨' לָכֵן כֹּה אָמַר יהוה: "그러므로 여호와의 말씀에 … 하셨느니라")로 시작된다. 이어서 하나님의 말씀의 내용이 '보라'(히네니, הִנְנִי behold)라는 표현으로 시작하는데, 이것은 지시적 의미를 가지고 있으며 하나님의 갑작스러운 개입을 나타내는 말이다(Here I am about to…).[33] 이어서 이

Profetas Comentario II, 1047(oprimir); Ralph L. Smith, 23(do violence).

32) D. R. 힐러스(Delbert R. Hillers)의 번역은 이 구절의 병행적 특징이 갖고 있는 의미를 잘 나타내 준다. JB('owner and house they confiscate together, taking both man and inheritance').

33) Leslie C. Allen, 286: 히브리 성경에는 3절의 "내가 이 족속에게 재앙 내리기를 계획하나니" 앞에 '히네니'(보라)가 나오나, 개역한글판에는 이 의미가 암시적으로만 표현되어 있음.

스라엘의 죄악에 대한 하나님의 징벌계획이 선포된다. '그러므로 여호와께서 이렇게 말씀하셨다'(히브리어 완료형)는 말은 이제 선포될 하나님의 징벌은 반듯이 성취되는 말씀이라는 사실을 강조한다. 그리고 미가가 선포하는 말씀은 하나님의 말씀임을 다시 강조하는 것이다. 여기에서 인간이 사악한 계획을 꾸미고 실행하나, 이제 하나님은 그들의 모든 계획과 행동을 무익하게 만드실 것을 계획하신다. 3절에서는 1절에서 사용된 단어 '하샤브'(חשב, 생각하다, 꾸미다 : devise)라는 단어를 그대로 사용함으로써 하나님은 그들의 행동을 무익하게 하시는 역사의 절대적 주관자이심을 보여준다(잠 16:1, 9; 19:21). 모든 역사의 주관자는 하나님 한 분뿐이시다. 인간이 바벨탑을 쌓고 하늘에 이르고자 하나, 하나님께서 오히려 거꾸로 내려오시어 그들을 흩으시는 역사를 행하신다. 이사야 14:13-15에서 바벨론 왕이 하늘에 오르려 하지만 땅에 떨어짐을 당하게 하신다. 오바댜는 오만한 에돔을 향하여 오만이 그들에게 가져온 비극적 결말을 알리는 질타의 말씀을 선포한다(옵 2-4). 하나님이 "이 족속에게 재앙 내리기를 계획하나니"(미 2:3)라고 말씀하신다. 여기에서 '이 족속'은 히브리어로 '하미슈파하'(הַמִּשְׁפָּחָה)이다. 이것의 직역은 'this family'(gang or crowd; cf. 렘 8:3) 곧 '이 집안'이다. 이 집안(this wicked gang)은 어떤 사람들을 의미하는가? 이 표현은 아모스 3:1과 마찬가지로 민족 전체를 나타낼 수 있다. 이 경우 소수의 사악한 사람들의 죄로 인하여 온 이스라엘이 재앙을 입는 것이 될 수 있다. 그러나 이 집안이 죄를 지은 사람들을 가리킬 수도 있다. 이 경우 죄인들만이 징벌의 대상이 된다. 어떤 경우이든 여기에서의 초점은 언약 파기의 죄악은 결코 하나님이 용서하지 않으시는 죄악임을 선포하고 있는 것이다. "너희의 목이 이에서 벗어나지 못할 것이요"는 정복자 곧 징벌자의 멍에에서 너희의 목이 벗어나지 못할 것이라는 것을 의미한다(사 10:27). 따라서 이 재앙은 정복자의 지배를 의미한다고 할 수 있다(신 28:48; 사 9:4; 10:27; 47:6; 렘 27:8; 28:14; 겔 34:27). 그러므로 이제 그들이 더는 오만하게 살 수 없을 것이다. 바로 이제 그 재앙의 때가 다가오기 때문이다.

4절의 서두인 "그 때에"('바욤 하후' בַּיּוֹם הַהוּא on that day)는 항상 하나님의 능력의 현시를 나타낸다(사 3:7; 7:18; 10:27).[34] 여기에서 이 표현은 바로 위의 시간 표현인 "이는 재앙의 때임이니라"를 이어받아 그때의 상황을 전개한다. 이 절에서의 화자가 누구인가가 불분명하다. MT의 '잇사'(יִשָּׂא)는 불한정적 단수로서 '어떤 한 사람'을 나타낼 수도 있고, 복수적 의미로 '사람들'을 가리킬 수도 있다. 그리고 이것은 복수로도 쓰일 수 있고 또 수동형으로도 쓰일 수 있다(cf. 사 8:4, 잇사 에트 헬 다메삭 יִשָּׂא אֶת־חֵיל דַּמֶּשֶׂק They will take the wealth of Damascus 또는 The wealth of Damascus will be taken). KJV, NKJV, NIV는 불특정적 일반주어로 이해하여 'one'(KJV, NKJV) 또는 'men'(NIV)으로 번역한다. ASV, NASB, RSV, NRSV, JB도 이것의 주어를 불특정적 복수형 they로 이해한다(they shall take up a taunt song against you).[35] 여기에서 '그들(they, 애곡하는 사람들)'은 패망하게 될 부자들의 다음과 같은 통곡소리를 풍자적으로 인용하고 있는 것이다. '우리는 완전히 망했다. 하나님은 우리 부자의 식구들의 분깃을 잃게 하셨다. 하나님은 부자인 내게서 나의 소유를 없애 버리셨고, 나를 대적하는 반역자에게 우리의 땅을 나누어 주셨다.'

4절에서 "내 백성"은 이 부유한 사람의 식구들을 말하는 것이며 "산업"(헬레크 חֵלֶק)은 '나할라'(נַחֲלָה 기업 inheritance)의 유사어로서 이스라엘이 가나안 땅에 들어갔을 때 각 지파들에게 할당된 땅의 몫 곧 분깃을 가리킨다. "패역자"로 번역된 히브리어 '쇼벱'(שׁוֹבֵב)은 반역자(rebel)를 의미한다.[36] 그러나 이 패역자는 단지 미가시대의 부유하고 권력을 가진 사람들이 멸시하던 사람들을 가리키는 말로 이해하여, 이 특권층들이 그들을 비꼬듯 패역자라고 말하며 자신들의 소유가 결국 미래의 종말의 때에 그들의 손으로 넘어가게 될 것이라고 말하는 것으로 이해할 수도 있다(겔 48장). 하나님은 행한 대로 갚으시는 분이심을 선포하고 있는 것이다(고후 5:10; 갈 6:7). 이 후자의 의미가 그 다음에 이어지는 5절과 잘 연결된

---

34) Leslie C. Allen, 290.

35) D. L. 힐러스(Delbert R. Hillers)도 이것을 불특정적 일반주어인 '그들'(impersonal)로 이해한다(Delbert R. Hillers, 31, 33; 'they will sing a taunt-song about you'). 그러면서 동시에 'they(그들)'는 애곡하는 사람들(mourners)을 가리킬 가능성도 시사한다.

36) Ralph L. Smith, 23.

다. 4절은 또한 이들의 운명은 다른 사람들에게 교훈이 될 것임을 풍자적으로 나타낸다(사 14:4; 합 2:6).

5 5절은 미래의 축복과 회복의 시대를 반영한다고 볼 때 그 의미가 더 분명히 이해된다고 할 수 있다. 5절의 여호와의 회중은 종말론적 상황을 반영하는 것으로 볼 수 있으며, 그때 소유를 다시 나눌 때 죄인들 중에는 그 땅을 차지할 자가 하나도 없으리라는 것이다(암 9:11-15; 말 4:1-3; 사 66:12-24). "줄을 떨 자"는 하나님이 땅을 나누어 주실 때 줄을 대어 그것을 나누어 받을 수 있는 자가 하나도 없으리라는 것이다. 하나님께서 종말을 위해 예비하신 상급을 받을 자가 하나도 없다는 것이다(마 25:31-46). 이것이 그들에게 내려진 가장 큰 징벌이다. 반면 하나님이 주신 땅은 받는 사람에게 큰 기쁨이 되는 것이다(시 16:6).

¶ 메시지

하나님의 언약의 명령을 파기하며 약자들을 억압하고 착취하는 사람들에 대한 하나님의 징벌의 말씀이 선포된다. 하나님은 탐심의 죄를 지적하시며 죄의 근원이 마음에 있음을 알려 주신다. 이러한 죄를 지은 사람은 하나님의 징벌을 피할 수 없으며, 하나님은 그들이 행한 대로 갚으신다(고후 5:10; 갈 6:7). 이것은 종말에도 적용되는 하나님의 역사이다(마 25:31-46; cf. 빌 3:13-14; 2:14-18; 계 2:7, 10, 26-28; 3:5, 12, 21).

3) 설교의 전개 II(2:6-11): 이스라엘의 죄와 이에 대한 징벌

¶ 본문

[6]그들이 말하기를 너희는 예언하지 말라 이것은 예언할 것이 아니어늘 욕하
는 말을 그치지 아니한다 하는도다 [7]너희 야곱의 족속아 어찌 이르기를 여
호와의 신이 편급하시다 하겠느냐 그의 행위가 이러하시다 하겠느냐 나의
말이 행위 정직한 자에게 유익되지 아니하냐 [8]근래에 내 백성이 대적 같이
일어나서 전쟁을 피하여 평안히 지나가는 자들의 의복중 겉옷을 벗기며
[9]내 백성의 부녀들을 너희가 그 즐거운 집에서 쫓아내고 그 어린 자녀에게
서 나의 영광을 영영히 빼앗는도다 [10]이것이 너희의 쉴 곳이 아니니 일어나
떠날찌어다 이는 그것이 이미 더러워졌음이라 그런즉 반드시 멸하리니 그
멸망이 크리라 [11]사람이 만일 허망히 행하며 거짓말로 이르기를 내가 포도
주와 독주에 대하여 네게 예언하리라 할 것 같으면 그 사람이 이 백성의 선
지자가 되리로다

¶ 개요

이 단락의 구조는 다음과 같다.

1. 6-7절 거짓 예언자들의 말과 관련된 질타
2. 8-10절 지도자들의 죄악과 징벌
3. 11절 거짓 예언자들과 관련된 지도자들의 죄에 대한 질타

이 말씀은 위에 선포된 미가의 강력한 질타의 말씀에 대한 언약 파기자들의 반발이 전제된 것이다. 그리고 이를 바탕으로 한 미가의 풍자조의 선포가 다시 나온다. 이것은 설교에 있어서 예측된 반론과 이에 대한 설교자

의 미리 준비된 대답에 해당된다고도 볼 수 있다. 주제면에서 6-7절은 말미 11절에서 다시 반복되는 삼단양식적 면모를 보여 준다(거짓 예언자들).

¶ 주석

6 - **7** 여기에서 언급되는 예언 말씀에 대한 저항은 성경의 여러 곳에서 볼 수 있는 일반적 현상이다(암 2:12; 7:12-13; 호 9:8; 사 30:10; 렘 11:21; 20:7-10 etc.). R. L. 스미스(Ralph L. Smith)는 6절의 "그들이 말하기를"의 '그들'을 '탐욕스러운 백성'(greedy laymen, greedy oppressors)이라고 본다. 그리고 그들이 예언자를 향하여 '그들에게 재앙이 닥칠 것이라는 예언을 하지 말라'고 말하고 있는 것으로 해석한다.[37] 그러나 반 드 우드(A. S. Van de Woude)는 여기에서 거짓 예언자들이 화자라고 본다. 여기서 "말하기를"이라고 번역된 단어인 '얏티푼'(יַטִּיפוּן [나타프 נטף의 히필 미완료 3인칭 남성복수)은 '예언하다' 또는 '말하다'로 번역될 수 있는 말이다. 그러나 이 단어가 주로 예언자들에게 적용된다는 의미에서 예언자들의 말이라고 볼 수 있다(미 2:11; 암 7:16; 겔 20:46; 21:2 etc.). 6절에서 "그들"의 말이 이 탐욕스러운 언약 파기자들을 대변한다는 차원에서 여기에서의 '그들' 곧 화자는 거짓 예언자들이라고 할 수 있다.[38] 표준새번역은 이 해석을 취하고 있다. 그러나 언약 파기자들이나 그들의 거짓 예언자들이나 미가의 선포에 대한 동일한 생각과 동일한 거부감을 가지고 있던 사람들이기 때문에 여기에서의 그들을, 이들 모두를 포함하는 포괄적 의미로 해석할 수 있다. M. A. 스위니(Marvin A. Sweeney)도 이와 같은 견해를 갖고 있다.[39]

---

37) Ralph L. Smith, 26-27; cf. Delber R. Hillers, 36; Elizabeth Achtemeier, 312.

38) L. Alonso Schökel / J. L. Sicre Díaz, *Profetas Comentario II*, 1048-1049; cf. A. S. Van de Woude, "Micah in Dispute with the Pseudo-Prophets," *VT* 19(1969), 244-260.

39) Marvin A. Sweeney, 362.

7절의 "너희"는 미가의 질타의 말씀에 저항하는 부유한 언약 파기자들이다. 미가의 청중들과 그들의 예언자들은 한 목소리를 가진 사람들이라는 차원에서 간접적이나마 7절의 '너희' 안에 거짓 예언자들이 포함된 것으로 볼 수 있을 것이다(암 7:10-13; cf. 미 3:5).

미가의 부유한 청중들도 그들의 예언자들도 2:1-5의 말씀을 참을 수가 없었던 것이다. 그들은 예언자 미가에게 그런 예언을 하지 말라고 명한다. 그리고는 하나님이 자기들을 망신시키지 않을 것이라고 말한다. "욕하는 말"이라고 번역된 히브리어 '켈림모트'(כְּלִמּוֹת)는 '켈림마'(כְּלִמָּה)의 복수형으로 모욕, 수치, 치욕, 망신을 나타내며, 욥기 20:3; 시편 35:26; 69:7; 71:13; 잠언 18:13; 이사야 61:7; 예레미야 3:25; 에스겔 16:52 등에 나온다. 그리고 MT의 '이삭'(יִסַּג '나삭'[נסג 옮기다, 움직이다, 물러가다]의 니팔 미완료 3인칭 남성단수)을 '나삭'(נסג)의 사역형으로 읽어서 '지배하다, 덮쳐오다'(overtake)라는 의미로 해석하여, '수치가 우리를 지배하지 못할 것이다'라는 의미로 해석할 수 있다(NIV, 'disgrace will not overtake us'; JB, 'No shame is going to overtake us').[40] 언약 파기자들은 하나님이 결코 그들을 망하게 하지 않으실 것이며 미가의 예언이 실현되지도 않을 것이라는 안일한 믿음을 가지고 있었다. 하나님이 그들에 대항하여 재앙을 계획하고 있다는 것과 종말의 때 곧 하나님의 결산의 때에 하나님의 회중에서 그들과 그 후손들이 차지할 상급이 없다는 사실을 믿으려 하지 않았다.

미가의 말에 반기를 드는 이스라엘 백성의 말을 인용한다. 그들은 말하기를 '여호와의 신이 성급하다고 말하지 말아라. 하나님이 그렇게 행하시겠느냐'고 반문한다. 하나님은 그들을 선택하셨고, 하나님은 인자하시다고 주장하는 것이다(출 34:6; 신 4:31; 시 103:8; 116:5; 145:8). 그들은 언약의 의미를 충분히 파악하지 못하고 있었으며, 그들의 죄의 심각성을

---

40) cf. BHS(יַשִּׂגֵנוּ); Ralph L. Smith는 BHS를 따라 'Calamity will not overtake us'라고 번역한다. Ralph L. Smith, 25-26; 표준새번역도 이러한 의미로 번역하고 있다. 알론소 쇠켈은 단순히 '수욕이 닥치지 않을 것이다'라고만 번역한다(no llegará la afrenta). L. Alonso Schökel / J. L. Sicre Déaz, 1048(cf. Delbert R. Hillers, 34, 'Such reproaches will not come to pass').

깨닫지 못하고 있었다. 그들은 거짓 예언자들의 말에 세뇌되어 있었다. 선민된 것 자체로 하나님은 기계적으로 그들을 지키시고 복 주시는 분이라고 생각하고 있었다. 그들에게 하나님의 징벌은 생각할 수도 없는 것이었다. 이에 대해 예언자 미가는 말한다. '나의 말이 정직하게 행하는 자에게 유익하지 아니하냐?'(7절) 미가는 하나님의 말씀에 순종하는 것이 축복과 은혜의 길이 아니냐고 반문하고 있는 것이다. 여기에서 "나의 말"은 미가의 말이며 동시에 하나님의 말씀이다. 예언자는 하나님의 지상대변자이기 때문이다. 미가의 말은 진리의 선포이고 이 말씀에 따라 사는 사람들에게는 이 말은 축복이 되는 것이다. 이제 그들이 해야 할 일은 이 안일하고 그릇된 신앙에서 돌이켜 하나님의 말씀 앞에 겸손히 순종하고 돌아와야 하는 것이다.

아모스도 이와 유사한 말씀을 선포하였다. '너희는 망한다! 시온이 안전하다고 생각하고 거기에서 사는 자들아, 사마리아의 요새만 믿고서 안심하고 사는 자들아, 이스라엘 가문이 의지하는 으뜸가는 나라, 이스라엘의 고귀한 지도자들아'(표준새번역, 암 6:1); '너희는 망한다! 주님의 날이 오기를 바라는 자들아, 왜 주님의 날을 사모하느냐? 그 날은 어둡고 빛이라고는 없다.… 너희는, 다만 공의가 물처럼 흐르게 하고, 정의가 마르지 않는 강처럼 흐르게 하여라'(암 5:18-24). 그리고 하나님을 찾으라고 말씀하신다. '너희는 주님을 찾아라. 그러면 산다. 그렇지 않으면, 주님께서 요셉의 집에 불같이 달려드시어 벧엘을 살라버리실 것이니, 그때에는 아무도 그 불을 끄지 못할 것이다'(암 5:6).

8 - **9** 이제 예언자는 그들의 죄를 하나하나 지적한다(8-9절). 이 죄는 2:1-2의 죄와도 맥을 같이하는 사회윤리적 죄악이며, 언약 파기의 죄이다. 미가는 앞에서 그의 예언자적 대적들의 말을 인용하며 그들의 잘못을 지적한다. 그는 여기에서 그 거짓 예언자들의 잘못을 그들의 말을 따르는 백성의 죄를 통해 증명한다. 하나님의 이름으로 하나님을 대신하여 그는 하나님의 백성이 죄악을 범함으로 언약을 파기하는 죄를 짓고 있음을 지적한다. 여기에서 선민 안에 언약에 충실한 백성과 이에 대적하는 백성 사이에 구분이 있음을 보여 준다. 이들은 스스로의 죄에 의해서 하나님

의 적이 된 사람들이다(사 1:21–26). 그들은 자신들의 죄로 인하여 스스로 선민의 반열의 바깥에 위치하게 된 사람들이다(롬 9:6–7; 요 8:39). 미가는 백성의 행동 곧 열매 자체를 그들의 신앙이 온전한가 그렇지 못한가를 판별하는 기준으로 삼고 있다. 우리 삶의 가장 중요한 요소가 이 사랑의 열매인 것이다(요일 1:6; 2:10–11; 3:16–18; 막 12:31). 8절의 옷을 벗겨가는 것은 언약법을 파기하는 것이다(출 20:15; 22:8; 22:26–27). 그들은 지금 하나님의 백성을 원수처럼 대하고 있는 것이다.

9절에서 부녀들은 아마 과부들일 것이다. 그들과 그들의 어린 자녀들은 언약법하에 보호의 대상이다(출 22:22). "나의 영광"(하다르 הָדָר)은 하나님이 주신 복을 가리킨다(blessing).[41] 힘 있는 자들은 그들이 보호해야 할 그 대상으로부터 그 영광스러운 선물을 탈취해 가면서 언약 파기의 죄를 저지르고 있는 것이다.

10 10절에서 앞의 고발에 이어 이제 심판의 내용을 다룬다(암 7:16–17). 여기에서 예언자는 이웃의 땅을 빼앗은 악덕 지주들을 향하여 조롱조로 "일어나 떠날찌어다"라고 말한다. 이 절의 내용은 표준새번역이 그 의미를 정확히 표현하고 있다. '썩 물러가거라. 여기는 너희의 안식처가 아니다. 이곳은 더러워졌고, 끔찍한 멸망을 당할 수밖에 없다.'[42]

이곳은 언약 파기로 이미 더러워졌다. 하나님의 징벌이 필연적이다('반드시 멸하리니 그 멸망이 크리라'). 따라서 여기에서 떠나라고 하는 것은 징벌의 필연성과 확실성을 조롱조로 말하고 있는 것이다. 이를 통해 이곳이 그들의 안식처가 아니라는 사실을 강조한다. 이 '안식'(메누하 מְנוּחָה)은 이스라엘에게 매우 중요한 의미를 가진다. 이 안식은 땅에서의 안식뿐만 아니라 종말론적 약속을 포함한다(신 12:10; 왕상 8:56; 시 95:11; 132:14; 23:2; 사 32:15–18; cf. 히 3:11, 18; 4:1, 3, 5, 10, 11). 이 징벌은 2:5의 내용과 맥을 같이하는 것이다. 그들에게 미래의 소망이 없는 것이다. 이

---

41) Gary V. Smith, 462, 469; NIV(blessing); TEV(many blessings).

42) cf. NIV, Get up, go away! For this is not your resting place, because it is defiled, it is ruined, beyond all remedy.

것이 언약을 파기한 백성의 운명이다(레 18:24–28). 도움을 필요로 하는 이웃에게 행한 추악한 범죄는 더는 하나님이 주신 거룩한 땅인 가나안을 딛고 살 수 없게 된 것이다. 이것이 언약법을 지켜야 하는 이유이다(레 18:30; 19:2–4, 30–31; 신 23:14; 30:15–20).

11 11절에서 다시 "예언하리라"(나타프 נטף)라는 말이 나온다. 6절의 주제를 다시 취하며 문두문미병행구(inclusio)를 형성한다. "사람이 만일 허망히 행하며 거짓말로 이르기를"의 직역은 '영과 거짓으로 행하는 사람'이다(a man, walking in spirit and deceit).[43] 이 말은 거짓 영에 사로잡힌 거짓 예언자를 가리키는 말이다. 포도주와 독주는 그들이 원하는 것이었다. 그들은 그들에게 포도주와 독주가 넘치게 주어질 것이라고 예언하는 사람들을 참 예언자로 여기는 어리석은 자들이었음을 조롱조로 질타하고 있는 것이다. 그러나 그들은 바로 이러한 어리석음으로 인하여 재앙을 입게 될 것이다(렘 23:35–40; cf. 23:16–32). 아모스는 신앙적으로 타락하여 포도주와 독주로 흥청거리는 사람들을 질타한다(암 6:4–7; 4:1–3).

¶ 메시지

죄 지은 사람들은 그 죄를 지적하는 말을 듣기를 싫어한다. 죄 지은 이스라엘은 당연히 그들의 죄를 질타하는 예언말씀 듣기를 원치 않는다. 거짓 예언자와 참 예언자의 대립은 필연적인 것이었다(왕상 18:16–40; 22:1–28; 렘 27:1–28:17; cf. 암 7:10–17).

하나님의 말씀을 분별하여 순종하는 것이 복의 길인 것이다. 참 예언자의 말씀에 순종하여 하나님의 길, 하나님이 원하시는 삶을 사는 것이 구원과 승리의 길인 것이다. 하나님은 온전한 사랑의 실천을 원하신다. 이것이 언약의 중요한 요구였다. 거짓 예언자는 하나님의 백성을 그릇되게 인도한

---

43) Ralph L. Smith, 26–27; NIV, 'a liar and deceiver comes and say'; Delbert R. Hillers, 34('a man possessed of a deceiving spirit').

다. 회개의 길을 막는다(렘 23:16-32; 겔 13:1-23; cf. 암 7:10-17).

하나님의 뜻대로 살지 않는 것은 이생에서의 안식과 내세에서의 안식 모두를 잃는 사망의 길인 것이다. 하나님은 우리가 우리 자신을 세상의 죄악에서 지켜 흠없이 보전하기를 원하신다. 이것이 영원한 나라의 축복과 보상의 길이기 때문이다(약 1:27; 살전 5:16-23; 5:1-11; 히 4:1-3; 계 2:7, 10-11, 26-28; 3:4-6, 12, 21).

4) 첫 번째 대단원의 결어(2:12-13): 하나님의 구원 약속

¶ 본문

[12]야곱아 내가 정녕히 너희 무리를 다 모으며 내가 정녕히 이스라엘의 남은 자를 모으고 그들을 한 처소에 두기를 보스라 양떼 같게 하며 초장의 양떼 같게 하리니 그들의 인수가 많으므로 소리가 크게 들릴 것이며 [13]길을 여는 자가 그들의 앞서 올라가고 그들은 달려서 성문에 이르러서는 그리로 좇아 나갈 것이며 그들의 왕이 앞서 행하며 여호와께서 선두로 행하시리라

¶ 개요

12-13절은 미가서의 첫 번째 구원신탁이며, 첫 번째 대단원의 마지막 결어부분으로, 1:2-2:11에서 전개된 이스라엘에 대한 하나님의 징벌과 반대로 하나님은 사랑의 하나님이시며, 이스라엘에게 새로운 구원의 역사(役事)를 계획하시는 은혜의 하나님이심을 선포한다.

이 단락은 세 개의 소단락으로 구성되어 있다.

1. 12a절 서두(하나님의 구원 선포)

2. 12b절 목자로서의 하나님
3. 13절 왕의 왕으로서의 하나님

이 세 개의 소단락은 각각의 고유한 병행구로서 독립된 주제를 선포하면서 동시에 서로 상호 연관되어 목자요, 왕의 왕 곧 절대주로서 이스라엘을 회복시키시는 하나님의 모습을 서술한다.

이 단락의 내용은 특히 서두 문장(12a절)에서 우선 하나님이 그의 선민 이스라엘을 구원하실 것임을 선포한다. 이어지는 본문(12b절)에서 하나님은 그들을 양떼처럼 모으실 것임을 선포하시고, 13절에서 하나님께서 절대주로서 그들을 인도하시는 모습에 초점을 맞추고 있다.

¶ 주석

12 – **13** 12a절은 미가서의 첫 번째 구원신탁의 서두로서 하나님이 이스라엘을 회복시키실 것에 대한 확실성을 고유한 병행구로 강조 전개한다. 이 소단락은 '절대 부정사+미완료 1인칭 단수'가 병행을 이루며 반복되는 문장구조를 통하여, 하나님은 그의 선민 이스라엘을 구원하실 것이라는 사실을 강조한다.

> 야곱아 내가 정녕히 너희 무리를 다 모으며('아소프 에에소프' אָסֹף אֶאֱסֹף
> I will surely assemble, O Jacob, all of thee) //
> 내가 정녕히 이스라엘의 남은 자를 모으고('카베쯔 아카베쯔' קַבֵּץ אֲקַבֵּץ
> I will surely gather the remnant of Israel).

여기에서 "야곱"을 친히 부르시며 그들의 구원을 약속하신다. 12절에 "남은 자"(슈에리트 שְׁאֵרִית)가 언급되는데, 하나님의 백성 가운데 이처럼 남은 자가 있을 것임을 알리고 있는 것이다. 모두가 다 징벌을 받는 것은 아니다. 하나님이 그들의 목자로 지키고 인도하실 것임을 약속하신다(시 78:52; 80:1; 23; 사 40:10-11; 겔 34:11-19). 미가서에서 '남은 자'는 많은 민족들 사이에 흩어져 살아가고 있는 이스라엘 백성을 가리킨다(5:7-8). 그러나 여호와 하나님이 그들의 소망이 되어 주신다. 하나님이 그들의 보호자요, 인도자 되시어 그들을 다시 회복시켜 주시고 강한 민족이 되게 하신다(2:12-13; 4:6-7). 그리고 그들은 하나님의 은혜로 그들의 죄에서 용서함을 받고 새로운 민족의 핵심이 될 것이다(7:18). 그들은 뭇백성 사이에서 하나님의 복의 근원이 될 것이다(5:7-8). 그리고 메시야가 오면 나머지 이스라엘 백성은 바로 이 회복된 믿음의 이스라엘 자손에게로 돌아오게 될 것이다(5:2-3). 이러한 신학은 이사야서에서도 나타난다. 하나님의 심판으로 단지 소수의 '남은 자'들이 있게 될 것이다(사 6:11-13; cf. 4-9; 10:22-23). 그리고 그들은 미래에 회복의 은혜를 입을 것이다(11:11-16; 37:30-32). 이들은 메시야의 때 곧 임마누엘의 때에(7:14), '거룩하다'고 일컬어질 것이며(4:3), 심판의 영과 불의 영을 통하여 정결하게 될 것이며(1:24-26), 그들이 새로운 믿음의 공동체의 핵심이 될 것이며(10:20-22), 그들에게 주께서 그들의 '영화로운 왕관'이 되어 주실 것이며, 지도자들에게 공평의 영과 용기를 주실 것이다(28:5-6). 하나님은 그 백성에게 하나님에 대한 믿음을 갖기를 원하신다(7:9; 10:20; 30:18). 이러한 신학은 예레미야(31:7-9; 31:31-34; cf. 23:3-4), 에스겔(11:16-21; 36:24-28), 요엘(2:32), 오바댜(17-18), 스바냐(3:12-13) 등에 나온다. 그리고 성경은 그들이 세상의 빛의 역할을 감당해야 함을 말하고 있다(사 66:19; 49:6; 미 5:7; 창 12:1-3; 갈 3:8). 예수 그리스도는 세상 모든 사람이 은혜를 입고 구원되기를 원하신다(마 28:18-20; 행 1:8). 회개와 믿음을 통하여 하나님 나라에 들어오기를 원하신다(막 1:15). 그리고 끝까지 충성하고 승리하여 하늘의 큰 상급 받기를 원하신다(계 2:7, 10, 26-28; 3:5, 12, 21).[44]

12b절도 독립된 병행구를 이루고 있다.

그들을 한 처소에 두기를(보스라의 양떼 같게 하며 כְּצֹאן בָּצְרָה) //

44) G. F. Hasel, "Remnant," *ISBE*, vol. 4 (Grand Rapids: Eerdmans, 1988), 130-134.

(초장의 양떼 같게 하리니 כְּעֵדֶר בְּתוֹךְ הַדָּבְרוֹ) 그들의 인수가 많으므로 소리가 크게 들릴 것이며.

이 소단락은 문장의 중심에 "보스라 양떼 같게"와 "초장의 양떼 같게"가 서로 병행을 이루며, 외곽에 두 동사, '한 처소를 두며'(야하드 아시멘누 יַחַד אֲשִׂימֶנּוּ)와 "그들의 인수가 많으므로 소리가 크게 들릴 것이며"(트히메나 메아담 תְּהִימֶנָה מֵאָדָם)가 병행을 이루는 교차대구법(chiasmus) 구조를 형성하고 있다. "소리가 크게 들릴 것이며"로 번역된 히브리 본문은 '트히메나'(תְּהִימֶנָה : '훔'[הום]의 히필 3인칭 또는 2인칭 복수 여성)인데, 여기 직접 연결되는 주어가 불확실하다. BHS는 여성인 양떼(צֹאן)를 주어로 하는 '테헤메'(תֶּהֱמֶה[it will resound] : הָמָה[하마]의 칼 미완료 3인칭 여성단수 또는 2인칭 남성단수)로 수정하여 읽을 것을 제안한다.[45] MT의 자음을 그대로 수용하여 3인칭 여성단수 강세 용법으로, 즉 목적어미를 갖지 않는 것으로 이해할 수도 있다.

그러나 여성단수명사인 '양떼'(צֹאן)를 집합명사(collective noun, the flock of sheep)로 보아 MT를 그대로 수용할 수 있다. 그러나 어느 경우이든, 이 콘텍스트에서 요구되는 의미는 하나님이 이스라엘을 다시 모아들여 사람들로 북적이며 소란한 모습을 서술한 것이다. 개역한글판("그들의 인수가 많으므로 소리가 크게 들릴 것이며")은 MT를 직역하려 한 것으로 보이며, 개역개정판('사람들이 크게 떠들 것이며')은 이것을 약간 의역한 것이다. 표준새번역('너희의 땅이 다시 백성으로 가득 찰 것이다')은 BHS의 제안을 따라 '테헤메'(תֶּהֱמֶה[it will resound])를 의역한 것이다. 결국 세 번역이 의미하는 바는 모두가 하나님의 구원으로 그곳이 사람들로 북적일 것이라는 것을 의미한다는 차원에서 다 동일하다. 현대 역본들도 이와 유사하다(They shall make a loud noise because of so many people [NKJV] ; the place will throng with people [NIV]).[46]

---

45) Delbert R. Hillers, 38 ; MT의 자음을 그대로 수용하여 3인칭 여성단수 강세 용법으로, 즉 목적어미를 갖지 않는 것으로 이해할 수도 있다('it will resound with people' 그곳이 사람들의 소리로 소란할 것이다.).

46) cf. Nueva Biblia Española(y se oirá el barullo de la multitud) ; KJV, ASV,

12b절에서는 하나님이 양떼를 모으듯이 그들을 모아들이실 것이라고 말한다. '보스라 양떼 같게(כְּצֹאן[크쫀]) 초장의 양떼 같게(כְּעֵדֶר[크에데르])' 한데 모으실 것이라고 서술한다. '양떼'가 두 개의 유사어의 병행으로 강조된다(צֹאן[쫀] // עֵדֶר[에데르]). 12절의 "보스라"(בָּצְרָה)는 에돔의 성읍이며, 이사야 63:1에서는 메시야가 보스라에서 오는 것으로 기록되어 있고, 이 단어는 '울' 또는 '양우리'를 가리키는 말이다.

B. 슈타데(B. Stade, 1881) 이래로 많은 학자들이 이 부분을 포로기 또는 포로 이후 시기의 또 다른 예언자의 말씀으로 이해한다. 특히 포로에서의 해방을 다루고 있는 이사야 40:1-11; 52:12; 예레미야 23:3; 에스겔 34:12 등과 내용상 맥을 같이한다는 차원에서 이 본문들과 동일한 시대의 선포로 본다. 그러나 목자와 왕에 관한 주제는 포로기 이후에 새로이 주조된 개념이 아니며 이와 같은 메시지는 이와 유사한 구원의 상황이 있는 곳에서는 언제든 선포될 수 있었던 것이다. 이사야의 말씀인 열왕기하 19:31에도 이와 같은 남은 자들이 언급되어 있고, 이것은 이 미가의 선포가 주전 701년에 미가 자신에 의해서 선포된 것일 가능성을 시사한다.[47]

그러나 이 논의를 넘어서 정경적 차원에서 예언자는 언약의 하나님의 말씀을 선포하는 사람이다. 언약은 이미 하나님의 징벌과 구원의 말씀을 담고 있다(레 26장; 신 28장). 그리고 구약의 하나님은 용서와 긍휼의 하나님이시다(신 4:25-31; 사 54:6-8; 55:6-7; 호 11:8-9). 예언자가 미래에 있을 하나님의 구원의 역사(役事)를 말하는 것은 자연스러운 것이다. 여기에서 야곱은 7절에서와 마찬가지로 유다를 가리킨다. 그러나 이 말씀은 이스라엘을 향한 보편적 말씀이라는 차원에서 굳이 구별할 필요는 없다. 여기에 이 말씀을 위치시킨 것은 당연히 하나님이 심판의 하나님이심과 동시에 구원의 하나님이심을 보여 주기 위함이다. 그리고 하나님의 백성에게 징벌은 그것이 마지막 목적이 아니라 그들을 구원하기 위한 것임을 보여 주는 것이다.

13절에서의 초점은 하나님의 권능이다. 하나님은 목자이시며 동시에 왕

NASB, RSV, NRSV.

47) Leslie C. Allen, 242-243, 301.

을 이끄시는 절대주이시다. 여기에서 "왕"은 메시야의 예표이다. 하나님의 역사로 그들 앞에 막힌 담이 열릴 것이며 성문을 통과하게 될 것이다. 승리를 주시는 분은 여호와 하나님이시다. 하나님은 아브라함에게 승리를 주신 분이시고(창 14:14-16), 출애굽의 하나님이시며(출 14장), 여호수아와 함께하시어 기적으로 가나안을 정복하고 땅을 주신 하나님이시며, 사무엘과 함께하시어 이스라엘을 건져 주신 하나님(삼상 7;2-17), 다윗에게 승리를 주신 하나님이시다(삼하 5:20, 24). 시편 44:4-5는 다음과 같이 말한다. '하나님이여 주는 나의 왕이시니 야곱에게 구원을 베푸소서 우리가 주를 의지하여 우리 대적을 누르고 우리를 치러 일어나는 자를 주의 이름으로 밟으리이다.'

그러나 하나님은 왕 앞에서 그를 인도하시는 왕의 왕 되시는 절대주이시다. 미가서에서 하나님은 심판의 하나님이시지만, 본질적으로 사랑과 구원의 하나님이심이 선포된다. 특히 여기에서 하나님은 목자이시며, 왕의 왕 되시는 절대주의 권능으로 그의 백성을 회복시키시는 분이심을 선포함으로써 설교의 첫 번째 대단원을 마감한다.

¶ 메시지

하나님은 죄를 징계하시고 심판하시는 하나님이시다. 그러나 하나님의 역사는 거기에 머무르지 않는다. 하나님은 구원하시고 회복시키시는 하나님이시다. 하나님은 우리 모두가 복된 삶을 살기를 원하신다. 그래서 하나님의 때에 회복시켜 주시는 역사도 베푸신다. 하나님은 목자처럼 그의 양떼를 돌이켜 주신다. 그러나 그분은 용사이시기도 하시다. 하나님은 왕을 이끄시는 모든 역사의 주관자로서 그의 백성을 인도하시는 분이시다. 그러한 분이시기에 우리가 의탁할 수 있고, 믿을 수 있는 것이며, 소망의 근원 되시는 것이다.

3. 두 번째 대단원(3:1–5:20)

3:1–5:20은 이 책의 중심 단락이다. 이제 설교의 새로운 전환으로 들어간다. 이 두 번째 대단원에서 설교는 여러 가지 새로운 강조점과 내용을 중심으로 앞의 내용들을 재전개하며 강조한다. 이 부분은 다음과 같은 중앙집중구조로 구성되어 있다.

X. 3:1–4:5 질타의 말씀+구원의 소망
  Y. 4:6–8 남은 자의 구원
    Z. 4:9–5:6 질타+구원의 말씀(3개의 '아타')
  Y′. 5:7–9 남은 자의 구원
X′. 5:10–15 질타의 말씀+구원의 소망

이 구조체에서의 특징은 X, Z, X′가 '질타의 말씀+구원'이라는 주제를 중심으로 삼단양식적 면모를 보여 주고 있으며, 특히 Z는 이 중앙집중구조체의 중심에서 3개의 '아타'를 중심으로 삼단양식 구조를 형성하며 하나님의 구원역사를 강조한다. 그리고 Y, Y′가 남은 자의 문제를 다루며 병행을 이루고 X, Z, X′를 연결하여 중앙집중구조 X–Y–Z–Y′–X′를 형성하고 있다.[48)]

3:1–4:5는 3:1–12(질타의 말씀)와 4:1–5(구원의 소망)가 연결되는

구조를 가지고 있다. 3:1-12는 두 번째 대단원의 서론부 역할을 한다.

1) 두 번째 대단원의 서론부 I(3:1-12): 질타의 말씀

¶ 본문

1내가 또 이르노니 야곱의 두령들과 이스라엘 족속의 치리자들아 청컨대 들
으라 공의는 너희의 알 것이 아니냐 2너희가 선을 미워하고 악을 좋아하여
내 백성의 가죽을 벗기고 그 뼈에서 살을 뜯어 3그들의 살을 먹으며 그 가
죽을 벗기며 그 뼈를 꺾어 다지기를 남비와 솥 가운데 담을 고기처럼 하는도
다 4그 때에 그들이 여호와께 부르짖을찌라도 응답지 아니하시고 그들의
행위의 악하던대로 그들 앞에 얼굴을 가리우시리라 5내 백성을 유혹하는
선지자는 이에 물면 평강을 외치나 그 입에 무엇을 채워 주지 아니하는 자에
게는 전쟁을 준비하는도다 이런 선지자에 대하여 여호와께서 가라사대 6그
러므로 너희가 밤을 만나리니 이상을 보지 못할 것이요 흑암을 만나리니 점
치지 못하리라 하셨나니 이 선지자 위에는 해가 져서 낮이 캄캄할 것이라
7선견자가 부끄러워하며 술객이 수치를 당하여 다 입술을 가리울 것은 하나
님이 응답지 아니하심이어니와 8오직 나는 여호와의 신으로 말미암아 권능
과 공의와 재능으로 채움을 얻고 야곱의 허물과 이스라엘의 죄를 그들에게
보이리라 9야곱 족속의 두령과 이스라엘 족속의 치리자 곧 공의를 미워하
고 정직한 것을 굽게 하는 자들아 청컨대 이 말을 들을찌어다 10시온을 피
로, 예루살렘을 죄악으로 건축하는도다 11그 두령은 뇌물을 위하여 재판하
며 그 제사장은 삯을 위하여 교훈하며 그 선지자는 돈을 위하여 점 치면서

48) 비록 Leslie C. Allen이 삼단양식에 관한 이해는 보여 주고 있지 않지만 미가서 전체에 대한 그의 이해에 필자는 많은 부분 동의한다. 260; Edward Nielsen도 이미 *Oral Tradition*, SBT 11(1954), 79-93에서 이와 유사한 중앙집중구조에 관해 관찰한 바 있다.

오히려 여호와를 의뢰하여 이르기를 여호와께서 우리 중에 계시지 아니하냐
재앙이 우리에게 임하지 아니하리라 하는도다 [12]이러므로 너희로 인하여 시
온은 밭 같이 갊을 당하고 예루살렘은 무더기가 되고 성전의 산은 수풀의 높
은 곳과 같게 되리라

¶ 개요

3:1-12는 다시 세 개의 소단락으로 구성된 부분으로서 3:1-4는 지도자들의 죄악을 다루고, 3:5-8은 거짓 예언자들과 미가의 소명체험에 관해 말하고 있으며, 3:9-12에서는 다시 지도자들의 죄악과 시온의 멸망에 관한 말씀을 다룬다. 이 세 소단락을 연결해 주는 핵심적 어휘는 정의(justice)이다. 그리고 이 내용은 이어지는 4:1-5에서 이와 반대되는 내용 곧 구원의 소망을 중심으로 다시 반복된다. 3:1-12(서론부 I)와 4:1-5(서론부 II)는 각각 '징벌'과 '구원'을 다룸으로써 두 번째 대단원의 서론부를 구성한다. 그리고 이것은 두 번째 대단원의 결론부(5:10-15[징벌 + 구원])와 병행을 이루고 있다.

¶ 주석

(1) 3:1-4

3:1-4는 다음과 같은 구조적 특징을 보여 준다.

1. 1절 지도자들의 죄악을 고발
2. 2-3절 그들의 죄의 구체적 내용전개
3. 4절 하나님의 징벌

1 "내가 또 이르노니"(I said)를 통하여, 예언자는 하나님의 지상대변

자로 하나님의 뜻을 대신 전하고 있음을 강조한다. 이것은 예언자의 대변자로서의 권위를 강하게 표출하는 것이다. 이어서 나오는 '들으라'(שִׁמְעוּ)는 2인칭 복수 명령형으로 1:2와 6:1과 함께 세 개의 대단원을 나누는 기준이 된다.[49] 여기에서의 말씀의 대상은 "야곱의 두령들"(개역개정판: '우두머리들')과 "이스라엘 족속의 치리자들"(개역개정판: '통치자들')이다. L. C. 앨런(Leslie C. Allen)은 여기에서 야곱과 이스라엘이 단지 유다를 가리킨다고 보나 여기에서의 내용상의 초점은 항상 하나님과 선민, 하나님과 언약백성과의 관계라는 차원에서 고대 언약의 주체인 언약백성 이스라엘을 총체적으로 가리키는 것으로 이해하는 것이 더 타당하다.[50]

R. L. 스미스(Ralph L. Smith)는 "야곱의 두령들과 이스라엘 족속의 치리자들"을 왕들이나 제사장들이 아니라, 성문에서 재판관의 역할을 감당했던 관리들로 본다. K. W. 휘틀럼(K. W. Whitelam)은 왕정 이전에 각 지파의 우두머리들이 여러 씨족간의 분쟁을 해결하는 재판관 역할을 했으며(출 18장), 왕정의 시작과 함께 재판권이 왕들에게 넘어갔으나 결국 그들이 이 모든 일을 감당할 수 없게 되면서, 주전 9세기경 여호사밧 때부터 봉급을 받는 지방 재판관들을 세우는 법적 개혁을 단행하기에 이르렀다(대하 19:4-7)고 본다. R. L. 스미스는 이 견해를 바탕으로, 여기에서의 우두머리들과 통치자들을 이 지방재판관들로 본다.[51]

그러나 이 '두령'(ראשׁ)이라는 말은 본래 지파의 지도자를 가리키는 말이었고 그들은 지파의 질서를 지키게 하는 역할을 하였다(출 6:14; 민 1:16; 삿 10:18; cf. 출 18:25; 삼하 23:8). 그들은 지파의 대표로 자연스럽게 고대 법정을 형성하는 사람들이었다. 그리고 "치리자"로 번역된 '카찐'(קָצִין)은 어원학적으로 법적인 판결과 관련되어 있는 말이다. 이와 유사한 어근을 가진 아랍어의 '카띠'(qaḍi [재판관, judge])도 동사 '카따'(qaḍā [법적으로 결정하다, 판결하다, 법령을 공포하다, decide judicially, decree])에

49) Ralph L. Smith, 31; James Limburg, 159-162.

50) Leslie C. Allen, 306.

51) Ralph L. Smith, 31; cf. K. W. Whitelam, *The Just King*, JSOT Suplement Series, No. 19(Sheffield: JSOT Press, 1979), 189; Elizabeth Achtemeier, 317-318.

서 유래된 것이다. 그러나 히브리어는 더 일반적인 의미를 갖고 있다(삿 11:11; 사 1:10; 3:6-7).[52]

"두령들"과 "치리자들"이라는 말은 본래 가문의 지도자들을 가리키는 말이었으며 사회의 지도자를 가리키는 데 포괄적으로 사용되는 말임으로 단지 주전 9세기 이후의 재판관들만으로 한정시키는 것은 다소 무리라고 생각한다. 그러나 그들의 중요한 사회적 의무 중의 하나가 재판을 담당하는 것임은 분명하다. 이러한 중요한 사회지도자로서 그들의 본분은 공의를 아는 것이다. 히브리어의 '야다'(ידע 알다)는 정의에 대한 지적인 인지뿐만 아니라 그 공의를 실천하고 있느냐의 여부를 묻는 것이기도 하다. 공의(justice)는 이스라엘 백성을 포함한 모든 지도자들이 가져야 하는 삶의 중요한 덕목이다. 이것은 단지 법정에서의 정의를 넘어선다. 공의(미슈파트)는 백성을 향한 언약적 의무이다(출 21:1).[53] 1절에서 그들을 2인칭으로 직접 지적하며 질타의 말씀을 선포하신다(שִׁמְעוּ Hear, you; הֲלוֹא לָכֶם is it not for you).

2 - **3** 2-3절에서는 이들의 악행을 '복수형 남성분사'(participle)와 '3인칭 남성복수 어미와 3인칭 공성복수 동사'를 사용하여 서술하며 질타한다. 우선 2a절에서 이들의 악한 마음의 상태를 언급한다. 그리고 2b-3절에서 구체적인 행악의 내용을 열거한다.

2a절에서 이 지도자들은 선을 미워하고 악을 기뻐하였다는 사실이 언급된다. 여기에 사용된 '미워하다'는 말은 분사로 사용되어 선을 미워하는 것은 그들의 습관이라는 사실을 강조한다. "선을 미워하고 악을 좋아하여"의 직역은 '선을 미워하고 악을 사랑하는' 자이다(표준새번역, NASB, NIV, You who hate good and love evil). '미워하다'의 반의어로서 '사랑하다'(아하브, אָהֵב)가 사용되는데, 이 말은 악행을 마음깊이 좋아하는 사람들이라는 사실을 강조하는 말이다. '아하브'의 어근적 의미는 '숨을 몰아쉬다', '헐떡이다'이며, '사랑한다'는 의미는 여기에서 파생된 이차의미이다. 이것은 격

52) Leslie C. Allen, 306; BDB, 892.

53) J. Lindblom, *Prophecy in Ancient Israel*, 1962, 348.

렬하고 자발적인 욕구의 의미를 내포한다.[54] 하나님은 악을 미워하고 선을 사랑하기를 원하신다(암 5:14-15; 사 1:16-17). 특히 아모스 5:15에서는 이 단어들이 정반대의 의미로 반복되어 나타난다('시네우 라 베에헤부 톱' שִׂנְאוּ־רָע וְאֶהֱבוּ טוֹב [Hate evil, love good]). 선을 사랑하되 자발적인 욕구와 적극적인 자세로 실천해야 한다는 강한 요구가 담겨 있는 말씀이다. 그런데 이스라엘은 이와 정반대의 행동을 하고 있는 것이다. 그들은 죄를 짓는 데 서슴 없었던 것이다.

2b절과 3절에서 그 죄의 구체적 내용들이 전개된다. 2b-3절에서 그들의 죄가 강한 상징성을 가지고 언급된다. 그 지도자들의 죄는 도살자나 백정과 다름없다고 말한다. "살을 먹으며 그 가죽을 벗기며"라는 말은 억압의 전형적 표현이다(시 14:4; 27:2; 잠 30:14). 스바냐 3:3에서도 이와 유사한 질타의 말씀이 나온다. 여기에서 미가는 이 고통받는 백성을 '나의 백성'이라고 말하며 그들의 고통에 대한 강한 연민을 표현한다(1:9; 고전 12:25-26).

4 4절은 서두에 때를 나타내는 부사인 "그때에"('아즈', אָז)라는 말을 기점으로 내용적 전환을 이루며 하나님의 징벌을 선포한다. 그들은 이러한 죄로 인하여 하나님의 징벌을 받을 것이다. 그들의 죄값을 받게 될 것임을 선포한다(4절). 그들이 하나님께 부르짖어 도움을 간구해도 하나님께서 응답하지 않으실 것임을 선포한다(4a절). 그들이 그의 동료에게 친절을 베풀지 않은 것처럼 하나님께서도 그들에게 얼굴을 돌려 응답하지 않으실 것임을 선포하신다(4b절). 여기에서 히브리어 '카아셰르'(כַּאֲשֶׁר … 행한 대로, according as)로 그 내용이 강조된다. 그들이 행한 대로 받게 될 것이다. 그들이 힘없는 사람인 과부와 고아의 아픔에 귀를 기울이지 않은 것과 같이, 그들의 고통의 소리가 무시되는 때가 올 것이다(잠 21:13; 19:17; 22:22-23). 하나님의 눈은 의인을 향하시고 하나님은 의인의 기도에 귀를 기울이시는 분이시기 때문이다(시 34:15; 잠 15:29; 16:6).

하나님이 얼굴을 가리시는 비극을 겪게 될 것임이 선포된다. 하나님이

---

54) Edmond Jacob, 24-125.

얼굴을 가린다는 것은 예배 때의 영적 체험에 기인하는 것이다. 예배에서 성도는 하나님의 은혜와 복의 빛을 체험한다(민 6:25; 시 80:3, 7, 14-19). 하나님이 빛나는 얼굴로 대해 주시는 것은 복이며, 응답과 구원의 은총을 가리킨다(시 27:7-9). 그러나 이제 그들의 운명은 그 정반대의 것이 된다는 것이다. 긍휼히 여기는 자는 긍휼히 여김을 받을 것이다. 마지막 종말의 심판에서도 해당되는 말이다(마 5:7; 7:21-23; 25:42-46). 그러나 하나님은 통회하며, 겸손히 주님을 바라보며 기도하는 사람의 기도를 응답해 주시는 분이시기도 하다(시 3:4; 시 51:17; 사 57:15).

¶ 메시지

지도자들은 사회적 책임을 인식하고 있는 사람이어야 한다. 사회적으로 남들에게 영향을 끼칠 수 있는 권력을 가진 사람들은 그들에게 주어진 위치와 직위가 다른 사람을 돕기 위한 것이라는 사실에 대한 분명한 인식을 가지고 있어야 한다. 다른 사람들을 지배하며 자신의 이익을 탐하는 것이 아니라 다른 사람들을 위해 더 많이 봉사하고 섬길 수 있는 위치에 있는 것이라는 사실에 대한 확실한 인식이 필요한 것이다. 그래서 그들에게는 다른 사람들에 대한 이해와 사랑이 요구되며 그들의 처신과 행동에 있어 정의와 공평이 수반되지 않으면 안 되는 것이다.

그러나 이스라엘의 지도자들은 이것을 망각한 것이다. 정의를 실천하는 것이 그들의 본분임을 잊은 것이다. 오히려 그들은 그들의 권력을 이용하여 힘없는 사람들을 착취하고 억압하는 죄를 저지르고 있었다. 하나님은 이러한 이스라엘의 지도자들을 향해 그들이 곤경 중에 하나님을 부르짖을지라도 하나님이 그들의 기도에 응답하지 않으실 것이며, 그들에게 은혜를 베풀지 않으실 것임을 선포하신다. 하나님은 공평하시고 의로우신 분이시기 때문이다.

그러나 그들도 회개하고 겸손히 주를 섬기면 응답해 주시는 긍휼의 하나님이시기도 하다. 하나님께서 긍휼히 여기는 자는 긍휼히 여김을 받을 것임을 알려 주시는 것이다.

(2) 3:5-8

1. 5절 거짓 예언자들에 대한 질타
2. 6-7절 죄에 대한 징벌선포
3. 8절 미가의 소명과 영적 권위

이 단락은 논쟁적 요소를 가지고 있는 재앙신탁이다. 이 단락은 세 개의 소단락으로 구성되어 있다. 첫 번째 소단락(5절)은 사자문체로 시작된다.[55] 그 내용은 거짓 예언자들에 대한 질타의 말씀을 담고 있다. 두 번째 소단락(6-7절)은 '그러므로'로 시작하면서 이들 그릇된 예언자들에 대한 하나님의 징벌이 선포된다. 두 번째 소단락은 내용상 첫 번째 소단락을 연결한다. 그리고 세 번째 소단락(8절)은 '베울람 아노키'('그러나 나는', '그러나 나로 말하면'[베울람 וְאוּלָם but indeed], 아노키[אָנֹכִי as for me])로 시작하며, 그들과 예언자 미가 자신을 구별한다. 그리고 이를 통하여 미가 자신이 참 하나님의 말씀을 선포하는 참 예언자임을 자신의 영적 체험을 통해 증언한다. 이렇게 이 세 개의 소단락은 서로 상호 유기적인 관계를 이루며 삼단양식 구조를 취하고 있다.

5 여기에서 또 하나의 이스라엘 지도자들인 예언자들의 문제를 다룬다. 미가는 이스라엘의 죄와 허물에도 불구하고 백성에게 아무런 문제가 없다고 주장하는 거짓 예언자들의 잘못을 지적한다. 이러한 충돌은 이미 2:11에 암시되었던 내용이다. 이 거짓 예언자와 참 예언자와의 충돌은 성경의 여러 곳에서 볼 수 있는 면모이다(왕상 18:20-41; 왕상 22:6-13; 렘 28:1-17; 겔 13:1-23). 아모스와 벧엘의 제사장과의 대립도 이러한 각도에서 이해할 수 있는 사건이라고 할 수 있다(암 7:10-17). 이 거짓된 예언자들은 백성의 귀에 듣기 좋은 말만을 선포하는 예언자들이었다. 그리하여 "내 백성" 곧 예언자 미가가 사랑하는 백성을 곁길로 가게 만들고 회개하지 못하게 하는 죄를 범하게 하였다(애 2:14). 거짓 예언자들은 참 하

---

55) 사자문체는 미가서에 두 번밖에 나오지 않는다(cf. 2:3).

나님의 종이 아니었다. 단지 직분을 빙자하여 거짓된 언설을 생계수단으로 하는 사람들이었다. 백성이 무지를 깨달아 치유받고 회개하고 바르게 세워지기를 원하시는 하나님의 말씀에 귀를 막게 하고, '괜찮다'는 평화의 말만을 했던 것이다(렘 6:14). 그들은 돈을 잘 낼 수 있는 권력자들에게는 좋은 일이 있을 것이라고 말하고, 가난한 사람들에게는 오히려 그들을 공격할 준비를 한다. 그들은 거룩을 가장하여 그들을 멸시하며 공격하곤 하였던 것이다. 물론 예언자들은 그들의 봉사에 대한 대가로 존경의 보상을 받아 살았다(삼상 9:6-8; 왕상 14:1-3; 왕하 4:42-44; 8:7-9). 예수님도 이것을 인정하셨다(눅 10:7). 그러나 거짓 예언자들은 이 돈이 목적인 사람들이었고, 자신의 부귀를 위해 말을 했던 사람들이었고, 하나님의 영광을 위해 일하는 신실한 예언자들이 아니었다. 그래서 결국 하나님의 징벌을 받게 된 사람들이었다(3:6-7). 그 당시 이스라엘에는 많은 사회윤리적 문제와 신앙적 문제가 있었다. 이스라엘은 회개하지 않으면 안 되는 상황에 있었다. 그리고 하나님의 징벌이 임박한 상황이었다. 예언자들은 이러한 하나님의 뜻을 백성에게 전하고 그들로 하여금 회개하고 하나님의 뜻에 순종하도록 하는 사명을 받은 사람들이었다. 이 하나님의 뜻은 이미 모세를 통하여 선포된 말씀이며 언약에 담겨져 있는 축복의 조건이었다.

참 예언자들의 선포의 중심에 언약이 있었던 것이다. 이 언약에는 하나님에 대한 제의적·영적 차원에서의 절대적 충성과 함께 사회윤리적 의무를 수행해야 하는 의무가 있는 것이다. 이것이 십계명의 두 기본 명령이며 예수 그리스도께서 우리에게 요약하신 율법의 두 핵심이다. 거짓 예언자들은 언약에 대한 이스라엘의 무지를 지적하지 않고 '아무런 문제가 없다'는 사실을 강조함으로써 그들로 하여금 회개의 기회를 박탈하는 죄를 짓고 있었던 것이다. 3:5에서 미가는 그 거짓 예언자들이 자신의 잇속만 챙기기 위해 예언을 한다고 질타한다. 여기에서 미가는 이스라엘을 가리켜 "내 백성"이라는 표현을 사용한다. 이것은 예언자가 이스라엘 백성에 대한 그의 사랑을 나타내는 말이다. 예언자에게 이스라엘 백성은 남이 아니었다. 미가는 그들을 진정으로 사랑하였기에 그들이 회개하고 돌아와서 하나님의 복을 누리는 삶을 살기를 원했던 것이다.

그러나 거짓 예언자들은 달랐다. 그들 자신의 잇속만을 위해서 일했던 것이다. 그들은 '아무 일도 없다', '모든 것이 괜찮다'는 말을 했다. 특히 그들에게 먹을 것을 주면 이러한 거짓 예언을 서슴치 않았던 것이다. 이러한 예언자들의 탐욕을 미가는 "이에 물면"(개역개정판: '이에 물 것이 있으면' [when you bite with your teeth])이라고 표현하였다. 이것은 벧엘의 제사장 아마샤가 아모스에게 했던 경멸과 조롱이 담긴 말과 유사하다(암 7:12). 여기 미가 3:5의 "내 백성을 유혹하는 선지자는 이에 물면 평강을 외치나 그 입에 무엇을 채워 주지 아니하는 자에게는 전쟁을 준비하는도다" ('If a man does not put something in your mouth, You prepare holy war against him')도 유사한 형태의 경멸과 조롱이 담긴 풍자적 표현이다. 여기에서 미가는 그러한 거짓 예언자들이 자신의 이익에 반하는 사람들에게는 거룩을 가장한 전쟁을 선언한다는 사실을 풍자적으로 질타하는 말이다. 동일한 맥락에서 K. L. 바커(Kenneth L. Barker)는 이것을 'You declare a holy war against him'(너희는 그에 대하여 거룩한 전쟁을 선포한다.)으로 이해하며, M. A. 스위니(Marvin A. Sweeney)는 'You declare against him war'(너희는 그에 대하여 전쟁을 선포한다.)라고 이해한다.[56] 미가는 그의 말씀 가운데 이와 같은 풍자적 비유를 자주 사용하고 있음을 관찰할 수 있다(3:5-6; cf. 3:2-3, 10 etc.).

6 - **7** 6-7절에서 미가는 이 거짓 예언자들이 하나님의 심판의 날에 수치와 곤경을 겪게 될 것임을 선포한다. 그들에게는 하나님의 역사가 나타나지 않을 것이며, 이로써 수치를 당하게 될 것이다(시 74:9; 애 2:9; 삼상 3:1). 그리고 그들은 하나님으로부터 아무런 응답도 얻지 못할 것임을 선포한다. 6절은 이러한 거짓 예언자들이 하는 일에 환상을 보는 것을 포함한다. 그리고 예언하는 일을 포함시킨다. '케솸'(קְסֹם 부정사 연계형)이라는 말은 예언을 가리키는 말로 이해될 수 있는 말이다.[57] 그러나 이 말(קְסֹם)은 동시에 복술(divination)을 가리키는 데도 자주 사용되는 단어이다(신 18:10, 14; 수 13:22; 삼상 6:2; 28:8; 왕하 17:17; 사 44:25; 렘

56) Kenneth L. Barker, 77; Marvin A. Sweeney, 371.

57) Hillers, 44-46.

27:9; 29:8; 겔 13:9, 23; 21:23, 29; 22:28 etc.). 여기에서 이 어휘를 사용한 것은 그들의 예언 활동이 거짓된 것임을 나타내기 위함이다.

에스겔 13:9, 23에서는 구체적으로 이 거짓 예언자를 두고 이렇게 말한다. '헛된 환상을 보고 속이는 점괘를 말하는 그 예언자들을 내가 직접 치겠다. 그들은 내 백성의 공회에 들어올 수도 없고, 이스라엘 족속의 호적에 등록될 수도 없고, 이스라엘 땅으로 들어갈 수도 없을 것이다. 그때에야 비로소 너희는, 내가 주 하나님인 줄 알게 될 것이다'(표준새번역). 여기에서의 '점괘를 말하는 그 예언자들'이라고 번역된 히브리어가 바로 이 '카삼'(קסם)이다. 그들의 예언은 우상 숭배나 이방신들을 섬기는 것과 같이 하나님의 진노와 징벌의 대상이라는 것이다(겔 13:9–23). 그들은 결코 참 예언자들이 아니며, 단지 거짓된 술사이며, 점쟁이일 뿐이라는 것이다(신 18:9–14; 삼상 15:23; 왕하 17:17–18). 그들은 하나님으로부터 아무런 응답을 받지 못하여 수치를 당하게 될 것이며, 스스로 선견자요, 술객이라고 말하나, 그들은 참다운 환상을 보거나 점술의 능력도 보여 주지 못할 것이다. 그들은 사람들이 듣기를 원하는 말을 하는 사람들이었다(사 28:7; 렘 14:13–18; 겔 13:9, 17–19). 하나님 자신이 이러한 사악한 예언자들을 속이기도 하신다(왕상 22:1–28).

참 예언자와 거짓 예언자를 구별하고 선택하는 것은 백성의 몫이었다. 그들의 예언이 성취되어지는가(신 18:21–22)와 하나님으로부터의 표징(왕상 18:17–40), 또는 궁극적으로는 백성을 하나님께로 더욱 가깝게 인도하는가의 여부(신 13:1–3)가 이를 판별하는 기준이었다.

7절의 "입술을 가리울 것"('To cover the upper lip, or mustache')은 놀램의 자세이며, 애곡의 한 자세이다(겔 24:17, 22). 이것은 또한 나병환자에게 자기가 나병환자임을 알리는 표식으로 요구된 행동이다(레 13:45). 그들은 이 사회에서 격리되어야 할 인간, 거룩한 공동체에 합당하지 않은 인간이 된 것이다. 여기에서 이것은 죽음과 사회에서의 추방이라는 의미를 내포하는 말로서 그들의 운명이 이와 같이 비참하게 될 것임을 암시하는 말이다.

8 이어지는 8절은 강세적 역접 접속사인 '그러나 참으로'('베울람'

[וְאוּלָם but indeed])와 강세적 1인칭 대명사인 "나"('아노키'[אָנֹכִי as for me])를 사용함으로써 자신의 사역을 그의 적대자들과 대조시킨다. 이 거짓 예언자들이 자신의 이익을 위하여 예언을 하여 백성을 더욱 그릇된 길로 인도하지만, 미가 자신은 하나님의 영과 능력으로 보냄을 받은 사람임을 강조한다. 그리고 하나님은 그에게 정의와 권능으로 채워 주셨음을 고백한다. 이것은 미가의 소명체험에 해당된다고 할 수 있다. 그가 하나님의 부름을 받았으며, 그는 영적 은사를 받았고 그의 사명은 이스라엘에 공의를 선포하는 데 있으며, 그들에게 그들의 죄와 허물을 지적하여 그들의 삶을 바로 잡고 하나님께 돌아오게 하는 데 있음을 선포한다(사 58:1; 겔 3:16-21; 33:1-9). 참 예언자는 '징벌을 선포한 후' 소망을 선포하지만, 거짓 예언자는 오직 거짓된 소망만을 선포하는 차이가 있는 것이다.

그는 여기에서 그 자신의 고유한 체험과 확신을 바탕으로 무엇이 참 예언자의 사명인가를 선포한다. 이것은 그 자신의 오만에서 나온 것이 아니다. 자기의 영광을 위한 것이 아니었다(고전 10:31-33; 엡 3:7-13). 그는 자기가 하나님의 영에 사로잡혀 하나님의 말씀을 전하지 않을 수 없는 영적 체험에 대한 확신을 가지고 있었다(렘 20:9). 그의 모든 힘과 능력의 근원은 하나님이시다. 자기 자신이 아니었다. 그는 단지 하나님이 주시는 말씀을 전하는 종일 뿐이었다. 그것이 그의 말씀과 권위의 근원이었다. 그리고 그것이 그로 하여금 의로운 삶을 살게 하는 힘이었다.

미가는 그릇되고 거짓된 그 당시의 예언자들과 달리 물욕과 권력욕에 사로잡혀 있지도 않았고 탐심으로 인하여 힘 있는 자들에게 아부하지도 않았다. 그는 하나님 말씀대로 사는 사람이었고, 이것은 그의 참 예언자 됨의 객관적인 증거였다. 그리고 그는 담대하였다. 그는 하나님의 종에 대한 확신을 가지고 있었고 하나님이 함께하심에 대한 확신을 가지고 주의 말씀을 전하는 사람이었다. 그는 두려울 필요가 없었다. 그가 두려워해야 할 대상은 오직 하나님 한 분뿐이었다. 이것이 참 예언자의 표징이었다. 아모스도 이사야도 예레미야도 이러한 담대함으로 하나님의 말씀을 증거하였고 사도들도 그러하였다(살전 2:2-6; 행 4:13). 미가에게는 하나님의 뜻을 세상에 알리고 회개하게 하는 것이 자신의 사명이었다. 그는 이스라엘의 죄와 허물을 질타하였다(1:5, 13; 6:7). 이러한 영적 확신과 정의로움과 담대한 용기가 말씀사역자의 참다운 증거이다.

¶ 메시지

여기에서 참 예언자와 거짓 예언자 사이의 구별이 이루어진다. 참 예언자는 하나님의 영에 의해 힘을 얻으며 성령의 힘으로 정의와 용기로 충만해져서 하나님의 일을 감당하는 사람이다. 그는 하나님의 종으로 부름 받았으며 하나님이 지켜 주실 것에 대한 확신을 가지고 거룩한 예언자의 사명을 감당하는 사람들이다. 따라서 그들에게는 하나님이 주시는 신령한 지혜뿐만 아니라, 모든 환란을 극복할 수 있는 용기와 인내도 가지고 있는 사람들이다. 이에 반해 거짓 예언자는 사리사욕에 따라 움직이는 사람들이다. 그들은 그들의 욕심을 채워 주기만 하면 거짓도 서슴치 않는 사람들이다. 그들은 하나님의 영광을 위해 사는 사람들이 아니었다.

하나님은 결코 그들의 죄를 용납지 않으신다. 그들은 자신의 패망뿐만 아니라 백성까지 하나님을 떠나 망하게 하는 그릇된 지도자들이기 때문이다. 하나님은 미가와 같은 참다운 예언자적 삶을 사는 종들이 되기를 원하고 계신 것이다.

(3) 3:9–12

이 단락은 장르면에서 3:1–4와 매우 유사하다. 특히 서두의 '들으라'는 명령어(שִׁמְעוּ 들어라)의 반복과 '두령들'과 '치리자들'의 언급, 그리고 그들의 불의의 문제에 대한 병행적 언급은 이 두 단락의 병행관계를 보여 준다. 여기에서 3:1–4와 마찬가지로 이스라엘의 지도자들이 질타의 대상으로 언급된다. 여기에서는 제사장들과 예언자들이 더 포함된다. 3:5–8에서는 이러한 이스라엘 지도자들의 불의와 관련된 거짓 예언자들의 죄를 언급하고, 이 주제가 다시 3:9–12에서 종합되는 형태의 삼단양식 구조를 보여 준다. 3:9–12는 구조면에서도 3:1–4와 유사성을 보여 주면서 3:1–12 전체가 한 문학단위임을 보여 준다.

3:9-12는 세 개의 소단락으로 구성되어 있다.

1. 3:9-10[58] 이스라엘 지도자들의 죄에 대한 질타
2. 3:11 그들의 죄에 대한 구체적 서술
3. 3:12 이에 대한 하나님의 재앙선포

3:9-10은 이스라엘의 지도자들이 질타의 대상으로 선포된다. 여기에서 '지도자들+분사형'으로 그들의 죄가 서술된다. 이어지는 3:11은 '지도자들+예루살렘을 가리키는 3인칭 대명사'의 구조로 예루살렘의 지도자들의 죄를 서술한다(her heads, her priests, her prophets). 그리고 3:12에서는 접속사 "이러므로"(라켄)를 시작으로 그들에게 내려질 재앙의 말씀으로 결론을 도출한다. 여기에서 다시 3:9-10에서 언급된 시온과 예루살렘을 명시적으로 반복하며 그들의 죄에 대한 하나님의 징벌을 선포한다. 이처럼 이 세 개의 소단락(3:9-10; 3:11; 3:12)들이 서로 내용적 연결을 이루는 삼단양식의 형태를 취하고 있다. 이 단락은 첫 번째 소단락과 세 번째 소단락이 병행을 이루는 A-B-A′의 구조를 가지고 있다.

9 - **10** 9절은 서두에서 하나님의 말씀을 들어야 할 대상을 명시한다. "야곱 족속의 두령과 이스라엘 족속의 치리자"들이다. 그들은 정의를 미워하는 자들이고, 올바른 것을 그릇되게 하는 자들이다. 그리고 그들은 백성을 죽이고 그 위에 시온을 세우고 죄악으로 터를 깎아서 그 위에 예루살렘을 세운 사람들이다. 지도자들의 권위와 위치와 그들이 누리는 모든 특권은 하나님으로부터 나오는 것이다. 지도자들은 하나님이 허용하신 그 직위에 합당한 의무를 다해야 한다. 왕은 왕으로서의 고유한 책임이 있다(시 72; 신 17:14-20). 법관은 백성이 억울한 일을 당하지 않도록 공평을 실현하는 일을 해야 한다(신 16:18-20; 출 18:20-23). 그들은 정의를 지

58) 3:10의 서두에 나오는 'בֹּנֶה'(bōneh)는 'בָּנָה'(bānāh)의 칼 남성단수형 분사이나 칠십인역, 시리아역, 불가타, 타르굼은 모두 복수형 'בֹּנֵה'(bōnēh)로 읽는다. cf. 표준새번역, ASV, NASB, RSV, NRSV, KJV, NKJV, NIV, JB.

켜야 하는 사람들이다. 언약법의 수호자들이어야 한다. 그러나 그들은 오히려 그것을 미워하는 자들이다(암 5:7; 사 5:20). '미워하다'(타엡 תָּעַב 피엘 부정사: abhor detest 몹시 싫어하다, 가증하다)는 매우 강렬한 어휘이다. 이 내용은 3:2에서 언급된 '선을 미워하고 악을 기뻐하는 죄인들'과 맥을 같이하는 것이다. 그들은 단순히 정의를 행하지 않는 것이 아니라 이것을 가증하게 여기는 자들이다. 그리고 곧고 옳은 것을 굽게 하는 사람들이다. 그들은 시온을 피로, 예루살렘을 죄악으로 건축하는 자들이다. 예루살렘의 외형적 발전은 백성의 고통을 바탕으로 지어지는 것이었다. 그들의 생명을 감축시키며 세워지는 것이다. 피는 생명이다. 하나님은 피를 흘리는 자를 용납하지 않으신다고 하였다(창 9:5; cf. 레 17:11, 14). 가인은 아벨의 피를 흘렸고 하나님은 그가 흘린 피의 부르짖는 소리를 들어주신 분이시다(창 4:10-13). 1세기 전에 아합(주전 869-850)이 이러한 죄를 지어 엘리야의 질타를 받았으며(왕상 21장), 1세기 후에 여호야김(주전 609-598)이 이러한 죄를 지어 예레미야의 질타의 말씀을 듣는다(렘 22:17; cf. 22:13-14). 이와 병행을 통해 강조되는 말이 죄악(עַוְלָה 아벨라)이다. 이 단어는 아벨(עָוֶל 또는 에벨 עֶוֶל, 아벨라타 עַוְלָתָה)과 함께 불의한 행동을 나타낸다. 재판에서의 불공평(레 19:15 아벨), 부정직한 거래(신 25:15-16 아벨), 약탈(겔 33:15 아벨), 살인(삼하 3:34 아벨라), 억압(삼하 7:10 아벨라; 시 37:1 아벨라; 125:3 아벨라타; 잠 22:8 아벨라; 합 2:12 아벨라), 악하고 거짓된 말(욥 13:7; 27:4 아벨라; 사 59:3 아벨라; 호 10:13 아벨라타) 등을 가리킨다.

한편, 하나님은 불의가 없으신 분이심이 선포된다(신 32:4-6; 욥 34:10-12; 렘 2:5; cf. 대하 19:6-7). 하나님은 불의를 행하는 사람들을 가증한 자라고 하신다(신 25:16). 그리고 하나님은 억압받는 자들을 구원하신다(욥 5:15-16). 하나님은 의인이라고 하더라도 그가 의에서 돌이켜 불의를 행하면 죽임을 당하게 될 것임을 선포하신다(겔 3:20). 그러나 그가 불의에서 돌이켜 회개하면 그를 다시 구원하시는 역사를 베푸신다(겔 33:14-16; cf. 욥 22:23). 성경은 악에서 떠날 것을 강력하게 요구한다(롬 12:9; 살전 5:22; 벧전 3:10-12[cf. 시 34:12-16]). 동시에 고난 받는 종으로 우리를 구원하신 주님을 따라 사람들에게 악을 악으로 갚지 말고,

선으로 악을 이기라고 말씀하신다(롬 12:17, 21; 살전 5:15; 벧전 3:9; 마 5:39). 그리고 긍휼히 여기는 자는 복이 있나니 긍휼히 여김을 받을 것임이라고 선포하신다(마 5:7).[59)]

11 11절에서 시온의 우두머리들(두령들)의 죄들이 구체적으로 언급된다. 3:1에도 나온 "두령"이라는 말은 포괄적 의미를 가지고 있는 어휘이다. 다음에 이어지는 '샤파트'(שפט)라는 단어와 연관되어 재판관의 직분을 연상케 하나, 이 '샤파트' 역시 '다스리다, 통치하다'라는 포괄적인 의미를 가진 단어라는 차원에서 폭넓은 지도자의 통치를 가리키는 것으로 보아 무방하다고 할 수 있다. 뇌물을 받고 통치하는 것은 언약법을 파기하는 것이다(출 23:6-8; 신 27:25-26; 16:18-20).

제사장의 죄가 언급된다. 제사장은 이스라엘의 영적·윤리적 본이 되어야 하는 가장 중요한 지도 계급이다. 레위기의 속죄제물을 바칠 때도 그들의 죄의 경우 가장 값진 제물을 바쳐야 하며, 그들은 하나님의 가장 가까운 곳에서 하나님을 섬기는 사람들이기 때문에 그들은 가장 거룩해야 하며, 대제사장의 경우는 부모의 시체도 만질 수 없었고, 일반 제사장들의 경우에도 형제들의 시체를 만지지 못하는 규례가 적용되어야 했다. 그들은 백성에게 하나님의 진리를 가르쳐야 하는 사람들이었다. 그리고 그들은 스스로 정결하여 백성을 축복할 수 있는 사람들이었다(민 6:22-27; 호 4:6-10; 말 2:7-9; 왕하 12:2; cf. 시 15:1-5).

그러나 그들은 그들의 거룩한 직위와 사명보다 사리사욕을 채우는 일에 더 관심을 가졌던 것이다. 예언자들이 돈을 위하여 점을 친다고 말한다. 예언자들도 이스라엘 민족의 영적인 사표들이다. 그들은 거룩하신 하나님의 말씀을 대신 전하는 특별한 종들이었다. 그들은 하나님의 지상대변자들이었다. 이스라엘의 죄와 허물을 깨우쳐 주고 회개하여 하나님께로 돌아오게 해야 하는 사명을 가지고 있었다. 그들은 세상의 파수꾼 역할을 하는 사람들이었다(겔 3:16-21; 33:1-9). 그런 그들이 돈을 위하여 일한다. 이것은 하나님과의 영적인 관계 속에서 하나님의 직접적 대리자라는 고유한 직분

59) A. D. Verhey, "Evil," *ISBE*, vol. 2, 206-210.

에 완전히 모순되는 행위이다. 그들은 하나님이 자기들과 함께 계신다고 거짓말을 한다. 그리고 재앙이 결코 닥치지 않을 것이라고 말한다. 여기에서 여호와를 의뢰한다는 말이 나오는데, 이것은 믿음을 나타내는 표현이다(사 10:20; 50:10). 그들이 여호와를 의뢰하나 이것은 사랑의 실천 없는 헛된 믿음이다. 하나님은 이러한 믿음에 응답하시지 않는다. 그들은 이미 하나님의 응답을 기대할 자격이 없는 사람들이었다. 신약에서 가르치는 사람이 더 큰 심판을 받을 것이라고 말씀하신다(약 3:1).

12 바로 이러한 그들의 죄 때문에 이제 시온과 예루살렘이 폐허더미가 될 것임을 예언한다. 이 메시지는 매우 충격적이었고 이 말은 1세기 후에 예레미야가 죽음의 상황에 처하게 될 때에 기억되었던 말씀이다(렘 26:18-19). 하나님의 뜻이 아니면 인간이 쌓아 놓은 것은 무익할 뿐이다(창 11:1-9; 사 13:12-15; 욥 2-9; 잠 16:1, 9; 19:21).

성전의 산은 수풀만이 무성한 곳이 되고 말 것이라고 말씀하시는데, 이것은 이제 그 성전에 하나님이 더는 계시지 않으며 역사하지 않으신다는 것을 나타낸다. 출애굽기 19:4-6의 약속대로 행하시는 것이다. 언약을 지키면 이스라엘은 하나님의 소유인 거룩한 백성이 될 것이지만, 그렇지 못하면 그들의 모든 특권을 잃게 될 것이라는 것이다. 이것은 모든 시대를 향한 경고의 말씀이다.

시온은 여호와의 성전이 있는 여호와의 산으로 예루살렘을 가리킨다. 미가서에서 "시온"은 부정적인 의미, 곧 재앙을 받을 곳(미 3:12)으로도 표현되며, 종말론적 구원의 중심지라는 긍정적 의미로도 표현된다. 미가 4:2, 7-8, 10, 13에서 시온은 여호와께서 임재하시어 세상을 다스리게 될 구원된 세계의 중심지로 표현된다.

¶ 메시지

하나님은 불의를 행하는 것을 원치 않으시는 분이시다. 하나님 자신이 불의함이 없으신 분이시다. 이것은 하나님의 모든 백성에게 원하시는 삶의 모습이다. 그런데 이스라엘, 특히 이스라엘의 지도자들은 이러한 죄를 저지른다. 여기에서 영적 지도자들, 특히 예언자들과 제사장들의 죄를 질타하신다. 영적 지도자들의 사명과 역할과 그들의 영향의 막중함을 보여 주시는 것이다. 그들이 하나님을 의뢰하여도 하나님은 그들에게 응답하시지 않으신다. 그런 하나님은 은혜의 하나님이시기에 그들이 회개하고 돌아오면 그들을 용서하시는 하나님이시다.

2) 두 번째 대단원의 서론부 II(4:1-5): 구원의 소망

¶ 본문

1 말일에 이르러는 여호와의 전의 산이 산들의 꼭대기에 굳게 서며 작은 산
들 위에 뛰어나고 민족들이 그리로 몰려갈 것이라 2 곧 많은 이방이 가며 이
르기를 오라 우리가 여호와의 산에 올라가서 야곱의 하나님의 전에 이르자
그가 그 도로 우리에게 가르치실 것이라 우리가 그 길로 행하리라 하리니 이
는 율법이 시온에서부터 나올 것이요 여호와의 말씀이 예루살렘에서부터 나
올 것임이라 3 그가 많은 민족 중에 심판하시며 먼 곳 강한 이방을 판결하시
리니 무리가 그 칼을 쳐서 보습을 만들고 창을 쳐서 낫을 만들 것이며 이 나
라와 저 나라가 다시는 칼을 들고 서로 치지 아니하며 다시는 전쟁을 연습하
지 아니하고 4 각 사람이 자기 포도나무 아래와 자기 무화과나무 아래 앉을
것이라 그들을 두렵게 할 자가 없으리니 이는 만군의 여호와의 입이 이같이
말씀하셨음이니라 5 만민이 각각 자기의 신의 이름을 빙자하여 행하되 오직
우리는 우리 하나님 여호와의 이름을 빙자하여 영원히 행하리로다

¶ 개요

4:1-5는 서두에서 구원신탁으로서 종말적 약속을 분명하고 포괄적으로 전개하고 있는 중요한 선포이다. 그리고 이어서 4:6-8에서 그것이 내포하는 구체적 의미를 재전개한다. 내용상 앞(3:9-12)에서의 시온과 예루살렘의 패망을 선포한 후 하나님의 계획은 여기 머무르지 않는다는 사실을 대조적으로 보여 주며 하나님의 구원계획을 강조한다(완전한 패망[3:12] → 모든 민족의 제사의 중심[4:1-5]). 이 단락은 내용상 세 개의 소단락으로 나눈다.

1. 1-2절 진리의 중심으로서의 예루살렘
2. 3-4절 하나님의 종말론적 통치
3. 5절 이스라엘의 충성 결단

이 단락은 이사야 2:2-5와 내용적 동일성으로 인하여 많은 논란이 되어왔던 본문이다. 이 단락(4:1-5)이 이사야 2:2-4와의 병행을 이루고 있는 말씀인 것은 주지의 사실이다. 이와 관련하여, 어떤 학자들은 이사야 2:2-4가 좀더 잘 보존되어 있다는 차원에서 미가가 본래의 선포자라고 보는 데 반해, 다른 학자들은 이사야가 2:2-4의 본래의 저자이며, 미가는 이것을 채용하였다고 보기도 한다. 그러나 또 다른 학자들은 이사야와 미가는 그들보다 이전의 예언을 채용한 것이라고 주장하기도 한다.[60] 그리고 또 다른 많은 학자들이 이 예언을 포로 후기의 예언으로 본다.[61] 그러나 이 해석들은 아직 결론 없는 추정에 불과하다. 다른 명백한 증거가 없는 한 이 말씀은 미가의 말씀으로 보는 것이 적절하다.[62] 이사야 2:2-4와 병행을

60) Leslie C. Allen, 243-244; Daniel J. Simundson, 319-320; Elizabeth Achtemeier, 327-328.

61) E. Cannawurf, "The Authenticity of Micah IV 1-4," *VT 13*(1963), 26-33; Artur Weiser, 109; Daniel J. Simundson, 319-320, etc.

62) Ralph L. Smith, 37; Kenneth Barker/Waylon Bailey, 83.

이룬다는 것은 서로간의 채용의 문제가 아니라 하나님의 성령의 역사를 통하여 유사한 말씀을 주셨다는 이해도 얼마든지 가능하기 때문이다. 실제 이사야 2:2-4와 미가 4:1-5는 표현상 완전히 같지는 않음을 쉽게 관찰할 수 있는 것이기도 하다. 물론 미가서가 전체적으로 미가가 아닌 다른 사람에 의해서 편집되었을 가능성이 있음을 인정해야 할 것이다.[63]

그러나 미가서가 누구에 의해서 편집이 되었든지, 현재의 본문은 미가의 말씀으로 읽도록 주어진 말씀이며 이 사실이 존중되어야 한다. L. C. 앨런(Leslie C. Allen)은 P. R. 아크로이드(P. R. Ackroyd)를 따르며, 4:1-5가 3:1-12의 결론 역할을 하는 부분으로 보고, 3:1-4:5를 한 문학적 단락으로 보아야 한다고 주장한다.[64] 앨런은 4:1-5는 바로 그 앞의 주제인 성전산의 주제를 바로 이어받고 있으며, 4:3은 3:1, 9, 11에서 다루어진 불의와 정반대되는 하나님의 공의의 역사를 다루고 있고, 3:11의 제사장의 그릇된 가르침은 4:2의 내용과 대조되며, 3:10에 나오는 시온과 예루살렘이 4:2에서 더 긍정적 의미를 나타내고 있음을 관찰한다. 그리고 3:1, 9, 11의 두령은 4:1에서 새로운 지도력으로 바뀌어지고, 3:1, 9의 야곱 족속은 4:2에서 더 긍정적으로 표현되며, 3:5의 거짓 평화는 4:3-4에서 참다운 평화로 바뀌는 대조를 이루며, 4:1-5가 3:1-12의 결론 역할을 한다고 본다.[65] 4:1-5는 그 자체로 고유한 내용적 독립성을 가지고 있는 단락이기도 하지만, 동시에 3:1-12와 명백히 연결되어 한 단락을 이루고 있는 본문이다.

4:1에서 "말일에 이르러는"은 하나님의 미래의 계획을 알리는 전형적 표현으로 종말론적 의미를 내포한다. 특히 이 내용이 4:6-8과 병행을 이루어 강조되어 있으며, 더 포괄적으로 전개되어 하나님의 종말론적 약속을 완성하고 있다. 그날 예루살렘과 시온 성전이 온 세상 가운데 중심적 위치에 오르게 될 것이며(4:1), 세상만민이 하나님의 길을 찾고 따르기를 고백

---

63) Ralph L. Smith, 37.

64) P. R. 아크로이드(P. R. Ackroyd)는 이사야 1:2-2:4/5a를 선포적 내용이라는 차원에서 한 단락('kerygmatic unit of material')을 이루고 있다고 본다. "A Note on Isaiah 2:1," *ZAW* 75(1963), 320f.; Leslie C. Allen, 324.

65) Leslie C. Allen, 323-324.

하게 될 것임을 선포한다(4:2). 4:3-4는 평화의 때 곧 마지막 종말의 완성의 때를 시사한다. 이 종말의 때는 아직 실현 안 된 역사의 때이긴 하지만, 하나님의 종말론적 통치의 시작은 이미 예수 그리스도의 오심과 함께 시작되었으며 주 안에 거할 때 맛볼 수 있는 평화의 모습이다. 그리고 이것은 궁극적 종말의 모습을 보여 주는 이상적 세상으로서 이스라엘 곧 모든 성도들이 지향해야 하는 삶의 길이기도 하다. 이 약속 성취의 때가 특히 요한계시록 21-22장에 암시된다. 4:5에서 하나님의 신실한 백성이 가야 할 길이 무엇인가를 신앙고백의 형식으로 선포한다. 일련의 학자들은 이 절을 제사 때에 하나님에 대한 헌신과 충성을 결단하는 제의적 응답('a liturgical response')을 담고 있는 말씀이라고 추정하기도 한다.[66]

¶ 주석

1 - **2** 1절에 나오는 "여호와의 전의 산이 산들의 꼭대기에 굳게 서며 작은 산들 위에 뛰어나고"라는 말은 시온산이 온 세상의 중심이 된다는 사실을 의미한다. 시온산은 하나님이 임재하시는 곳이며, 따라서 하나님 통치의 중심이 된다는 것을 의미한다. 이것은 역사의 한 시점에 이와 같은 하나님의 특별한 구원의 역사가 있을 것임을 선포하고 있는 것이다. 그러나 이것은 기독교 정경이라는 차원에서 종말론적 소망을 내포하는 말씀이기도 한 것이다. 시온만이 하나님이 거하시며 통치하시는 세상의 중심이 될 것임을 선포한다(시 68:15-16; 48:2). 세상만민이 하나님의 진리를 배우기 위하여 이곳으로 몰려오게 될 것임을 선포한다(시 25:4).

2절에 나오는 많은 이방사람들(many nations)의 '고임'은 1:2에 표현되었던 말로 다시 이 구원의 콘텍스트에 나온다. 특별히 이 단어는 4-5장에 집중적으로 나오면서 선민과 이들과의 관계를 다양하게 설명한다. 여기에서는 그들이 시온을 찾아올 때가 있을 것임을 예언한다. 그들이 하나님의 길과 하나님의 가르침을 간구할 때가 있을 것이라는 것이다(4:2). 그들은

66) Ralph L. Smith, 37; Delbert R. Hillers, 51.

주님의 길을 따를 것을 결단한다. 그 이유는 하나님만이 진리의 길이고 권능의 하나님이시기 때문이며, 주님의 길만이 영원한 복의 길이기 때문이다. 바로 이 이유가 여기에서 교차대구법을 통해 강조된다.

[키 미찌온 테쩨 토라] '율법이 시온에서부터 나올 것이요' //
[우 데마르 야웨 미루샬라임] '여호와의 말씀이 예루살렘에서부터 나올 것.'

토라 곧 하나님의 말씀이 시온에서 나오기 때문임을 고백한다. 하나님의 가르침 곧 하나님의 말씀은 절대적 진리이기 때문이다. 그래서 그들은 그것을 배우기를 원한다("우리에게 가르치실 것이라"). 여기에서 이 병행구를 통하여 한 가지 진리를 더 첨가하고 있다. 하나님 말씀 자체의 권능을 암시한다. 예언서에서 하나님 말씀과 관련하여 고백되는 말씀은 단순히 삶의 지혜적 차원의 진리를 넘어선다. 하나님의 말씀은 반드시 성취되는 능력의 말씀이다. 이 사실은 다음에 이어지는 4:4에서 암시되는 내용이다. 표준새번역은 '이는 만군의 입이 이같이 말씀하셨느니라'(키 피 야웨 쩨바오트)를 '이것은 만군의 주께서 약속하신 것이다'라고 번역함으로써 이 말이 갖고 있는 본래의 의미를 잘 전하고 있다.[67]

3 3절에서 하나님은 능동적으로 민족들 사이의 분쟁을 판결하실 것임을 선포하신다. 하나님은 열방 사이의 갈등을 해결하실 것이며, 새로운 평화의 시대를 가져오실 것임을 약속하신다. 그리고 이 약속은 반듯이 성취되는 능력의 말씀임을 강조한다(키 피 야웨 쩨바오트). 여기에 나오는 '야웨 쩨바오트'는 전쟁의 하나님, 천군 천사와 이 세상의 모든 하나님의 군대를 이끄시며 전쟁을 이끄시는 용사이심을 강조하는 말이다. 구약에 297번에 걸쳐 나오며 예언서에 자주 나오는 표현이다(암 3:13; 4:13; 5:16; 6:14; 9:5; 호 12:6; 렘 5:14). 이사야 6:3에서 여호와는 만유의 주관자이시며, 전능하시며, 초월적인 하나님이시라는 의미가 강조된다.[68] 따라서

67) 1:1 주석 참조.
68) 박철우, 『아모스/오바댜』(서울: 대한기독교서회, 2001), 156-157.

만군의 하나님의 말씀이기에, 즉 모든 역사의 주관자의 말씀이기에 반듯이 성취되는 말씀이며, 신뢰할 수 있는 말씀이라는 것이다. 말은 말을 하는 사람의 인격의 총체이다. 하나님의 말씀은 전능의 총체이신 것이다. 따라서 하나님은 말씀으로 창조하시고, 말씀으로 역사를 이루어 내신다(시 33:6; 148:5; 창 1:3; 사 40:6-8; 55:10-11; 시 147:15-18; 19:1-4; 29:3-11).

4 3-4절은 종말론적 평화의 상태를 가리킨다. 이 예언은 이사야에 의해서도 선포된 말씀이다(사 2:4; 11:6-8). 이것은 그리스도의 재림을 통해 완성될 상황을 예시한다. 정경적 차원에서 요한계시록 21장에서의 성취를 가리킨다고 할 수 있다. 물론 이것은 이 현재의 역사 속에서도 부분적으로 가능하다. 단지 하나님에 대한 순종이 전제된다는 조건하에서이다. 이것은 이 세상에는 이상향이며, 이상적 통치이다. 이것을 향해 움직여야 하는 그 어떤 것이다. 따라서 이러한 세상의 실현을 위해서 이러한 이상에 가까운 세상을 위해 노력해야 하는 것은 우리의 의무요, 몫이다. 마치 산상수훈이 이 세상에서 실현되어져야 하는 이상적 삶의 모습인 것과 같다. 항상 유념하며 추구해야 하는 삶의 목표가 되어야 하는 것이다.

5 5절에서는 두 가지 삶의 모습이 대조된다. 이것은 4:1-4와 4:6-8을 연결하는 본문이다.[69] 그 중간에 있는 4:5는 이스라엘의 결단적 고백에 해당된다. 따라서 이 부분은 그 앞뒤의 약속과 구별되는 부분이다. 이것은 현재의 삶과 상황에 대한 선민의 고백이다. 아직 완성 안 된 메시야 시대에서의 고백이다. 비록 세상 사람들이 아직 하나님의 진리와 주권과 권능을 깨닫지 못하고 그들의 신들을 의지하는 어리석음을 범하고 있지만, 이 진리를 알고 있는 선민은 절대주이신 여호와 하나님을 섬기며 살 것을 결단한다. 이것이 우리 모두의 고백이 되어야 하는 것이다. 이것이 현재를 향

69) 4:1-5와 4:6-8의 상호 연관성에 관하여 L. C. 앨런은 이 양자는 예루살렘-산-시온을 기본주제로 연결되어 있고, 민족들에 대한 하나님의 통치와 이스라엘의 계속된 충성의 내용이 서로 연결되어 있음을 관찰한다(Leslie C. Allen, 329).

한 명령이요, 행동으로 지금 나타나야 하는 축복의 조건인 것이다.

"오직 우리는 우리 하나님의 이름을 빙자하여 영원히 행하리로다"(we will walk in the name of the LORD our God for ever and ever[NIV]) 라는 표현에서, '이름'은 그 이름의 소유자의 존재 자체를 나타낸다. 이 말이 내포하는 의미는 '하나님 전(全) 존재'에 자신을 걸고 하나님 전 존재를 의지하며 그분의 뜻에 순종하며 살겠다는 결단인 것이다. 언약의 뜻에 따라 살아서 죽음의 길 대신 생명의 길을 선택하며 살겠다는 결단인 것이다(신 30:11-20; 11:26-28). 신명기에는 법과 말씀이 동일시되며(신 32:46-47; cf. 신 4:1-2; 29:29), 언약과 십계명도 동일시된다(신 4:13-14). 언약에 순종하는 것은 말씀에 대한 실천적 순종을 통해서 증거되어야 함을 보여 주는 것이다.

¶ 메시지

하나님이 약속하신 구원의 때에 세상 사람들이 비로소 시온이 진리의 처소이며 하나님의 성전이 구원의 길임을 깨닫고 그곳으로 몰려오는 때가 있을 것이다. 하나님은 이 세상에 궁극적 평화를 가져오실 것이며 복을 누리게 하실 것이다. 이것은 하나님의 말씀이며 반듯이 성취될 약속이다. 이것을 믿느냐, 믿지 않느냐가 그의 복을 결정하는 것이다. 아직 진리에 무지한 세상 사람들은 우상 숭배를 하며 하나님을 떠난다. 그러나 결국엔 이 약속을 믿고 하나님에 대한 충성을 지키는 사람들이 승리하게 될 것이다. 하나님은 우리의 삶 전체를 하나님께 온전히 의탁하며 신뢰하고 순종하여 하나님이 예비하신 상급을 받는 삶 곧 영원한 생명과 복된 삶을 선택하기를 원하신다(신 10:12-22).

3) 두 번째 대단원의 본론부 I (핵심부의 외곽틀 A [4:6-8]): 남은 자의 구원

¶ 본문

6 여호와께서 말씀하시되 그 날에는 내가 저는 자를 모으며 쫓겨난 자와 내가 환난 받게 한 자를 모아
7 그 저는 자로 남은 백성이 되게 하며 멀리 쫓겨났던 자로 강한 나라가 되게 하고 나 여호와가 시온산에서 이제부터 영원까지 그들을 치리하리라 하셨나니
8 너 양떼의 망대요 딸 시온의 산이여 이전 권능 곧 딸 예루살렘의 나라가 네게로 돌아오리라

¶ 개요

이 단락은 남은 자에 대한 약속을 다루는 부분으로 5:7-9와 병행을 이룬다. 이 단락은 내용과 인칭상 세 개의 소단락으로 구성되어 있음을 관찰할 수 있다.

1. 6절-7a절 남은 자의 귀환(하나님: 1인칭 화자)
2. 7b절 하나님의 통치 선포(하나님: 3인칭)
3. 8절 시온산을 향한 선포(시온산: 2인칭으로 선포)

6-7a절에서 하나님은 '1인칭 화자'로 발을 저는 자와 쫓겨났던 자들의 회복과 귀환을 선포하신다. 7b절에서는 하나님이 3인칭으로 나타나신다.[70)]

70) 개역한글판에서는 앞의 문맥과 부드럽게 이어지도록 '나 여호와'로 번역하고 있으나, 원문에는 하나님이 3인칭으로 나타난다. NIV는 이 3인칭의 요소를 마침표로 분명하게 구분하여 번역하고 있다. I will make the lame a remnant,

이제 여호와 하나님께서 시온산에서 그들을 왕으로 통치하실 것임을 선포하신다('우 말라크 야웨' וּמָלַךְ יהוה). 이어서 8절에서는 하나님이 직접 화자가 되시어 1인칭으로서, 시온산을 향하여 '너'('베앗타' וְאַתָּה And as for you)라고 부르시며 예루살렘의 나라가 네게로 돌아오리라고 선포하시는 것으로서 단락이 마무리된다.

첫 번째 소단락에서 하나님의 구원 계획을 서술적으로 선포하고, 이어서 두 번째 단락에서 내용을 한 단계 더 진전시켜 하나님께서 시온산에서 영원히 통치하실 것임을 선포하고, 세 번째 소단락에서 이를 바탕으로 시온산을 향하여 직접 회복의 때가 올 것임을 선포함으로써 그 내용을 강조한다. 이 단락은 이러한 소단락들의 유기적 인 내용전개를 통하여 이스라엘의 회복을 선포하며 한 단락을 형성하는 특징을 가지고 있다. 여기에서의 핵심적 주제인 '남은 자'에 대한 약속은 5:7-9에서 다시 병행을 이루며 나타난다. 4:9-5:6에서는 세 개의 '아타'(עַתָּה, now)를 중심으로 삼단 양식 구조를 보여 주며, 이스라엘에 대한 질타의 말씀과 구원의 선포가 점층적 전개를 통하여 강조된다.

¶ 주석

6 – **8** 6-8절은 양식비평적 차원에서 구원신탁으로 분류된다. 여기에서 언급되는 '저는 자와 쫓겨난 자와 환난 받게 된 자'(6절)가 누구인가, 이 곤경이 주전 8세기의 어느 때(특히 주전 701년의 산헤립 침공 시)를 가리키는 것인가 아니면 바벨론 포로를 가리키는 것인가에 대한 문제가 제기되곤 한다. L. C. 앨런(Leslie C. Allen)은 특히 7절의 "남은 백성"에 대한 긍정적 사용을 근거로 2:12-13과는 달리, 이 신탁이 포로기에 선포된 것으로 본다.[71]

---

those driven away a strong nation. The LORD will rule over them in Mount Zion from that day and forever.

71) Leslie C. Allen, 245; Ralph L. Smith도 이를 따르고 있다(Ralph L. Smith, 39).

그러나 앨런이 주장하듯이 2:12-13의 남은 자들이 주전 8세기의 배경을 가진 것으로 이해될 수 있다면, 이 본문도 마찬가지이다. 앨런은 2:12의 남은 자는 부정적 의미를 가진 것이고, 4:7의 남은 자는 긍정적 의미를 가진 말로 구별하지만 그의 논지의 근거가 빈약하다.

발을 절고 있으며 흩어져 있는 양떼를 모으는 하나님의 모습은 이사야 40:1-11과 유사하다. 발을 저는 사람들과 추방된 사람들의 회복은 이사야 56:1-8의 약속과도 맥을 같이한다. 그리고 남은 자의 언급이 포로기 또는 그 후의 본문에 나타나는 것도 사실이다(슥 8:6, 12; cf. 사 45:20). 그러나 이것이 이스라엘의 포로생활이 주전 8세기에는 없었다는 것을 증명하는 것은 아니다. 이 표현은 주전 7세기 이전의 본문에도 언급된다(렘 31:7; 습 3:13; cf. 사 10:20-21).

여기에서 이 역사적 배경의 이해보다 더 중요한 것은 이 구원 약속은 정경적 차원에서 이해되도록 주어졌다는 사실이다. 이 구원 약속은 모든 시대에 적용되는 구원의 말씀이며 그러한 상황에 처한 모든 사람을 향한 소망의 메시지를 내포하고 있는 것이다. 이것은 고대 이스라엘의 소망이었고 동시에 종말의 승리를 기다리는 모든 기독교인을 위한 소망의 말씀인 것이다.

4:6-8은 4:1-5와 병행을 이루며 종말의 날('말일에'[4:1])을 포함하는 구원의 날('그 날에'[4:6])에 일어날 일들을 다시 전개한다. 그러나 이 단락은 "여호와께서 말씀하시되"('네움 야웨'[사자문체])라는 말씀을 통하여 종말에 대한 약속의 표현(그날에)을 특별히 강조함으로써 새로운 단락을 시작한다. 이 단락의 서두(4:6-8)에서 하나님이 화자로 직접 이스라엘이 회복될 것임을 선포하신다. 포로되어 고생하는 이스라엘을 다시 데려오실 것이라는 하나님의 계획을 명백히 밝히신다(6-7절). 이 말은 앞의 말씀인 4:3-4의 약속이 현실적으로 불가능한 약속 같지만, 이것은 반듯이 성취되는 약속임을 확증하는 역할도 한다. 즉 이것은 하나님의 말씀이며, 하나님의 약속이기 때문이라는 것이다. 비록 이스라엘이 하나님의 진노로 징벌을 받은 상황에 있다고 할지라도 하나님은 바로 그들을 구원하시고, 치료하시며, 회복시켜 주실 것이라는 것이다. 바로 그들에게 세상의 왕권을 주시겠다는 것이다(8절). 이 모든 것이 하나님이 함께하시기에 가능한 일인

것이다.

7절의 "멀리 쫓겨났던 자들"(הַנַּהֲלָאָה hannahalā'āh, stragglers)은 히브리어 '할라'(הָלָא 멀리 떼어놓다 removed far off)에서 유래된 말로서 성경에는 오직 여기에만 나오는 단어이다. 이 단어('할라' הָלָא)는 할레아(הָלְאָה hāle'āh, far off, yonder, out there 저 멀리)와 동일어근의 동사이다. 70인역과 타르굼과 시리아역은 이 해석을 따르고 있으며, 이것은 6절의 הַנִּדָּחָה(hanniddāḥāh, the straying 흩어진 자[sheep])과 병행을 이룬다. D. R. 힐러스(Delbert R. Hillers)나 R. L. 스미스(Ralph L. Smith)나 L. C. 앨런(Leslie C. Allen)은 이 해석을 취하나, 다른 많은 학자들은 불가타(Vulgate)의 해석을 따라 הַנַּהֲלָאָה(hannahalā'āh, 지친 자[the weary])로 번역한다(J. 벨하우센은 חָלָה(ḥālāh)를 어근으로 하는 말인 הַנַּהֲלָאָה[hannahalā'āh]로 보아 the sick[병든 자 the diseased]로 해석한다.). 개역한글판은 전자의 전통을 따르고 있으며, 표준새번역은 후자의 전통을 따르고 있다. 양자의 내용상의 큰 차이는 없다. 6절과의 병행관계로 볼 때 전자('흩어진 백성들'[stragglers])가 조금 더 타당하다고 생각할 수도 있으나, 더 가까운 콘텍스트에서, 즉 바로 뒤에 나오는 강한 나라('고이 아쭘' גּוֹי עָצוּם)와 직접적으로 연결되어 반의어적 대조를 반영한다는 차원에서는 후자('약하고 비틀거리는 지친 백성'[the weary])의 의미가 문맥에 더 잘 맞는다고 할 수 있다.

6-7절의 전체적인 문맥으로 보면, 이스라엘은 '멀리 쫓겨났을' 뿐만 아니라 '병들어 비틀거리는 백성'이며, 하나님은 이러한 이스라엘을 다시 건져 주실 것을 약속하시는 것이다.

8절에서 하나님은 "딸 시온의 산"을 향하여 "양떼의 망대"라고 한다. 이것은 매우 강한 소망적 의미를 내포한다. 양떼의 망대가 된다고 하는 것은 흩어진 모든 양떼를 관리하고 보살피는 중심적 위치에 있게 될 것이라는 의미를 갖고 있다. 더욱이 폐허가 된 이스라엘의 황량한 광야 한가운데 있는 시온은 사실상 어두운 현실을 반영한다. 그러나 이것은 동시에 '현실의 어두운 상황'에도 불구하고 하나님은 이러한 시온을 양떼의 망대로 세워 주실 것이며, 그곳이 하나님의 영원한 통치의 중심이 될 것이라는 소망의 말씀을 주시고 있는 것이다. 8절에서 "돌아오리라"로 번역되어 있는 단어인 '말라크'(מָלַךְ)는 '멜레크'(מֶלֶךְ, 왕)와 동일어근의 동사이며, 하나님이 세상의 왕, 만왕의 왕으로 통치하실 것임을 선포하신다. 하나님의 주권선포가 강조되어 있는 표현이다. 그러므로 이스라엘은 이제 더욱 확실한 소망을 가질 수 있는 것이다. 요한계시록 21:2; 22:35는 이러한 영원한 궁극적 소망을 나타낸다. '시온'에 대한 하나님의 연민의 마음은 '딸'이라는 말에 잘 나타난다. 시온은 하나님에게 '딸'과 같이 소중한 사랑과 관심의 대상이다.

¶ 메시지

하나님은 발을 저는 사람들과 멀리 쫓겨나 기력을 잃고 유리하는 사람들에게 소망의 근원이 되신다. 하나님은 곤경 가운데 있는 그의 백성을 회복하시는 분이시기 때문이다. 하나님은 그들을 구하시되 목자처럼 그들을 구원하시고 초장으로 인도하시는 분이시며 절대주의 권능으로 그들을 구하시는 분이시다. 하나님은 왕을 보내 그들을 구원하시되 그 왕 앞에서 그를 인도하시는 분이시다. 그분은 하나님의 백성으로 하여금 왕권을 행사하게 하는 복을 주신다(계 2:26).

4) 두 번째 대단원의 본론부 II(핵심부[4:9-5:6])

¶ 본문

[9] 이제 네가 어찌하여 부르짖느냐 너희 중에 왕이 없어졌고 네 모사가 죽었
으므로 네가 해산하는 여인처럼 고통함이냐 [10] 딸 시온이여 해산하는 여인처
럼 애써 구로하여 낳을찌어다 이제 네가 성읍에서 나가서 들에 거하며 또 바
벨론까지 이르러 거기서 구원을 얻으리니 여호와께서 거기서 너를 너의 원

수들의 손에서 속량하여 내시리라 11이제 많은 이방이 모여서 너를 쳐 이르
기를 시온이 더럽게 되며 그것을 우리 눈으로 바라보기를 원하노라 하거니
와 12그들이 여호와의 뜻을 알지 못하며 그 모략을 깨닫지 못한 것이라 여
호와께서 곡식 단을 타작마당에 모음 같이 그들을 모으셨나니 13딸 시온이
여 일어나서 칠찌어다 내가 네 뿔을 철 같게 하며 네 굽을 놋 같게 하리니 네
가 여러 백성을 쳐서 깨뜨릴 것이라 내가 그들의 탈취물을 구별하여 여호와
께 드리며 그들의 재물을 온 땅의 대주재께 돌리리라 5:1딸 군대여 너는 떼
를 모을찌어다 그들이 우리를 에워쌌으니 막대기로 이스라엘 재판자의 뺨을
치리로다 2베들레헴 에브라다야 너는 유다 족속 중에 작을찌라도 이스라엘
을 다스릴 자가 네게서 내게로 나올 것이라 그의 근본은 상고에, 태초에니라
3그러므로 임산한 여인이 해산하기까지 그들을 붙여 두시겠고 그 후에는 그
형제 남은 자가 이스라엘 자손에게로 돌아오리니 4그가 여호와의 능력과
그 하나님 여호와의 이름의 위엄을 의지하고 서서 그 떼에게 먹여서 그들로
안연히 거하게 할 것이라 이제 그가 창대하여 땅 끝까지 미치리라 5이 사
람은 우리의 평강이 될 것이라 앗수르 사람이 우리 땅에 들어와서 우리 궁들
을 밟을 때에는 우리가 일곱 목자와 여덟 군왕을 일으켜 그를 치리니 6그들
이 칼로 앗수르 땅을 황무케 하며 니므롯 땅의 어귀를 황무케 하리라 앗수르
사람이 우리 땅에 들어와서 우리 지경을 밟을 때에는 그가 우리를 그에게서
건져 내리라

¶ 개요

4:6-8의 남은 자의 구원 약속에 이어서, 4:9-5:6에서는 세 개의 '아타'(עַתָּה, 이제)를 통하여 현실의 고난과 위기와 하나님의 계획의 관계와 의미에 관해 좀더 상세히 선포한다(4:9-10; 4:11-13; 5:1-6). 대다수의 이스라엘은 현재의 고난에 대해 탄식하며 괴로워하고 있다. 그들의 고난의 의미와 하나님의 계획 사이에 어떤 의미가 있는지를 명백히 깨닫지 못하고 있었던 것이다. 4:9에서 미가는 이것을 질책조로 말한다. '어찌하여 너는 그렇게 큰소리로 우느냐? 어찌하여 아이를 낳는 여인처럼 괴로워하느

냐? 너희가 믿었던 왕이나 자문관들이 없기 때문이냐? 아니다! 그들은 죄인이고, 너희를 도울 수 있는 아무런 힘도 없는 존재들이었다. 그들은 이미 사라지지 않았느냐? 역사의 주관자는 오직 하나님 한 분뿐이시다. 그분의 뜻에 순종하는 것, 그분을 의뢰하는 것, 그분의 언약에 순종하는 것만이 영원한 복의 길이다'라는 사실을 말하고 있는 것이다(9절; cf. 사 14:24-27; 10:24-27; 19:11-17, 19-25; 시 18:7-20; 46:8-11).

미가는 여기에서 그들의 불안과 불평과 탄식을 지적하며 풍자적으로 질타한다. 그들의 죄는 출애굽과 언약의 하나님을 온전히 믿지 않았던 것에 있었다. 그들의 불안 자체가 이것을 증명한다. 그래서 10절에서 '딸 시온'에게 말한다. 결국 그러한 그들의 불신 때문에 이스라엘은 포로를 체험하게 될 것이다. 여기에서 미가는 출애굽의 표현을 사용한다(너희는 성읍에서 '나가서' 들에 '거주하라'[10절]).[72] 이 표현은 애굽에서 '나가서'(야짜 יצא) 광야에 '거하는 것'(샤칸 שכן) 대신, 시온에서 '나가서'(야짜 יצא) 바벨론으로 가는 길에 들판에 '거하게 될 것'(샤칸 שכן)임을 말한다. 출애굽 당시에는 이스라엘이 구원을 체험했지만, 이제는 패망하여 바벨론에 포로로 끌려가게 될 것임을 예언한다. 이것이 그들의 의심과 불신이 가져올 징벌이다. 하나님을 떠난 불신앙의 죄에 대한 징벌이다. '딸 시온이여 해산하는 여인처럼 힘들여 낳아라'고 말한다. 이 과정은 고난이고 고통의 순간이 될 것이다.

그러나 여인이 아이를 낳는 것은 새로운 생명을 낳는 것이다. 이제 시온도 이 과정을 통하여 스스로 새로운 백성으로 거듭나야 할 것이라는 사실을 암시한다(사 1:25-26). 오히려 이러한 고난을 능동적으로 감수하라는 것이다. 스스로 이 과정을 통해 거듭나기를 감사함으로 결단하라는 것이다. 하나님은 이 과정을 통하여 바로 이 고난 가운데서 새로운 구원의 역사를 베푸실 것임을 약속하신다. 여기에서도 문제의 초점은 시온이다. 시온은 그들의 불신의 죄로 재앙을 만나고 포로로 끌려가게 되나 그 뒤에는 시온에게 패망을 가져온 이방민족들을 치시고 이스라엘 백성을 속량하실 계획도 가지고 계심을 선포한다.

---

72) Ralph L. Smith, 40.

이어서 4:11–13은 4:9–10과 구조적 병행을 이루며 이 현재의 위기와 고난의 주제를 다시 다룬다. 4:11–13은 4:9–10과 마찬가지로 '이제'(아타)로 시작하는 구원신탁이다. 그리고 시온의 고난과 위기의 상황을 먼저 언급하고 후반부에서 하나님의 구원 계획을 선포하는 구조로 되어 있다. 4:11–13에서는 적들이 공격해 오는 상황을 언급함으로써 시온의 위기를 서술한다(11절: '민족들이 연합하여 시온을 치게 될 것이다'). 그들은 시온이 패망하는 것을 보고자 한다.

그러나 그 적들은 하나님이 무엇을 계획하고 계시는지 알지 못한다(12절). 그들은 하나님이 오히려 그들의 공격을 이용하시어 그들을 치실 것임을 깨닫지 못하고 있다. 그리고 앞의 병행 단락(4:9–10)에서와 마찬가지로, 하나님은 이제 다시 시온을 향해 말씀하신다(13절). 이번에는 더욱 적극적 메시지와 명령을 선포하신다. 원수에게 가서 그들을 치라고 말씀하신다. 이제 시온이 그 대적들을 물리치고 그들이 폭력을 써서 착취한 그 재물을 온 세상의 주이신 여호와께로 가져오게 될 것임을 선포한다. 이것은 4:8에서 선포된 시온에서의 하나님의 주권적 통치를 확인하는 것이다.

5:1–6은 다시 '아타'(이제)로 시작하면서 이스라엘의 현재의 위기를 먼저 서술한다. 이 하나님의 통치의 때가 곧 메시야의 때임을 선포하는 본문이다. 5:2–4에서 앞의 두 '아타' 단락(4:9–10; 4:11–13)에서와 마찬가지로 그럼에도 불구하고 하나님은 이스라엘에게 새로운 구원자 메시야를 보내 주실 것임을 약속하신다. 전혀 뜻하지 않은 작은 땅과 족속 가운데서 한 메시야가 올 것이며, 하나님은 그에게 능력과 위엄을 주시어 그의 백성을 구원하게 하실 것임을 선포하신다. 이에 이어지는 5:7–9는 이 메시야를 통해서 '남은 자 이스라엘'이 누리게 될 승리의 과정과 복을 구체적으로 언급하고 있다. 이 부분은 4:6–8과 병행을 이루며 앞에 언급된 복의 소망을 강조한다.

(1) 두 번째 대단원의 핵심부 I(4:9–10)

¶ 본문

9 이제 네가 어찌하여 부르짖느냐 너희 중에 왕이 없어졌고 네 모사가 죽었
으므로 네가 해산하는 여인처럼 고통함이냐 10 딸 시온이여 해산하는 여인처
럼 애써 구로하여 낳을찌어다 이제 네가 성읍에서 나가서 들에 거하며 또 바
벨론까지 이르러 거기서 구원을 얻으리니 여호와께서 거기서 너를 너의 원
수들의 손에서 속량하여 내시리라

¶ 개요

이 단락은 다음과 같은 세 개의 소단락으로 구성되어 있다.

1. 9절 수사학적 의문문을 통한 이스라엘의 질타
2. 10a절 더 큰 고통의 예고
3. 10b절 결어: 그곳에서의 구원

¶ 주석

4:6–8에서 구원을 약속하신 이후 세 차례에 걸쳐서 현재의 고통의 상태를 언급하시면서 그들의 눈을 현재로 향하게 하신다. 그러면서 동시에 앞으로 있을 구원의 역사를 다시 확약하시며 그들에게 소망을 주신다. 그리고 이 과정을 통하여 하나님 섭리의 역사(役事)의 숨은 뜻을 밝히시고(4:10, 11–12), 하나님의 궁극적 선물인 메시야에 대해 약속하신다(5:2–4).

9 – **10** 9절은 독특한 강조용법을 사용하고 있다. 우선 전체적으로

교차대구법(chiasmus) 구조를 가지고 있다. 개역한글판은 히브리 본문의 교차대구법 구조를 잘 반영하고 있다.

A. '네가 어찌하여 부르짖느냐'(수사학적 의문문)
  B. '너희 중에 왕이 없어졌고'(מֶלֶךְ ,בָּךְ, 수사학적 대답)
  B'. '네 모사가 죽었으므로'(יוֹעֲצֵךְ, 수사학적 대답)
A'. '네가 해산하는 여인처럼 고통함이냐'(수사학적 의문문)

9절에서 수사학적 의문문을 통하여 이스라엘의 하나님에 대한 불신과 인간적 힘에 대한 신뢰를 질타하신다. '어찌하여 너는 그렇게 큰소리로 우느냐?(타리이 레아 תָּרִיעִי רֵעַ)[73] 왕이 없기 때문이냐?' 이 본문을 주전 6세기 초의 말씀으로 보는 사람들은 열왕기하 25:4의 시드기야의 도주 또는 예루살렘의 패망과 관련된 것으로 보지만, 이 말씀을 주전 8세기 미가의 선포로 보는 경우 여기에서 왕이 없다는 말은, 아직 왕은 있으나 그 왕은 무력하여 유명무실한 존재임을 나타낸다는 의미로 해석한다.[74] '아이를 낳는 여인처럼 진통하느냐?'는 표현(키 헤헤지케크 힐 카욜레다 כִּי הֶחֱזִיקֵךְ חִיל כַּיּוֹלֵדָה[75])은 그들이 하나님보다 그들의 왕이나 자문관을 그토록 신뢰하였다는 것을 의미한다. 주전 734년의 아하스의 죄와 같은 것이다. 이처럼 하나님 이외의 다른 존재를 의뢰하는 것은 하나님을 근심케 하는 죄였던 것이다. 이사야는 이러한 아하스의 죄에 대하여 이렇게 말한다. '만일 너희가 굳게 믿지 아니하면 너희는 굳게 서지 못하리라(사 7:9) … 다윗의 집이여 원하건대 들을지어다 너희가 사람을 괴롭히고서 그것을 작은 일로 여겨 또 나의 하나님을 괴롭히려 하느냐'(사 7:13). 이사야는 아하

---

73) 여기에서 특별히 '동사'와 '이와 동일한 어근의 명사'의 연결을 통하여 그들의 통곡을 강조한다(cognate accusative: רוּעַ['루아': 큰소리로 울부짖다, raise a shout] + רֵעַ['레아': 부르짖음, shouting]).

74) Leslie C. Allen, 333.

75) '키 헤헤지케크 힐 카욜레다'(kî heḥezîqēk ḥîl kayyôlēdāh) 목구멍 소리에 해당되는 자음의 반복적인 사용이 이 구절을 하나로 묶으며 그 고통의 절박성을 강조한다.

스의 불신앙의 죄로 인하여 그가 앗시리아의 공격을 받게 될 것임을 예언한다. 결국 아하스는 하나님보다 앗시리아의 힘에 의지하여 시로(아람)와 에브라임(이스라엘)의 공격을 방어하려 하였고, 그것은 유다로 하여금 앗시리아의 정치적 · 사회적 · 종교적 속국이 되게 하는 결과를 낳았다(시로-에브라임 전쟁[주전 734-732]). 미가의 이 말씀은 이사야 30:1-5와 31:1-3에서 이집트의 힘에 의지하는 이스라엘 백성을 질타하시는 말씀과 맥을 같이한다. 하나님만이 역사의 주관자이신 것이다(사 43:10-13, 14-17; 44:6-8; 45:20-21; 겔 7:27; 34:25-27; 36:25-28, 37-38; 37:4-38:21-23; 잠 16:1, 9; 19:21).

10절 전반에서 하나님은 그들이 더욱 큰 고통을 겪게 될 것임을 말씀하신다. 미가는 여기에서 하나님의 구원의 역사가 바로 이어질 것을 예언하지 않는다. 이제 이스라엘은 치러야 할 대가를 치러야 할 것임을 선포한다. 그들은 포로로 사로잡혀 가게 될 것이다. 하나님은 죄에 대한 책임을 물으신다. 그리고 이 과정을 통해 그들을 정화하기를 원하신다. '거기까지 가는 것', 즉 "거기서" 그들이 정화되는 것 그래서 거룩한 하나님과 함께할 수 있는 준비가 되게 하는 것이 하나님의 궁극적 목적이다. 이것이 여기에서 '거기서(שָׁם[샴 there])'를 통하여 강조되고 있다. 이것은 이사야에게서도 선포된 하나님의 뜻이다. 하나님은 정결케 하시기를 원하신다(사 1:25; 6:6-7; 살전 4:1-7; 히 10:10-14, 21-25; 12:10). 하나님은 거룩하신 하나님이시다. 내가 거룩하니 너희도 거룩하라고 명하신 하나님이시다(레 19:2; 20:7-8; 벧전 1:15-16).

¶ 메시지

사람들은 고난에 처하게 되면 그들이 의지하던 것이 없어짐을 애통해 한다. 이스라엘은 하나님보다 왕이나 모사들이 더 중요했던 것이다. 그들은 하나님이 계심을 잊고 그들이 의지할 것이 아무것도 없다고 생각한다(히 11:6). 그러나 참다운 역사의 주관자는 하나님이시다. 그들의 이와 같은 불신앙에 대해 하나님은 그들을 징벌하신다. 그러나 그 징벌은 그들로 하여금 죄를 깨닫게 하고 돌아오게 하려 하심이며 그들을 정결케 하시기 위함이다. 하나님은 사람들로 하여금 정결케 되어 영원한 복을 누리기를 원하신다. 이 세상에서의 거룩한 삶은 거룩하신 하나님을 만나기 위한 준비인 것이다(히 10:22-25; 빌 3:12-21).

(2) 두 번째 대단원의 핵심부 II(4:11-13)

¶ 본문

11 이제 많은 이방이 모여서 너를 쳐 이르기를 시온이 더럽게 되며 그것을 우
리 눈으로 바라보기를 원하노라 하거니와 12 그들이 여호와의 뜻을 알지 못
하며 그 모략을 깨닫지 못한 것이라 여호와께서 곡식 단을 타작마당에 모음
같이 그들을 모으셨나니 13 딸 시온이여 일어나서 칠찌어다 내가 네 뿔을 철
같게 하며 네 굽을 놋 같게 하리니 네가 여러 백성을 쳐서 깨뜨릴 것이라 내
가 그들의 탈취물을 구별하여 여호와께 드리며 그들의 재물을 온 땅의 대주
재께 돌리리라

¶ 개요

이 단락은 '아타'(이제)로 시작하는 두 번째 단락으로서, 세 개의 소단락으로 구성되어 있다.

1. 11절 이스라엘의 위기('브아타')
2. 12절 이스라엘의 적들에 대한 하나님의 숨은 계획 설명('브헴마')
3. 13절 시온의 승리에 대한 하나님의 약속('쿠미')

첫 번째 '아타' 본문(4:9-10)과 마찬가지로 우선 서두에서 이스라엘의 위기가 언급된다. 여기에서 내용은 2:1-5와 유사한 풍자적 서술이 그 특

징을 이루고 있다. 11절은 이제 많은 민족이 연합하여 이스라엘을 공격하게 될 것을 선포한다(4:11).

그러나 12절에서 모든 역사의 주관자이신 하나님께서 그들에게 이러한 행동을 허용하시는 이유를 그들이 모르고 있다는 사실을 언급하면서 하나님의 구원 섭리와 구원 과정의 신비를 설명한다. 그리고 13절에서 시온을 향해 일어나 싸우라는 명령을 하심으로 더욱 강력한 구원의 메시지를 선포하신다. 여기에서 하나님 역사의 숨은 뜻을 설명하시면서 이스라엘이 겪고 있으며 겪게 될 고난의 당위성이 선포된 이후 첫 번째 '아타' 본문보다 더 강한 구원의 메시지를 선포하신다. 이를 통해서 고난의 고통을 상쇄하려 한다.

¶ 주석

11 많은 민족이 연합하여 공격한다고 하는 것은 고대 제국들의 조약과 관련된 표현으로 볼 수 있다. 고대 근동에서 한 제국의 전쟁에는 이에 속해 있는 속국들이 소집되었다. 앗시리아의 공격은 그의 속국들도 참여하는 연합전쟁이다(cf. 사 22:6). 이러한 대규모의 공격은 이스라엘에게 엄청난 공포와 고립감을 야기시키는 것이었다. 이것이 앞의 두 '아타' 본문의 서두에서 볼 수 있는 이스라엘 위기의 상황과 맥을 같이하는 것이다. 그러나 여기에서 이스라엘의 적들의 죄는 단순히 이스라엘이라는 민족에 대한 공격으로 그치지 않는다. 그들의 목적은 시온을 더럽히는 것이다('하네프' חָנֵף[더럽히다, 신성을 모독하다]). 성산 시온을 더럽히는 것은 하나님에 대한 도전이다. 하나님의 도성 시온을 망하게 한다는 것은 하나님에 대한 대적을 내포한다(시 2:1-9; 46:4-7; 48:1). 이러한 신성모독은 언약의 파기와 하나님의 명령에 대한 불순종으로도 야기되는 것이다(레 18:26-30; 사 24:5-6; 렘 3:1-10; 시 106:37-39). 이 표현은 간접적으로 이스라엘의 이와 같은 죄도 상기시키는 역할도 하고 있다.

12 '브헴마 로 야드우'(וְהֵמָּה לֹא יָדְעוּ[그러나 그들은 알지 못한다: 12

절])의 '브헴마'(וְהֵמָּה)는 '접속사(וְ but)+대명사(הֵמָּה they)'의 형식을 가진 강세적 표현으로, 그들에 대한 하나님의 계획을 알지 못하는 무지를 강조한다. 이 표현은 그들의 무지의 강조뿐만 아니라, 그들에 대한 하나님의 징벌의 확실성을 강조하는 것이기도 하다. 이스라엘 백성의 눈에, 그리고 적들의 눈에 하나님이 역사하고 계시지 않는 것 같은 상황 속에도 하나님은 모든 역사를 주관하며 계시는 절대적 주님이심을 보여 주는 것이다. 이것이 하나님의 역사이다. 보이지 않는 것 같은 상황 속에 움직이며 기다리시고 지켜보시며, 역사를 하나님의 뜻대로 인도해 가신다(사 14:24-27; 43:8-13; 44:6-8). 이것이 하나님의 백성의 소망의 근원이며, 이것을 믿는 것이 참다운 믿음인 것이다. 하나님은 그들을 한꺼번에 같은 방법으로 벌을 주시기 위하여 곡식을 타작마당에 모아 쌓듯이 그들을 한데 모아 진멸하실 것을 선포하신다(암 1:3; 사 13:9-22). 이것이 하나님을 대적하는 자들의 운명인 것이다. 이것이 종말에서 다시 나타날 하나님의 징벌이기도 하다(계 19-20).

13 이 문장은 시온을 향한 명령으로 시작한다(קוּמִי וָדוֹשִׁי בַת־צִיּוֹן 쿠미 바도쉬 바트 찌온, "딸 시온이여 일어나서 칠찌어다"). '일어나라'는 명령어, '쿰'(קוּמִי קוּם)은 전쟁용어이다(민 10:35-36; 시 74:22; cf. 사 21:5; 렘 49:14, 28, 31). '치라'(칠찌어다, 도쉬[דוֹשִׁי])는 '밟다, 짓밟다, 타작하다'(tread trample thresh)를 의미하는 히브리 동사 '두쉬'(דוּשׁ)의 칼 명령형 여성단수이며, 이 어휘도 전쟁과 관련되어 자주 나온다(암 1:3; 합 3:12; 사 25:10; 41:15; 왕하 13:7). 이 두 명령어 뒤에 전제되어 있는 것은 시온이 두려움에 떨며 위축되어 있는 상황이다. 그들은 막강한 연합군 앞에 절망감에 빠져 있었을 것이다.

그러나 이제 하나님은 그들에게 선포하신다. '일어나 싸우라 담대하라'고 하신다. 역사의 주관자는 하나님이시다. 전쟁의 주관자도 하나님이시고 승리를 주시는 분도 하나님이시다(출 15:1-17). 이스라엘의 역사는 이것을 증명한다. 아브라함이 318명의 소수를 거느리고 대적을 물리친 것도(창 14:14-16), 출애굽 기적의 역사도, 여호수아를 통한 가나안 정복도, 사사시대의 전투와 다윗의 승리도 하나님이 하신 전쟁이다. 비록 인간적 눈으로 볼 때 그들은 연약하지만 하나님이 함께하심으로 승리할 수 있는 것이다(고전 1:27). 하나님이 그들의 뿔을 쇠 같게 하고 그들의 굽을 놋쇠 같게 하실 것이다. 하나님은 하나님의 백성을 강하게 하시어 승리케 하신다. 그들을 무장시키신다. 히브리 본문은 특히 이 부분은 '아심'(אָשִׂים, I shall turn)이라는 동사를 중심으로 치밀한 형태의 병행구로 강조한다.

카르네카(네 뿔) + 아심(אָשִׂים 내가 … 만들고) + 바르젤(무쇠) //
우 파르소타이크(네 굽) + 아심(אָשִׂים 내가 … 만들리라) + 네후샤(놋쇠).

여기에서 특히 '아심'(אָשִׂים 내가 … 만들리라)의 반복을 통하여 하나님이 역사의 주관자이심을 강조한다. 성령으로 무장시키시고 말씀으로 무장시키시어 그들로 하여금 승리케 하신다. 하나님은 하나님이 직접 전쟁을 하시고 이스라엘로 하여금 옆에서 지켜보게 하시기도 하시지만(출 14:13–14; 신 1:30–32; 삿 7:22), 하나님은 대개 이스라엘을 도우시어 승리하게 하신다(출 17:8–16; 수 6:1–21; 8:1–29; 23:3–4; 삿 3:10; 4:4–24; 7:15–25; 삼상 7:7–12; 18:45–54). 여기에서도 하나님은 이스라엘을 무장시키시며 그들로 하여금 승리케 하시는 역사를 베푸신다.

"네가 그들의 탈취물을 구별하여 여호와께 드리며"의 히브리어 '하하라므티'(הַחֲרַמְתִּי)의 어근은 '하람'(חרם 금지하다, 바치다, 전멸하다)인데, 개역한글판은 이 말을 '하람'(חרם)의 히필 1인칭 공성단수로 번역한 것이다('네가 그들의 탈취물을 구별하여'[cf. KJV, NKJV, ASV]). 그러나 이 말('하하라므티'[הַחֲרַמְתִּי])은 2인칭 여성단수의 고어형이기도 함으로, 문맥상 이것을 2인칭으로 번역하고 있는 개역개정판이나 표준새번역이 더 타당하다('네가 그들의 탈취물을 구별하여 여호와께 드리며[개역개정판]; cf. NASB, RSV, NRSV, NIV, JB, 표준새번역).[76]

이 전쟁은 하나님의 전쟁이며, 거룩한 전쟁이다. 따라서 여기에서 이스라엘은 그들의 전리품을 하나님께 바쳐야 했다. 이 '하람'(חרם) 동사는 '하나님께 온전히 살라 바친다'는 의미를 내포하고 있는 말이다(수 6:17–21,

76) Leslie C. Allen, 335.

24; 8:26; 10:28; 11:11; 민 21:2-3; cf. 렘 25:9; 50:21, 26; 51:3). 하나님께 다시 바쳐지는 것은 그들의 탈취물(בֶּצַע 베짜)이다. 이 모든 것을 온전히 하나님 영광을 위해서 거룩하게 구별하여 바친다는 것을 의미한다(레 27:28-29; 수 6:17-21, 24). 이것은, 하나님은 모든 역사의 주관자이시며, 생사화복의 주관자이심을 고백하는 것이다. 그들은 부당하게 이스라엘의 것을 탈취해 간 도적이었다. 이 시대에 산헤립은 스스로를 '세상의 왕'(king of the world)이라고 지칭하였다. 라기스 정복에 관해 기록하고 있는 산헤립의 한 비문에 다음과 같은 기록이 있다. '세상의 왕이요 앗시리아의 왕인 산헤립은 왕좌에 앉아서 라기스로부터 가져온 전리품을 그의 앞에 지나가게 하며 살펴보았다'(Sennacherib, king of the world, king of Assyria, sat upon a *nîmedu*[throne] and passed in review the booty[taken] from Lachish).[77)]

그러나 세상의 참다운 왕은 여호와 하나님이시다(시 93:1-2; 96:10; 97:2-5; 슥 4:14; 6:5; 수 3:11, 13; 사 44:6; 45:1-8, 11-13; 계 1:8; 22:13). 따라서 이스라엘은 어떠한 환난 속에서도 승리의 소망을 가질 수 있는 것이다(사 43:1-4; 엡 6:10-17; 롬 8:35-39).

¶ 메시지

많은 이방인이 연합하여 이스라엘을 치러 오게 되는 상황이 있을 것이다. 그러나 그들은 그들의 힘이 어디에서 왜 왔는지 알지 못한다. 이 모든 상황 뒤에 만유의 주 하나님이 역사하고 계신다고 하는 사실을 모르고 있다. 믿음의 눈이 없으면 이것을 볼 수 없는 것이다. 우리의 삶 속에서 하나님이 역사하지 않으시는 것 같은 상황도 있는 것이다.

그러나 하나님은 그러한 상황에서도 항상 소망을 가지길 원하신다. 그리고 담대히 일어나서 하나님의 적 사탄의 세력에 대항하고 역경에 대항하기를 원하신다. 생사화복과 역사의 주관자는 사람이 아니라 왕중왕 되시

77) ANET, 288; Leslie C. Allen, 338.

는 하나님이시다. 하나님은 우리에게 승리할 수 있도록 무장시키신다. 우리를 '무쇠'와 같이 '놋'같이 만들어 주신다. 특히 하나님의 일을 감당할 때 하나님은 거룩한 은사, 성령의 은사를 허락하시어 이 일을 감당하게 하신다. 하나님의 백성에게, '하나님을 사랑하는 자 곧 그의 뜻대로 부르심을 입은 자들에게는 모든 것이 합력하여 선을 이루느니라'(롬 8:28). 하나님은 이러한 믿음을 원하고 계신 것이다.

(3) 두 번째 대단원의 핵심부 III(5:1-6)

¶ 본문

*1*딸 군대여 너는 떼를 모을찌어다 그들이 우리를 에워쌌으니 막대기로 이스
라엘 재판자의 빰을 치리로다 *2*베들레헴 에브라다야 너는 유다 족속 중에
작을찌라도 이스라엘을 다스릴 자가 네게서 내게로 나올 것이라 그의 근본
은 상고에, 태초에니라 *3*그러므로 임산한 여인이 해산하기까지 그들을 붙여
두시겠고 그 후에는 그 형제 남은 자가 이스라엘 자손에게로 돌아오리니
*4*그가 여호와의 능력과 그 하나님 여호와의 이름의 위엄을 의지하고 서서
그 떼에게 먹여서 그들로 안연히 거하게 할 것이라 이제 그가 창대하여 땅
끝까지 미치리라 *5*이 사람은 우리의 평강이 될 것이라 앗수르 사람이 우리
땅에 들어와서 우리 궁들을 밟을 때에는 우리가 일곱 목자와 여덟 군왕을 일
으켜 그를 치리니 *6*그들이 칼로 앗수르 땅을 황무케 하며 니므롯 땅의 어귀
를 황무케 하리라 앗수르 사람이 우리 땅에 들어와서 우리 지경을 밟을 때에
는 그가 우리를 그에게서 건져 내리라

¶ 개요

5:1-6은 '아타'로 시작되는 세 번째 단락이다. 여기에서도 서두(5:1)에 이스라엘의 위기의 상황이 언급되고 이어서 소망의 말씀이 선포된다(2-6

절). 일부 학자들은 5-6절을 앞의 본문(5:1-4)과 독립된 단락으로 취급하나,[78] 또 다른 학자들은 이 본문들이 주전 701년 앗시리아의 공격이라는 동일한 역사적 배경을 다루고 있다는 점이나, 상호간의 내용적 연결성, 특히 1b, 2a, 3절에서 이스라엘이 반복되어 나온다든지, 5:1과 5:5-6에서 이스라엘의 적인 앗시리아가 3인칭으로 나오고 백성이 1인칭 복수로 나오며 내용이 서로 연결되어 있다는 점 등을 근거로 5-6절을 5:1-4와 연결된 한 문학단위체로 본다.[79] 이러한 관찰과 함께 아래에 설명된 삼단양식적 관점에서도 5:1-6을 단일 문학구조체로 보는 것이 타당하다. 이 세 번째 '아타' 본문은 앞에서 선포된 소망의 말씀을 메시야 약속을 통하여 강화하는 특징을 갖고 있다.

이 단락은 세 개의 소단락으로 구분되며 그 내용은 다음과 같다.

1. 5:1 이스라엘의 재앙의 상태 선포(우리: 적의 침공)
2. 5:2-4 새 왕에 의한 구원 약속(메시야적 왕의 약속)
3. 5:5-6 앗시리아의 침공과 이에 대한 메시야의 승리(우리: 적의 침공)

¶ 주석

1 일반적으로 1절의 역사적 상황은 주전 701년 산헤립의 유다 침공을 배경으로 하고 있는 것으로 이해되어진다.[80] 여기에서 예언자는, "딸 군대여 너는 떼를 모을찌어다"라고 말한다. '딸 군대여'('바트 게두드' בַּת־גְדוּד, daughter of troops)는 시온을 가리키는 말로 그들의 위기상황에 대한 애처로운 마음을 담고 있는 표현이다. 그리고 이 말은 그 다음에 이어지는 말인 "그들이 우리를 에워쌌으니", 즉 그들의 포위된 상황과 연결되어 그들의 다급한 위기의 상황을 표현하고 있는 것이다. 여기에서 예언자는 이

78) Gary V. Smith, 521; Kenneth Barker/Waylon Bailey, 94-103, etc.

79) Leslie C. Allen, 340; William P. Brown, *Obadiah through Malachi* (Louisville: John Knox Press, 1996), 52-53.

80) Leslie C. Allen, 341; William P. Brown, 52-53.

스라엘과 자신을 동일시하며 1인칭 복수 "우리"라고 표현한다. 그리고 이것은 5-6절과 맥을 같이하는 것이다. "막대기로 이스라엘 재판자의 뺨을 치리로다"에서 '재판자'의 히브리어는 '쇼페트'(שֹׁפֵט)인데, 이것은 통치자 곧 왕을 가리키는 말이다. 이 표현은 이스라엘의 지파연합 시대의 통치자를 나타내는 것으로 추정된다.[81] 이 표현을 통하여 왕권의 영광은 이미 존재하지 않고 있음을 암시하는 것이라고 할 수 있다. 이스라엘의 왕은 침략군의 몽둥이로 뺨을 맞게 될 것이라는 것이다. 가장 비참한 치욕과 수모의 순간이 도래하고 있음을 암시한다(욥 16:10; 애 3:30).

2 - **4** 2절에서 "베들레헴 에브라다야 너는"이라는 말로 시작되는 선포가 하나님의 말씀으로 직접 인용된다. 이 경우 '그러나'와 '너'를 강조하고 있는 표준새번역('그러나 너 베들레헴 에브라다야, 너는')이 더 본문의 뉘앙스를 잘 밝혀 주는 번역이다. 히브리 본문은 바로 앞의 내용(5:1)과 역접 관계를 나타내는 접속사 바브(ו)를 문장 서두에 나오게 하고 이어서 대명사(앗타, אַתָּה [너])를 강세적 의미로 사용하고 있기 때문이다(וְאַתָּה 베앗타['그러나 너'], cf. KJV, NKJV, ASV, NASB, RSV, NRSV, NIV, JB). 사무엘상 17:12는 베들레헴 에브라다가 다윗의 고향임을 밝히고 있으며, '에브랏'은 에브라다의 단축형이다.[82] BHS는 MT의 '에브라다'(에프라타 אֶפְרָתָה)를 '에브랏'(에프라트 אֶפְרָת)으로 읽을 것을 제안한다. 그러나 불필요하다. 에브라다(에브랏)는 베들레헴의 한 지역인 것으로 추정된다. 그리고 이곳은 성경의 창세기 35:19; 48:7; 사무엘상 17:12; 룻기 4:11에 나타난다. 이곳은 보아스와 이새와 다윗의 성읍이다(룻 4:11; 삼상 16:1; 17:12). 다윗 가문에서의 새로운 왕의 출현에 대한 약속은 다윗의 아들을 통한 영원한 통치의 약속을 상기시키는 것이기도 하다(삼하 7:4-17; 시 2; 89; 132).

"베들레헴"이라는 명칭은 '떡의 집'(בֵּית־לֶחֶם)이라는 의미를 갖고 있는

81) Leslie C. Allen, 342; D. A. McKenzie, "The Judge of Israel," *VT 17*(1967), 118-121.

82) Lamontte M. Luker, "Ephrathah," *ABD*, vol. 2, 557-558.

말이고, '에브라다'는 '결실을 풍부히 맺다, 다산하다, 번성하다' 등을 의미하는 동사 '파라'(פָּרָה)와 동일어근을 가진 말로서 '풍성한 열매'(אֶפְרָת fruitfulness)라는 의미를 암시하는 표현이다. 이 두 지명 자체가 1절에 나타난 현재의 위기의 상황과는 반대되는 소망의 세계를 나타낸다. 성경은 이곳이 '작은 마을'임을 명시한다. 이 표현은 하나님의 기적과 섭리의 역사를 보여 주는 것이다. 작은 곳을 통해서 크신 역사를 행하신다. 하나님의 생각은 인간의 생각과 다른 것이다(사 55:8-11). 하나님은 결코 자신의 약속을 파기하지 않으시는 분이심을 증거하는 것이기도 하다(삼하 7:4-29; 시 89:35-37).

"그의 근본은 상고에, 태초에니라"에서, 개역한글판에서 "태초"(개역개정판: "영원")으로 번역된 표현인 '예메 올람'(יְמֵי עוֹלָם)은 다양한 의미를 가지고 있는 단어이다. L. C. 앨런(Leslie C. Allen)은 이 표현을 '먼 과거'(the distant past)로 이해하며, 역사적 배경 속에서 이해해야 되는 표현이라고 본다(cf. 사 63:9; 암 9:11; 미 7:14; 말 3:4). 앨런은 이때를 사무엘이 다윗의 아버지 이새를 찾아와 하나님이 다윗을 선택하신 때를 가리키는 것으로 해석하지만(삼상 16:1 이하),[83] 정경적 차원에서 넓게 이해하여 그리스도를 가리키는 태초의 시대로 볼 수도 있다(요 1:1; 골 1:15-17; 엡 1:3-14; 히 1:1-9). '올람'은 창세기 21:33, 이사야 40:28; 신명기 32:40; 다니엘 12:7에서 하나님을 가리키며 '영원성'(eternity)을 암시하는 의미로 사용되고 있다.[84] 앨런은 "상고에"로 번역된 '미케뎀'을 이와 병행을 이루고 있는 단어로 보며, 이 둘을 각각 유사한 표현으로 본다.[85] 그는 '미케뎀 예메 올람'을 전체로 묶어서, 'days of yore'(옛적에)로 번역한다. 이 표현을 태초로 이해하든, 주전 11세기 다윗이 기름 부음을 받을 때를 의미하든 메시야는 다윗 가문으로부터 오시는 분이시다. 마태복음 2:6; 요한복음 7:42도 이 사실만은 분명히 밝히고 있다. 그러나 그리스도의 근

83) Leslie C. Allen, 343-344; Thomas E. McComiskey(ed.), *The Minor prophets,* vol. 2(Grand Rapids: Baker Books, 1993), 704-705.

84) DBD, 762.

85) 그는 KJV, RV가 케뎀을 미가 7:20에서 'from days of old'로 번역하고 있음을 지적한다(Leslie C. Allen, 344, footnote 29).

본은 주전 11세기 다윗의 집안에만 한정되지 않으시는 분이시다. 그리스도는 영원 전부터 존재하신 분이시다(요 1:1; 요일 1:2-3; cf. 사 9:6).[86)]

3절의 "여인이 해산하기까지 그들을 붙여 두시겠"다는 말씀은 이사야 7:14의 임마누엘 약속과 맥을 같이하는 약속이다. 이 말은 동시에 '메시야의 탄생'을 의미할 수 있다. 하나님은 그의 백성을 원수들에게 그대로 맡겨 두실 것이다. 그러나 그 메시야를 통하여 사탄의 포로되어 있던 백성을 건지실 것임을 예언하는 말씀이기도 하다. G. V. 스미스(Gary V. Smith)는 이 예언은 사도행전 2장에서 일어난 일 이상의 것을 의미한다고 본다.[87)] 이 예언은 예수 그리스도 재림을 통한 승리를 포괄하는 것이라고 보아야 한다.

4절에서 메시야는 하나님의 능력으로(2:7; 3:8) 그의 떼를 먹일 분으로 소개된다(겔 34:11-31; 사 40:11; 49:9-13; 시 23:1-2; cf. 막 14:27; 요 10:11-16; 히 13:20; 벧전 2:25; 5:4; 계 7:17).

5 - **6** 여기에서 앗시리아의 침공과 이에 대한 메시야의 승리를 다룬다. 이 소단락에서 1절에서 언급된 침공의 상황을 다시 언급하나, 이 부분은 2-4절의 내용인 메시야의 약속을 이어받아 결론적 종합을 이룬다. 여기에서 이스라엘을 침공하는 이스라엘의 적이 앗시리아임을 구체적으로 언급한다. 그들이 비록 막강한 나라(니므롯의 나라)일지라도 이 메시야 앞에는 아무런 힘도 쓰지 못하게 될 것임을 선포한다. 이 소단락은, 메시야를 3인칭으로 가리키는 내용이 서두와 말미에 나옴으로써 전체를 하나로 묶는 삼단양식적 구조(A-B-A′)를 가지고 있다.

A. 5a절　이 사람(메시야: 평화를 가져오는 사람)

　B. 5b절-6a절　앗시리아의 침공과 이에 대한 승리의 서술

A′. 6b절　메시야의 구원적 승리(3인칭으로 지칭)

---

86) Kenneth Barker/Waylon Bailey, 98.

87) Gary V. Smith, 525, 528-529.

5a절의 "이 사람은 우리의 평강이 될 것이라"는 말은 이 사람이 평강을 가져올 사람이라는 의미를 내포하는 말이다. 개역개정판('이 사람은 평강이라')의 번역은 히브리어 '브하야 제 샬롬'(וְהָיָה זֶה שָׁלוֹם[And this shall be peace, RSV; cf. KJV, NKJV, NIV, NASB])을 직역한 것이다. 개역한글판은 ASV의 제안을 따른 것이다. 'And this (man) shall be (our) peace.' 바울은 에베소서 2:14에서 그가 '우리의 화평'이라고 말하며, 이것을 3-4절의 내용과 연결하여 그리스도 안에서 모든 이방인과 유대인들을 이스라엘 안에 통합한다. 로마서 11장에 다시 나타난다. 그리고 이것은 이사야 9:5의 평강의 왕과 맥을 같이하는 말이다. 그가 곧 구원의 왕이다(6b절).[88]

5b절의 "일곱 목자와 여덟 군왕"은 많은 지도자를 나타내는 히브리어의 관용적 표현이다.[89] 앗시리아 사람들이 유다를 침공할 때 그들에게 지도자들이 부족하지 않을 것임을 선포한다. 그들의 침략자들과 싸우게 될 것이다. 그들에게 목자들과 군왕들이 있을 것이다. 목자(로에 רֹעֶה, 복수형 : 로임 רֹעִים)는 양치는 사람을 가리키는 보편적 어휘이지만, 이것은 그의 백성을 먹이시고 보살피시는 사랑의 하나님을 가리킬 때 사용되며(창 48:15; 사 40:11; 호 4:16; 겔 34:11-24; 시 23:1; 28:9; 78:52-55; 95:7; 100:3 etc.), 이러한 기능은 예언자, 제사장, 왕 등의 지도자들의 의무로 서술된다(삼하 5:2; cf. 부정적 의미로, 슥 10:3; 11:16-17; 13:7). 예레미야 3:15에서 이 말은 미래의 이상적 왕을 나타내는 말로 사용되며, 요한복음 10:11-16에서 메시야 예수 그리스도를 가리키는 말로 나온다(cf. 마 9:36; 히 13:20; 계 7:17[행 8:32-35]).[90] 군왕(나시크 נְסִיךְ, prince)은 여호수아 13:21; 시편 83:11; 에스겔 32:30 등에 나오는 말로서, 개역한글판에서 '방백' 또는 '고관'으로도 번역된다.

그들이 칼로 앗시리아 땅을 정복하고 니므롯 땅을 황무지로 만들 것이다. "칼"은 에베소서 6:17에서 '성령의 검'을 상징하는 말이 된다. "니므롯"은 성경에서 특별한 의미를 가진 낱말이다. 창세기 10:8-12에서 이것은

88) Leslie C. Allen, 348.

89) Daniel J. Simundson, 327; Kenneth Barker/Waylon Bailey, 103; Leslie C. Allen, 347.

90) P. L. Garber, "Sheep; Shepherd," *ISBE,* vol. 4, 463-465.

'우상'과 '오만'의 상징이다.

그 군대가 유다를 침공하는 것은 단순히 한 나라가 다른 나라를 침략하는 것 이상의 의미를 갖고 있는 것이다. 이것은 하나님의 언약의 나라에 대한 침공이고 하나님을 향한 공격인 것이다. 그래서 이 전쟁을 영적 전쟁이며 하나님께서 승리하게 하시는 전쟁이라고 할 수 있는 것이다. 그러나 이 전쟁의 주체는 "우리" 곧 이스라엘 백성이나 일곱 목자와 여덟 군왕들이 아니다. 승리와 구원의 주체는 '그' 곧 메시야인 것이다. 하나님은 "우리"를 사용하시고 "일곱 목자"와 "여덟 군왕"들을 사용하신다. 그리고 그들에게 칼을 주시어 싸워 승리케 하신다. 그러나 모든 승리의 주체는 바로 하나님이시며 메시야인 것이다. 6b절은 이 사실을 5a절과 병행을 이루며 명백히 밝히고 있는 것이다. 그가 평강과 승리와 구원을 가져오는 메시야인 것이다(히찔 메앗슈르 הִצִּיל מֵאַשּׁוּר : He will deliver us from Assyria). 여기에 나오는 '히찔'(נָצַל의 히필형, 구원하다)이 시편 72:12에 나오는데, 이 표현은 이 시편 본문에서 이상적 왕의 역할이 곤경에서 백성을 구하는 것임을 명백히 한다. 이 단어는 사사기 10:15; 사무엘상 12:10; 역대상 16:35; 시편 7:1; 51:14; 69:14; 79:9 등에도 나온다. 이 본문들은 하나님이 우리의 모든 개인적 곤경에서 구하시는 하나님이실 뿐만 아니라(대상 16:35; 시 7:1; 69:14), 죄에서도 구하시는 분이심을 보여 준다(삿 10:15; 삼상 12:10; 시 79:9).

¶ 메시지

하나님의 적들이 하나님의 백성과 그 통치자를 억압하는 상황에서 곧 사탄의 세력이 지배하는 상황 속에서 하나님은 새로운 구원의 역사를 베푸신다. 유다의 한 작은 고을 베들레헴에서 세상을 다스릴 메시야가 나오게 하실 것임을 약속하신다. 그는 하나님의 권능으로 통치할 주권자이다. 그가 목자로서 세상의 모든 백성을 인도하게 될 것이다. 그가 세상에 영원한 평강을 주실 평강의 왕이다.

사탄의 세력이 주의 백성을 치러 올라올 것이나, 메시야가 바로 그 모든 백성을 구원하시는 역사를 베푸실 것임을 약속하신다. 그분이 '이미' 초림하시어 구원의 때를 여셨고, 재림하시어 그의 나라를 완성하실 예수 그리스도이신 것이다. 그분은 우리의 하나님으로서 삶의 질고에서 우리를 건지실 뿐 아니라, 우리를 죄에서 사함 받게 하시는 분이시다. 이러한 하나님의 포괄적인 복 주심의 역사가 우리 모든 성도의 소망의 원천인 것이다.

5) 두 번째 대단원의 본론부 III (핵심부의 외곽틀 A′[5:7-9]): 남은 자의 구원

¶ 본문

7야곱의 남은 자는 많은 백성 중에 있으리니 그들은 여호와에게로서 내리는
이슬 같고 풀위에 내리는 단비 같아서 사람을 기다리지 아니하며 인생을 기
다리지 아니할 것이며 8야곱의 남은 자는 열국 중과 여러 백성 중에 있으리
니 그들은 수풀의 짐승 중의 사자 같고 양떼 중의 젊은 사자 같아서 만일 지
나간즉 밟고 찢으리니 능히 구원할 자가 없을 것이라 9네 손이 네 대적 위
에 들려서 네 모든 원수를 진멸하기를 바라노라

¶ 개요

이 단락은 4:6-8과 병행을 이루고 있는 단락으로서 '남은 자'를 다루는 본문이다. 이 두 단락(4:6-8[핵심부의 외곽틀 A]과 5:7-9[핵심부의 외곽틀 A′])은 두 번째 대단원의 핵심부(본론부 II[4:9-5:6]: 세 개의 '아타' 본문)을 중심에 두고, 내용상 서로 병행을 이루며(A // A′), 핵심부(본론부 II)와 함께 이 대단원의 본론부를 구성한다(본론부 I[4:6-8], 본론부 III[5:7-9]). 이 단락(5:7-9)은 앞에 전개되어 있는 여러 어휘들을 재수용

하며 그 내용을 전개한다. 7절의 많은 민족들은 4:3, 13에 나오는 단어이며, 9절의 '너의 적들'은 4:10을 반영하고 있고, 8절에 나오는 이스라엘 적들의 무기력함은 5:6의 내용을 반영하고 있으며, 이스라엘의 승리는 4:13을 반영하는 것이기도 하다. 이 단락은 특히 '남은 자'의 승리와 세상에서의 역할을 다루고 있는 본문이다.

이 단락의 내용적 구조는 다음과 같다.

1. 5:7 이스라엘의 수적 증가와 세상을 향한 남은 자의 역할
2. 5:8 남은 자의 승리
3. 5:9 적들에 대한 도전적 자세

5:7과 5:8은 각각 '야곱의 남은 자가 많은 백성 가운데 있다'는 상황 설명부터 시작한다.

7절 야곱의 남은 자는 많은 백성 중에 있으리니

וְהָיָה שְׁאֵרִית יַעֲקֹב בְּקֶרֶב עַמִּים רַבִּים //

8절 야곱의 남은 자는 열국 중과 여러 백성 중에 있으리니

וְהָיָה שְׁאֵרִית יַעֲקֹב בְּקֶרֶב עַמִּים רַבִּים

그리고 9절은 그들에게 일어나기를 원하는 내용을 직접 2인칭으로 서술한다. '동사+네 대적들(2인칭 대명사어미) // 네 원수들(2인칭 대명사어미)+동사'의 구조로 교차대구법(chiasmus)을 이루고 단락의 결론을 맺으며 삼단양식적 구조를 보여 준다.

¶ 주석

7 7절 서두와 8절 서두에서 각각, 남은 자가 많은 백성 사이에 있음이 강조되는데, 이것의 일차적 의미는 그들이 포로와 같은 상황 또는 많은 적들에 의해 둘러싸여 있는 고난의 상황을 나타낸다. 그러나 이것은 그들의

증인의 사명도 내포한다. 7절에서는 하나님이 주시는 은혜에 대한 증인의 역할이 강조되고, 8절에서는 그들을 통해 나타나는 하나님의 권능의 역사에 대한 증인으로의 역할이 부각된다. 이스라엘의 살아남은 사람들은 소수이고, 고난의 상황이다. 그러나 하나님의 역사는 여기에서 멈추지 않는다는 사실을 보여 주고 있는 것이다. 하나님의 백성의 운명은 파멸에서 끝나지 않는다. 하나님께서 그들을 '아침이슬'('탈' טַל [dew] 남성단수 명사)과 '비'('르비빔' רְבִיבִים [showers] 남성복수 명사)처럼 많은 수로 만들어 주실 것임을 선포한다.[91] 이 선포는 아침이슬과 비처럼 많아진 이스라엘 백성이 이 세상에서 하나님의 은혜의 통로 역할을 해야 한다는 기능적 의미도 내포하고 있다. 그들은 사람들에게 필요한 은혜의 역할을 해야 하는 것이다.[92]

아침이슬과 비는 팔레스타인에서 꼭 필요한 생명과 열매의 조건이요, 도구이다. 이스라엘을 아침이슬과 푸성귀 위에 내리는 비와도 같게 만들어 주시는 것이다. 하나님은 일차적으로 적들에 대한 승리를 위하여 수를 많게 하여 주신다. 그리고 승리케 하신다. 그러나 이를 통하여 만민을 향한 복의 통로의 역할도 하게 하시는 것이다. 이것이 하나님의 백성의 역할이다. 하나님의 대적을 물리치는 역할과 세상을 향한 복 주심의 통로의 역할을 감당해야 하는 것이다. 이것은 창세기 12:3; 시편 72:17-18; 출애굽기 19:4-6에 선포되어 있는 내용이며, 이사야 49:6; 60:1-3에 선포되어 있는 내용이다(갈 3:8-9; 벧전 2:9).

7b절의 "사람을 기다리지 아니하며 인생을 기다리지 아니할 것이며"에서 '기다리다'가 반복되며 강조된다.

> '예카베'(יְקַוֶּה : 카바[קוה : wait, look eagerly for]의 피엘 미완료 3인칭 남성단수 //
> '예아헬'(יְיַחֵל : 야할[יחל : wait, await의 피엘 미완료 3인칭 남성단수]).

이 동사 바로 앞에 나오는 "이슬"과 "단비"는 '하나님의 은혜의 선물'이

91) Henry McKeating, 180(cf. NEB); etc.
92) Rolland E. Wolfe, 933-934; Artur Weiser, 126; Leslie C. Allen, 353-354.

라는 포괄적 관념으로서 '기다리다'의 선행사 역할을 한다. 여기에서 강조되는 말씀의 의미는 '하나님이 주시는 은혜는 인간에게서 오는 것이 아니라 하나님에게서 오는 것 곧 하나님의 특별한 신비의 선물'이라는 것이다(삿 6:36-40; 욥 38:26-28; 출 16:13-36).[93] 하나님만이 모든 복과 구원의 근원이시다.

8 8절에서 이스라엘은 사자로 비유된다(민 23:24; 24:9; cf. 창 49:9에서는 유다가 사자로 서술된다.). "능히 구원할 자가 없을 것"('아무도 그들을 구할 자가 없을 것'[표준새번역])이라는 말은 하나님의 적들에 대한 하나님의 징벌을 나타내는 데 자주 나오는 표현이다(신 32:39; 욥 10:7; 시 50:22; 호 5:14). 이것은 하나님의 거룩한 전쟁을 나타내는 표현이다. 이것은 이스라엘이 승리해야 하는 당위성을 보여 주는 것이다. 이것은 하나님의 전쟁이며, 영적 전쟁이기 때문이다.

9 여기에서 하나님은 이스라엘을 향해 담대히 일어나서 적들에 맞서라고 명령하신다. 여기에 전제되어 있는 상황은 손을 늘어뜨리고 있는 무기력한 상태에 있는 이스라엘을 가리키고 있는 것이다. 하나님의 승리와 은혜의 역사를 믿고 담대히 일어서라는 것이다. 표준새번역은 이러한 적극적 의미를 잘 번역해 내고 있다. '네가 네 대적 위에 손을 들고, 네 원수를 모두 파멸시키기를 바란다.' 그러나 여기에는 앞의 7절에 내포된 의미인 은혜의 통로가 되어야 하는 사명도 전제가 된 것이다(엡 6:10-17). 하나님의 궁극적 목적은 세상의 많은 사람이 하나님의 구원의 은혜를 입도록 하는 것이다.

---

93) NRSV(which do not depend upon people or wait for any mortal); NIV (which do not wait for man or linger for mankind); Gary V. Smith, 527; Elizabeth Achtemeier, 344.

¶ 메시지

남은 자들이 뭇백성 사이에 있음이 강조된다. 이것은 일차적으로 그들의 고난의 상황을 반영한다. 하나님은 그러한 상황 속에서 건져 주시어 구원하시고 복 주시는 하나님이시다. 그러나 남은 자들에게는 하나님이 부여하신 목적도 있다. 그들은 세상에서 하나님의 증인 역할을 감당해야 하는 것이다. 그들은 그들이 누리는 모든 은혜의 근원과 주체가 하나님이심을 증거해야 한다. 이슬과 단비를 주시되 인간에게서 기대할 수 없는 신비롭고 놀라운 복을 허락하시는 분이시다. 그리고 하나님은 대적을 물리치게 하시되 아무도 그 대적을 도울 수 없는 승리를 주실 것이다. 하나님은 사탄을 물리치게 하시되 전무후무한 방법으로 승리케 하시는 분이시다. 이 온전한 승리를 위해 예수 그리스도 곧 성령님을 보내 주신 것이다.

6) 두 번째 대단원의 결론부(5:10–15): 질타와 구원의 소망

¶ 본문

10 여호와께서 가라사대 그 날에 이르러는 내가 너의 말을 너의 중에서 멸절
하며 너의 병거를 훼파하며 11 너의 땅의 성읍들을 멸하며 너의 모든 견고한
성을 무너뜨릴 것이며 12 내가 또 복술을 너의 손에서 끊으리니 네게 다시는
점장이가 없게 될 것이며 13 내가 너의 새긴 우상과 주상을 너의 중에서 멸
절하리니 네가 네 손으로 만든 것을 다시는 섬기지 아니하리라 14 내가 또
너의 아세라 목상을 너의 중에서 빼어 버리고 너의 성읍들을 멸할 것이며
15 내가 또 진노와 분한으로 청종치 아니한 나라에 갚으리라 하셨느니라

¶ 개요

5:10-15는 '심판의 신탁 + 구원의 소망'의 내용을 담고 있다. 이것은 내용상 3:1-4:5와 맥을 같이하며 이 두 번째 대단원 전체(3:1-5:15)의 결어 역할도 한다. 이 양자는 모두 긴 질타의 말씀에 이어 짧은 구원의 소망을 담고 있다. 이 단락은 이 중심 대단원(미 3:1-5:15)의 서두인 3:1-4:5의 대칭단락의 역할과 이 중심 대단원(미 3:1-5:15)의 결론부 역할을 하며, 동시에 다음 마지막 대단원(6:1-7:20)을 예비한다. 이 모든 것은 종말의 날('그 날에')과 연결되어 있는 것이다. 이 본문을 통하여 이스라엘이 온전한 평화를 누리게 되기 위해 이스라엘에게 있어야 할 정결의 역사를 선포하고 계신 것이다. 인간은 하나님보다 군마나 병거나 성곽들이나 요새들을 더 신뢰한다. 하나님은 이것들을 파괴하실 것이다. 이것은 영원한 평화의 나라의 전제조건이기도 하다(미 4:3-4). 그리고 이스라엘에 있던 마법과 점을 치는 것과 우상과 신상들을 모두 없애 버리실 것이다. 이 모든 것이 하나님의 영원한 복을 위한 절대적 조건인 것이다.

미가 4:9에서 이스라엘은 그들의 불신앙을 드러내었다. 이것은 결코 전능하신 하나님, 만유의 주님께 용납될 수 없는 죄인 것이다. 이 믿음과 신뢰의 문제는 성경 전체의 중심 주제 중의 하나이다.[94] 그리고 우상 숭배와 이교 숭배의 문제는 언약백성이 결코 저질러서는 안 되는 절대적인 제의적·영적 죄악이다. 이것은 시내산 언약의 핵심적 요구이며(출 20:2-6; 신 5:1-10; 6:1-25), 이스라엘 왕조의 파멸의 원인이기도 하였다(왕하 17:13-20). 이 단락(5:10-15)은 언약의 제의적·영적 부분을 강조함으로써 이 단락의 대칭단락 곧 언약의 사회윤리적 문제에 초점을 맞추고 있는 3:1-12와 언약법의 두 중심내용을 각각 나누어 다룬다는 차원에서 내용적 균형을 이루고 있는 것이다.

---

94) Hans-Christoph Schmitt, "Redaktion des Pentateuch im Geiste der Prophetie," *VT* 32/2(1982), 170-189; J. H. Sailhamer, 『서술로서의 모세오경』(*The Pentateuch as Narrative*, 1992)(서울: 크리스챤서적, 2005), 128-159.

그리고 최종 결론부인 5:15에서 하나님은 믿음 없는 이스라엘 백성에게 '내가 또 진노와 분노로 순종하지 아니한 나라에 갚으리라' 곧 하나님께 복종하지 않는 모든 민족에게 큰 분노로 보복하겠다고 말씀하심으로써 하나님이 종말론적 세상을 완성시키실 것임을 다시 확약하신다. 하나님의 종말론적 심판과 하나님 백성의 정화와 구원은 이 중앙부(3:1-5:15) 전체의 중심선포이기도 하다. 여기에서 다시 하나님은 주님만을 절대적으로 섬기기를 원하시는 분이며, 이것은 세상 모든 사람에게 주어진 명령임을 강조한다. 하나님은 불순종하는 모든 민족을 벌하신다. 오직 하나님만을 의지하고 섬길 때, 그들이 하나님의 뜻을 실천적으로 행할 때 비로소 그들을 구원해 주시고 복 주신다는 것이다. 하나님 이외의 다른 것을 의탁하는 불신앙을 질타하시고 이어서 구원의 약속을 베푸시는 내용적 구조는 4:9-10에도 나타난다.[95]

5:10-15는 8개의 시행으로 구성되어 있다. 그중 1번째 시행은 사자문체(네움 아도나이 נְאֻם־יהוה)와 '그날에 일어날 일을 알리는 말씀'(베하야 바욤하후 וְהָיָה בַיּוֹם־הַהוּא, '그날에 이르러는')이 선포된다. 이것은 그 다음 전개되는 시행과는 구별되는 표현이다. 이어서 전개되는 2-7 시행은 전체적으로 구조상 유사하며 내용적 통일성도 있다. 이스라엘이 의지하는 것들에 대한 질타의 말씀이 선포되며 이 안에서 약간의 변화는 있지만, 전체적으로 운율상 3+2 구조를 가지고 있다.[96] 그러나 8번째 시행은 4+4 구조를 가지고 있다. 그리고 내용면에서도 앞의 것과는 완전히 구별된다. 여기에

---

95) Leslie C. Allen, 356.

96) 2-3 시행(10b-11절)에서는 운율상 3+2의 동일한 문장구조를 가지고 있고 내용상 이스라엘 백성이 믿고 의지하는 세속적 힘에 대하여 언급한다. 특히 2-3 시행은 명백한 구조적 병행을 통해 서로 연결되어 있다. '동사+목적어+부사구(from)'+'동사+목적어'가 반복되는 구조로 되어 있다. 4-7시행(12-14절)에서는 앞의 3+2 구조를 부분적으로 깨며 내용적으로도 다소 구별된다. 여기에서는 종교적 의지의 대상 곧 우상들에 관한 질타의 말씀이 선포된다. 그러나 전체적으로 좀더 넓은 의미에서 한 통일체를 이룬다고 할 수 있다. 2-7 시행과의 명백한 구별은 그 다음에 나오는 마지막 8번째 시행에서 이루어진다(4+4 구조). 4-7 시행의 운율은 각각 3+3; 2+2; 2+2; 3+2이다. 그러나 전체적으로 3+2 구조와 유사한 범주에 든다.

서는 이방민족들에 대한 하나님의 심판의 말씀이 다루어진다. 이 단락은 전체적으로 1번째 시행과 8번째 시행이 2-7번째 시행을 감싸고 있는 형태를 취하고 있다.

¶ 주석

10 – **14** 10a절(1번째 시행) "여호와께서 가라사대 그날에 이르러는"은 하나님의 심판의 역사는 어떤 특정한 때에 일어날 것임을 분명히 하신다. 하나님만이 아시는 때이다. 그때는 주전 701년의 앗시리아 침공을 가리킬 수도 있고 그 이후의 최후의 종말의 때를 나타낼 수도 있다. 그리고 이 말씀에 이 모든 상황이 내포되어 있는 것일 수도 있다. 10b-11절(2-3번째 시행)에서 하나님은 사람들이 의지하는 군마와 병거와 성읍들과 견고한 성 곧 견고한 요새들을 무너뜨릴 것임을 선포하신다. 여기에서 강조하고자 하는 것은 요새와 성읍의 필요성을 부정한다기보다는 그들이 하나님보다 그러한 것들을 더 의지하며 하나님을 믿지 않는 데 있다. 이것은 하나님을 멸시하는 것이다. 그리고 하나님은 이러한 불신앙을 용납지 않으신다는 사실을 선포하고 계신 것이다. 그 일차적인 징벌이 주전 701년에 이루어진다. 그러나 이러한 불신앙은 다시 종말의 때에도 일어날 것이다.

하나님이 질타하신 죄악은 이것뿐이 아니다. 이스라엘은 영적인 죄악을 저지른다. 그들은 "복술"과 "점장이"를 찾아다닌다(12절: 4번째 시행). 그리고 우상들을 섬긴다(13절: 5-6번째 시행). 이러한 현상은 주전 8세기에 만연된 현상이었고 우리 시대에도 역시 그러하다(사 2:6-8; cf. 암 2:4-5; 호 4:11-15; 5:4-7; 8:1-6). 이것은 언약법에 명시된 절대적 금지사항이었다. 십계명을 포함한 시내산의 모든 규례에 반영되어 있는 내용이다. 복술과 점쟁이의 문제는 출애굽기 22:18; 레위기 19:26, 31; 신명기 18:10-13에 나오는 문제이다. 그리고 새긴 우상의 문제는 출애굽기 20:4, 23; 34:17; 레위기 19:4; 신명기 27:15 등에 나타난다. "새긴 우상"은 히브리어 '페실'(פְּסִיל)이며, 이것은 '우상'(idol) 또는 '형상'(image)으로 번역될 수 있는 어휘인데, 여기에서는 '형상'(image)을 가리키는 것으로 보는 것이 적절하다.[97] "주상"은 히브리어 '맛쩨바'(מַצֵּבָה)이며, 이것은 가나안 종교의 돌로 만든 남신상을 가리킨다. 이스라엘은 이것을 그들의 손으로 만들어 세워 놓고, 이것을 여호와라고 부르며 섬기고 있었던 것이다(사 2:8; 10:10; 21:9; 호 8:5; 11:2). 그리고 그들은 성소에 "아세라 목상"을 세워 놓고 이를 섬기고 있었다(14절: 7행). 이 아세라 목상은 가나안 만신전의 우두머리인 엘 신의 아내이며 모신(母神 mother-goddess)이다. 그들은 이와 같은 혼합주의적 종교생활을 하고 있었던 것이다. 그들은 이미 신앙의 순수성을 잃은 상태이며 이미 여호와 하나님을 섬기는 것이 아니었다. 하나님은 이 모든 것을 뽑아 버리고 성읍들을 파괴하실 것을 선포하신다.

15 여기에서 하나님은 그에게 복종하지 않는 모든 백성을 징벌하실 것임을 선포하신다. 이것은 하나님 백성의 구원에 대한 약속과 동일한 의미를 갖는 것이다. 이스라엘의 적의 패배는 이스라엘의 승리를 의미하는 것이기 때문이다. 이러한 구원의 역사 이전에 하나님과 이스라엘 사이의 영적 장벽이 제거되기를 원하셨다. 그 영적 장벽이 바로 군대와 힘에 대한 의존과 마법과 점을 의지하는 것이었으며 우상 숭배였다.

하나님만이 절대적 믿음의 대상이며, 섬김의 대상이어야 한다. 이것은 모든 인류에 대한 명령이다. 하나님에 대한 철저한 순종 없이 하나님은 구원과 복 주심의 은혜를 베풀지 않으신다(사 42:24-25; 렘 35:18-19; 시 81:11-16; 느 9:16-17; cf. 롬 2:8-10; 살후 1:6-9). 여기에서 민족들은 "청종치" 않는 사람들, 즉 하나님의 뜻에 순종하지 않는 사람들을 가리킨다.

---

97) Leslie C. Allen, 358.

¶ 메시지

하나님은 우리에게 절대적 충성을 요구하신다. 한 발은 우상에게 두고, 다른 한 발은 하나님께 두며 갈팡질팡하는 신앙적 불성실을 용납하지 않으신다. 이것은 갈멜산에서 엘리야를 통해 증거된 말씀이며(왕상 18:17-40), 우상 숭배와 이교 숭배의 금지를 명하는 성경의 모든 말씀들을 통해 증거된 하나님의 뜻이다(출 20:1-17; 신 4:15-40; 6:4-5; 7:1-6; 12:29-31; 13:1-18; 사 41:21-29; 44:6-8; 45:20-25; 렘 10:1-11; 겔 6:1-7; 8:1-18; 계 21:6-8; 22:14-15). 이것은 믿음 없음을 의미하는 것이고, 이에 대해 하나님은 이렇게 말씀하신다. "만일 너희가 믿지 아니하면 정녕히 굳게 서지 못하리라"(사 7:8), "오직 믿음으로 구하고 조금도 의심하지 말라 의심하는 자는 마치 바람에 밀려 요동하는 바다 물결 같으니 이런 사람은 무엇이든지 주께 얻기를 생각하지 말라"(약 1:6-7).

하나님은 우리에게 영적 정결함을 원하신다. 하나님은 거룩하신 분이시다. 거룩한 곳에 역사하신다. 이것이 이스라엘의 진지가 정결해야 했던 이유이며(신 23:9-14), 하나님의 성전이 거룩하고 정결해야 했던 이유이다(레 16:1-31). 그리고 우리의 삶이 거룩하고 정결해져야 하는 이유이다(레 8:22-24, 30; 롬 3:23-26; 5:9-11; 히 10:8-18). 하나님은 우리가 하나님과 바른 영적 관계 속에 있을 때 우리에게 참다운 복과 은혜를 내려 주시기 때문이다.

4. 세 번째 대단원(6:1-7:20): 질타의 말씀과 구원의 소망

이 부분은 설교의 마지막 정리부분이다. 이제 청중들로 하여금 깨달음을 얻고 하나님에 대한 충성과 헌신을 결단하게 하는 목적을 가지고 마지막 단계로 들어선다. 3:1-5:15는 이 책의 중심부로서 종말론적 구원의 약속과 영원한 복의 조건과 소망을 포괄적으로 선포하였다. 그리고 이제 현재의 이스라엘이 이를 위해 무엇을 해야 하는가에 관한 이야기에 집중한다. 이 세 번째 대단원(6:1-7:20)의 내용의 큰 틀은 첫 번째 대단원(1:1-2:13)과 마찬가지로(전반부[질타의 말씀]+후반부[구원의 말씀]), 전반부(6:1-7:7)에서 이스라엘의 죄와 심판과 질타에 관해 언급하고, 후반부(7:8-20)에서 회복과 구원에 초점을 맞추는 특징을 보여 주며, 이 책 전체의 삼단양식적 구성을 완성한다.

그러나 이스라엘의 현재의 문제와 죄악은 무엇인가를 다룸에 있어서, 1:1-2:11에서 다루었던 것처럼 죄에 대한 질타와 심판에 초점을 맞추기보다는, 죄를 지적하되 진리를 가르쳐 깨우치는 방향으로 전개하며, 특히 예언자 자신의 중보기도와 신앙고백적 찬양을 통하여 백성의 구원을 간구함과 동시에, 청중들로 하여금 복과 은혜에 대한 소망을 갖고 하나님 앞에 돌아오도록 인도하여 새로운 신앙적 결단을 하게 하는 방향으로 내용을 전개하는 특징을 보여 준다. 결론부로서 적합한 전개라고 할 수 있다. 이 대단원의 결론적 면모는 특히 이 마지막 기도와 찬양부분에서 앞에 전

개된 주요한 주제들을 거의 다 취급한다는 사실에서 볼 수 있는 것이기도 하다.[98)]

이 대단원의 전반부(6:1-7:7)는 다시 세 개의 단락으로 구분된다. 그리고 이 세 부분은 서로 유기적으로 연결되어 있다(6:1-8; 6:9-16; 7:1-7). 이 전반부는 징벌과 질타의 말씀을 중심으로 한 내용적 전개를 통하여 이 세 번째 대단원의 결론부이며, 이 책 전체의 결론부의 역할을 하는 후반부(7:8-20)를 예비한다.

1) 세 번째 대단원의 서론부(6:1-8)

¶ 본문

1 너희는 여호와의 말씀을 들을찌어다 내게 이르시기를 너는 일어나서 산 앞
에서 쟁변하여 작은 산으로 네 목소리를 듣게 하라 하셨나니 *2* 너희 산들과
땅의 견고한 지대들아 너희는 여호와의 쟁변을 들으라 여호와께서 자기 백
성과 쟁변하시며 이스라엘과 변론하실 것이라 *3* 이르시기를 내 백성아 내가
무엇을 네게 행하였으며 무엇에 너를 괴롭게 하였느냐 너는 내게 증거하라
4 내가 너를 애굽 땅에서 인도하여 내어 종노릇 하는 집에서 속량하였고 모
세와 아론과 미리암을 보내어 네 앞에 행하게 하였었느니라 *5* 내 백성아 너
는 모압 왕 발락의 꾀한 것과 브올의 아들 발람이 그에게 대답한 것을 추억
하며 싯딤에서부터 길갈까지의 일을 추억하라 그리하면 나 여호와의 의롭게
행한 것을 알리라 하실 것이니라 *6* 내가 무엇을 가지고 여호와 앞에 나아가
며 높으신 하나님께 경배할까 내가 번제물 일년 된 송아지를 가지고 그 앞에
나아갈까 *7* 여호와께서 천천의 수양이나 만만의 강수 같은 기름을 기뻐하실
까 내 허물을 위하여 내 맏아들을, 내 영혼의 죄를 인하여 내 몸의 열매를 드

98) Delbert R. Hillers, 89.

릴까 [8]사람아 주께서 선한 것이 무엇임을 네게 보이셨나니 여호와께서 네게 구하시는 것이 오직 공의를 행하며 인자를 사랑하며 겸손히 네 하나님과 함께 행하는 것이 아니냐

¶ 개요

이 세 번째 대단원은 '너희는 여호와의 말씀을 들을찌어다'(6:1)로 시작한다(1:2; 3:1). 이 단락은 일반적으로 장르면에서 언약 송사(covenant law suit, rîb-pattern)라고 불리는 본문이다.[99] 이것은 이사야 1:2-3; 3:13-15; 예레미야 2:4-13; 시편 50편(cf. 신 32:15-18) 등에서와 마찬가지로 피소자가 이행해야만 했거나 이행하지 못한 그들의 의무에 대한 지적으로부터 시작하여 그들의 죄를 묻는 형태를 취한다. 그리고 결론적 질문과 대답으로 끝을 맺는 형식을 갖고 있다. 이 단락은 문학 형식상 두 개의 요소, 즉 법적 송사와 '질문-대답' 유형을 갖고 있다.[100] 여기에서는 우선 하나님의 말씀을 들으라는 청중을 향한 예언자의 호소로부터 시작한다('너희는 여호와의 말씀을 들을찌어다', 6:1). 예언자는 하나님의 대변자로서 마치 백성에게 죄를 묻는 검사(attorney) 같은 역할을 하고 있는 것이다(1-2절). 그리고 산과 땅은 하나님과 이스라엘 사이에서 언약 파기의 문제에 대한 '증인' 또는 '배심원'(jury; 또는 judges)의 역할을 하게 된다. 3-5절에서 하나님의 진술이 행해지고, 6-7절에서 백성의 질문이 나오며, 8절에서 백성의 질문에 대한 예언자의 대답이 나온다.

그러나 이 단락은 크게 세 개의 소단락으로 구성된 문학단위체라고 할

99) Herbert. B. Huffmon, "Covenant Lawsuit in the Prophets," *JBL* 78(1959), 285-295; Juilen Harvey, "'Le Rîb-Pattern,' Réquisitoire prophétique sur la rupture de l'alliance," *Biblica 43*(1962), 172-196; cf. Hans Jochen Boecker, *Redeformen des Rechtslebens im Alten Testament*, WMANT 14(Neukirchen: Neukirchener, 1964), 101-105; Delbert R. Hillers 77; Ralph L. Smart, 30; Daniel J. Simundson, 334.

100) Ralph L. Smart, 50.

수 있다.

1. 6:1-5 하나님의 고발(예언자의 말로 시작: 이스라엘에 대한 하나님의 송사[말씀])
2. 6:6-7 이스라엘의 응답(이스라엘의 변호: 자기합리화적 질문들)
3. 6:8 예언자의 결론(예언자의 대답[하나님의 말씀])

내용상 위와 같은 형태의 삼단양식적 구조를 보여 준다.

일련의 학자들이 이 본문을 포로기의 것으로 보나,[101] 또 다른 많은 다른 학자들은 미가 자신의 것으로 본다. 그러나 이것을 미가의 것이 아닌 것으로 볼 명백한 이유가 없다.[102]

¶ 주석

1 - **2** 예언자의 초청의 말씀에 이어서 하나님의 말씀이 나온다("너는 일어나서 산 앞에서 쟁변하여 작은 산으로 네 목소리를 듣게 하라"). 여기에서 '너'는 이스라엘을 가리킨다. 하나님이 화자이다. 산들과 땅들이 재판관으로 세워진 것은 그들이 오랜 기간 동안 하나님과 이스라엘의 관계와 역사를 보아 온 증인이기 때문이다. 예언자는 2절에서 "산들과 땅의 견고한 지대들"을 증인으로 부른다. 여기에서 '지대'(모사드 מוֹסָד)들은 땅을 바치고 있는 기초 또는 기둥들을 가리킨다(욘 2:6). 이 말은 이사야 24:18; 40:21; 잠언 8:29 등에 나오는 말로서 하나님은 천지창조의 주관자이시며, 만유의 주님이심에 대한 고백을 전제로 하는 것이다. 여호와께서 자기 백성과 변론하실 것이니 이를 들으라고 호소한다. 표준새번역에서는 이사야 1:2-3과 예레미야 2:12-13에서 하나님이 증인들에게 직접 화자로서

101) J. M. P. Smith, *Micah, Zephaniah and Nahum*, ICC, 15-16, 117.
102) Artur Weiser, 65-66, 130-131; Leslie C. Allen, 249-250; Ralph L. Smith, 50.

말씀하시는 용례를 따라 2절에서의 화자를 여호와로 보고 여호와를 1인칭으로 서술한다. 여기에서 여호와는 자기 자신을 3인칭으로 표현하지만, 1인칭을 가리키는 어법이라고 보는 것이다(표준새번역; cf. 미 6:5). 여기에서 언급되는 "자기 백성"('내 백성' 3, 5절)은 언약의 백성 이스라엘을 가리킨다(창 17:9-14; 출 6:5-7; 레 26:12; 신 26:15, 18-19; 사 1:3-4; 렘 2:11-13, 31-32; 겔 11:20; 호 1:9-10; 2:1, 23). 비록 직접적으로는 유다를 가리키는 것이지만 '이스라엘'이라는 언약적 이름을 사용하여 유다를 가리킨다. 여기에서 "자기 백성"이라는 말은 이스라엘과 하나님의 특별한 선택의 관계를 나타낸다. 이러한 특별한 언약관계 속에 있는 이스라엘을 하나님 자신이 징벌하지 않으면 안 되는 비극적 상황을 나타내고 있는 것이다. 6:1의 '쉬무우 나'(שִׁמְעוּ־נָא "들을찌어다")의 '나'(נָא)는 명령의 내용을 강조하는 호소력 있는 말이며, 명령어 '쉬무우'(שִׁמְעוּ ['들으라'])가 다시 2절에서 나오고, 하나님의 송사(rîb-yahweh)라는 말도 2절에 두 번 나옴으로써 이 문제의 심각성을 강조한다.

3 – **5** 3-5절에서 하나님은 그들의 언약 파기의 죄를 직접적 방법으로 질타하지 않으시고 간접적이고 우회적으로 물으심으로 이를 증명하고자 하신다. "내 백성아 내가 무엇을 네게 행하였으며 무엇에 너를 괴롭게 하였느냐?" 여기에서 문제에 대한 접근은 우회적이고 간접적이지만 이 히브리어 표현은 매우 강렬하다. 여기에서 호소력이 가득한 강조 용법들이 사용된다. 음성학적으로 A와 A'가 병행을 이루고, B와 B'가 병행을 이루는 교차대구법을 형성하며, 중심내용인 하나님의 탄식('내가 무엇을 네게 행하였으며 무슨 일로 너를 괴롭게 하였느냐')을 강조하는 구조를 가지고 있다.

A. 암미 עַמִּי

B. 메 아시티 르카 מֶה עָשִׂיתִי לְךָ

B'. 우마 헬르에티카 וּמָה הֶלְאֵתִיךָ

A'. 아네 비 עֲנֵה בִי

3절에서 "내 백성"(암미)으로 시작하는 이 말("내 백성아 내가 무엇을 네게 행하였으며 무엇에 너를 괴롭게 하였느냐?")은 교차대구법을 통하여 하나님의 과거의 모든 역사와 관계에 관한 내용을 확실히 따지듯이 말하며 앞으로 전개될 말씀을 예비한다. 여기에 내포되어 있는 의미는 과거의 하나님의 은혜와 구원의 역사와 이에 대한 이스라엘의 죄 된 반응들이 전제되어 있는 것이다. "무엇에 너를 괴롭게 하였느냐"는 말(마 헬르에티카)은 내가 너희에게 무슨 짐이 되었느냐는 말이다(How have I burdened you? [NIV] ; In what have I wearied you? [NRSV]). 이스라엘의 가진 자들 가운데는 특히 하나님의 율법이 짐이 되었을 수도 있다. 언약법은 제의적 충성과 동시에 사회윤리적 실천도 요구하기 때문이다. 이것이 바로 이스라엘 지도자들의 죄 된 상황이기도 하였다(1-3장). 그들은 언약법이 궁극적으로 이스라엘과 세상만민의 복을 위한 것이라는 사실을 망각하고 있었던 것이다(출 19:4-6; 신 28; 29; 30장; 레 26 etc.; 벧전 2:9). 과거의 모든 역사는 이스라엘이 하나님의 짐이 되었고 하나님을 괴롭혔지 하나님이 그들을 괴롭힌 것이 아니었다. 그들은 출애굽 과정에서조차 하나님을 의심하였고 하나님을 배신하였다. 홍해를 건넌 후 수르 광야에서도 그러했고(출 15:22-27), 신 광야에서도(출 16장), 르비딤에서도 그러했으며(출 17:1-7), 시내산에서도 그러했다(출 32-34장). 가데스 바네아와 싯딤에서도 그러했다(민 13-14장; 신 1:19-33; 민 25:1-18). 이사야는 하나님을 온전히 신뢰하지 못하는 아하스 왕을 향해 이와 유사한 말을 한다(사 7:13; cf. 사 43:24; 말 2:17).

그러나 하나님은 이스라엘을 괴롭히는 대신에 이스라엘을 애굽에서 구원하신 분이시다(4절). 여기에서 이러한 하나님의 역사가 히브리어의 음역에 나타난다. "내가 … 너를 괴롭게 하였느냐"는 말의 음역은 '헬르에티카'(הֶלְאֵתִיךָ)인데, '내가 애굽에서 너희를 구원해 내었다'는 말은 '헤엘리티카'(הֶעֱלִתִיךָ [I brought you up])이다. 발음은 유사하나 의미하는 바는 정반대인 어휘를 통하여 그들을 풍자적으로, 그러나 너무 선명하게 반박하고 있는 것이다. 내가 너희를 괴롭힌 것이 아니라 오히려 나는 너희를 애굽의 종살이에서 구원하여 낸 하나님이라는 사실을 강조하신다.[103] 출애굽은 종살이하던 집에서 몸값을 치르고 속량하신 하나님의 구원의 역사이다.

이 역사도 히브리어 강세 접속사 '키'(כִּי indeed 정녕)를 통해 강조되며, 다시 교차대구법으로 그 내용이 강조된다(X-Y-Y'-X').

X. 헤엘리티카 הֶעֱלִתִיךָ '내가 너를 건져내었다'(I brought you up).
  Y. 메에레쯔 미쯔라임 מֵאֶרֶץ מִצְרַיִם '애굽땅에서'(from the land of Egypt)
  Y'. 미베트 아바딤 וּמִבֵּית עֲבָדִים '종살이하던 집에서'(from the house of bondage)
X'. 프디티카 פְּדִיתִיךָ '너를 속량하였다'(I redeemed you).

"속량하였고"로 번역된 '파다'(פדה ransom)는 '대속하다, 속량하다, 구원하다' 등으로 번역되는 단어이다. '파다'의 기본적 의미는, 사람에게서 어떤 물건이나 사람의 소유권을 얻기 위하여 그들의 대가를 지불하거나 이에 상응하는 대체물을 내어 주는 것을 말한다('price of release'). 이것의 유사어로 '코페르'(출 30:12-16; 잠 13:8; 21:18; 사 43:3)와 '고엘'(사 41:14; 48:20; 51:10; 52:3, 9; 렘 31:11) 등이 있다. 이 단어('파다')의 어근은 히브리어의 동족어인 북서 셈어 우가리트어에서도 '속량하다'(ransom)의 의미로 나타나며, 아랍어에서도 동일한 의미를 갖고 있다(padā).[104)]

출애굽의 마지막 재앙에서 하나님은 애굽의 모든 초태생을 죽이신다(출 12장). 그때 이스라엘의 초태생을 건져 주셨다. 이로써 이스라엘의 모든 초태생은 하나님의 영원한 소유가 되었다(출 12:29-36; 13:11-16). 하나님은 이러한 이스라엘의 장자들을 대신하기 위하여 레위인을 선택하시고 그들을 하나님을 위해 구별하셨다(민 3:40-51). 레위인들의 수를 초과한 장자들의 수는 1인당 5세겔의 값으로 속전, 곧 물어 낸 값을 치러야 했다. 그러나 성경은 넓은 의미에서 이스라엘 전체가 하나님의 속량을 받은 백성으로 이해한다(출 4:22; 신 15:15; 24:18; 삼하 7:23; 시 78:

103) Leslie C. Allen, 366.
104) BDB, 804; L. Morris, "Ransom," *ISBE*, vol. 4, 44-45.

40-42; 111:9). 하나님은 그의 백성을 구원하시는 분이시다(사 35:10; 51:11; 슥 10:8; cf. 43:3-4). 호세아 13:14에서 하나님은 그의 백성을 스올의 권세에서도 속량하실 것을 약속하신다. 성경은 하나님이 이스라엘을 그들의 모든 죄악에서도 구원하시는 하나님이심을 고백한다(시 130:8). 마태복음 20:28에서, '인자는 섬김을 받으로 온 것이 아니라 섬기러 왔으며, 많은 사람을 위하여 자기 목숨을 대속물로 내주러 왔다'고 말씀하신다(cf. 막 10:45; 딤전 2:6; 히 9:15; 벧전 1:18-19; 계 5:9).

이 출애굽 구원의 역사는 많은 의미를 내포하는 이스라엘 신앙사의 절대적 요소이다. 이스라엘의 중요한 신앙고백에서 자주 언급되는 내용이다(신 26:5-10; 6:20-25; 수 24:2-13; 암 2:9-11; 호 11:1-11; 사 40:14-21 etc.). 이것은 하나님의 구원 의지뿐만 아니라 하나님의 능력과 권능을 내포하며 하나님의 절대성에 대한 고백을 내포한다.

4b절에서 출애굽의 인간 리더로서 세 사람이 언급된다(모세와 아론과 미리암). 미리암은 모세의 누이로서 여선지자요, 찬양자로 알려진 사람이다(출 15:1, 20). 여선지자의 중요성과 찬양사역의 중요성을 강조하는 것이다. 그러나 역사의 주관자는 바로 하나님이심을 선포한다. 3-4절에서 모든 역사의 주관자가 바로 하나님이심을 '1인칭' 표현의 계속적인 사용으로 강조한다(나의 백성, 내가 행하였다, 내가 네게 무엇을 괴롭혔느냐? 내가 너를 구원하였다, 내가 너를 속량하였다, 내가 그들을 너에게 보냈다). 이 모든 것은 더는 이스라엘로 하여금 하나님이 그들이 누리는 모든 복의 근원임을 의심하거나 반박할 수 없게 하는 명백한 증거들인 것이다.

5절에서 언급되는 모압 왕 발락과 브올의 아들 발람의 언급은 하나님의 선민에 대한 보호와 약속 성취, 그리고 하나님의 역사와 계획은 인간의 그 어떤 계략으로도 방해받지 않는다는 사실을 상기시키는 것이며, 이 내용은 여호수아 24:9-10; 신명기 23:5-6; 느헤미야 13:2(cf. 벧후 2:15; 유 1:11; 계 2:14)에서도 언급된다.

싯딤은 이스라엘이 요단강을 건너기 전에 마지막으로 머물렀던 곳이다(수 3:1). 그리고 길갈은 요단 서편에서 그들이 진을 친 첫 번째 장소이다(수 4:19). 이 모든 일은 하나님은 창조적 구원의 하나님이시며, 그분은 선민 이스라엘에게 특별한 은혜를 베푸신 분이심을 나타내는 것이다. "나 여호와의 의롭게 행한 것"('찌드코트 야웨', צִדְקוֹת יהוה)은 언약에 따른 하나님의 구원의 역사들을 나타낸다.

6 - **7** 6-7절에서 이스라엘은, "내가 무엇을 가지고 여호와 앞에 나아가며 높으신 하나님께 경배할까"라고 묻는다. 여기에서 '여호와'와 '높으신 하나님'이 병행으로 강조된다. 그들은 하나님이 누구신가를 인지하고 있다. 그들은 그 하나님을 경배해야 된다는 사실도 알고 있다. 그들은 언약이 중요하다는 것도 인지하고 있다. 그리고 그들은 하나님 앞에 빈손으로 나가서는 안 된다는 사실도 알고 있다(출 23:15; 34:20). 그리고 그들은 가장 값진 번제물, 완전히 태워 바쳐 그들에게 되돌아올 것이 아무것도 없는 번제, 그것도 가장 좋은 일년 된 송아지를 바칠 마음의 준비도 되어 있고, 많은 양의 올리브 기름을 바칠 준비도 되어 있고, 필요하다면 맏아들을 바칠 수 있는 것처럼 말한다. 그리고 죄 사함의 필요성도 인지하고 있었다(7절). 소제를 포함한 이스라엘의 모든 제사는 속죄의 의미를 내포한다.[105] 그러나 그들은 아직 무엇이 중요한지 깨닫지 못하고 있음을 보여 준다. 그들에게는 참다운 진실과 충성이 없었다(호 7:14-16). 이에 대한 대답이 8절에 주어진다. 6-7절에서 이스라엘은 1-5절에서 행해진 하나님의 질타의 말씀에 대하여 묻고 있는 것이다.

8 8절에서 예언자는 그의 결론을 말한다. 여기에서 예언자는 "사람아"라고 부르며 그들의 반론에 대답한다. '아담'(사람)은 하나님의 권능과 영광에 대조되는 피조물로서의 한 존재임을 나타내는 말이다(사 31:3; 시 144:3-4). 그들은 하나님께 종속된 존재라는 것 그래서 하나님께 의존하며 순종하지 않으면 안 되는 존재이며, 영광받으셔야 할 분은 오직 여호와 한 분뿐이시라는 의미가 내포되어 있는 말이다(사 2:9, 11).

8절의 "공의를 행하며"(do justice)는 우선 공의 실천의 중요성을 강조한다. "공의"로 번역된 히브리어 '미슈파트'(מִשְׁפָּט justice '정의'[개역개정

105) Leslie C. Allen, 371(footnote 38); J. Pedersen, *Israel? Its Life and Culture*, vol. 3-4, 1940, 359; H. -J. Kraus, *Worship in Israel*(E. T. 1966), 116.

판]; '공의'[표준새번역])는 '재판'(신 25:1; 수 20:6), '송사'(왕상 3:11), '심판'(시 1:5; 전 12:14), '권리'(렘 32:7), '율법의 규정들'(출 15:25; 레 5:10; 9:16; 신 33:10, 21) 또는 '공의'(미 3:1; 시 37:28, 30; 잠 21:15; 29:4) 등으로 번역되는 단어이다. '재판, 송사, 심판, 권리' 등은 모두 '공의'를 전제로 하는 것들이다. 그리고 하나님 자신이 공의의 하나님이시다(사 30:18). 하나님께서는 우리가 이 공의를 행하기를 원하신다. 행하지 않는 공의는 무의미한 것이다. '아사'(עשה)는 일을 '행하다, 만들다'는 의미를 가지고 있는 단어이다. 여기에서 이 말은 '행하다'(to do)를 의미하는데, 이것은 특히 언약백성을 향한 하나님의 명령에 대한 순종과 관련되어 있다(출 23:22; 레 19:37; 신 4:1; 6:1-3, 18; 7:11-12 등). 공의는 하나님의 백성에게 각별히 요구된 삶의 질(quality of life)인 것이다. 이 공의의 부족은 예언자들로 하여금 하나님의 질타의 말씀을 선포하게 한 이유였던 것이다(사 5:7; 암 5:7, 24).

"인자를 사랑"하는 것에서의 '인자'의 히브리어는 '헤세드'(חֶסֶד)이다. 이 말은 언약적 의미를 가진 말로서(출 20:6; 34:6-7; 신 5:10; 7:9, 12; 왕상 8:23; 대하 6:14; 느 1:5; 9:32; 단 9:4), 한결같은 사랑, 하나님에 대한 절대적 충성을 의미한다. 이 충성은 결국 하나님의 뜻대로 공의(정의)를 실천하는 것을 의미하며, 사랑의 실천을 의미하는 것이다. 그리고 이것은 곧 정의와 사랑의 하나님을 닮아가는 것을 의미하는 것이기도 하다(레 19:2, 18, 34; 22:31-34; 슥 7:9; 출 34:6-7; 민 14:18-19; 느 9:17; 시 86:15-16; 103:3-5, 8). 하나님의 언약적 사랑도 궁극적으로는 하나님 사랑의 속성에서 나온 것임도 사실이다(신 7:9). "사랑하며"(아하브 אָהַב)라는 말은 무언가를 행하게 하는 행동의 근원으로서 사랑의 대상에 대한 강렬한 마음의 움직임에서 출발한다.[106] 하나님의 뜻에 순종하여 의와 자비를 행하되 이와 같은 진심어리고 간절한 열심과 열망을 가지고 행하라는 것이다.

세 번째로 하나님은 겸손히 여호와와 함께 행하기를 원하신다. '하쯔네아'(הַצְנֵעַ)는 '짜나'(צנע)의 히필 절대 부정사인데, '짜나'는 '겸손하다'는 말

106) 3:2-3 주석 참조.

로서, 지혜적 전통을 강하게 반영하는 말이다(잠 11:2). 이 말은 '겸손'과 아울러 '순종'의 의미를 내포한다. 이 말의 앞뒤 문맥에서 지혜적 전통이 집중적으로 나타나고 있다(미 6:9-15; cf. 6:1-2의 변론). 참다운 지혜는 하나님이 모든 역사의 주관자이며 생사화복의 주관자이심을 인정하고 겸손히 그분께 의탁하며 살아가는 것임을 선포하고 있는 것이다(잠 3:5-6; 16:1, 9; 19:21; 1:7-8; 15:33; 22:4; 29:25). 이러한 내용에 이어서 6:9에서 하나님에 대한 경외를 선포한다.

¶ 메시지

하나님은 오직 주님만을 섬기며 의탁하기를 원하신다. 겸손히 순종하며 의와 사랑을 실천하기를 원하신다. 하나님은 하나님을 절대적으로 의뢰하고 의탁하며 주의 명령에 순종하는 삶을 살아갈 때 우리의 삶을 온전히 책임져 주신다. 바로 이것이 모든 주의 백성과 사명자들이 가져야 하는 근본적 삶의 자세이다. 또한 이것이 하나님께서 온전한 복을 주시기 전에, 하나님이 우선 요구하시는 삶이다. 그들이 의지하는 군마와 병거를 부수고 복술과 점쟁이, 견고한 성과 요새, 우상과 주상과 아세라 목상을 먼저 부수는 결단과 실천을 원하신다. 하나님은 그의 백성이 정화되기를 원하시는 분이시다. 그때 하나님께서 구원의 역사를 베푸신다. 하나님은 주께 순종하지 않는 나라들을 징계하시고 그의 백성을 구원하실 것을 약속하신다.

2) 세 번째 대단원의 설교 전개 I(6:9-16)

¶ 본문

[9]여호와께서 성읍을 향하여 외쳐 부르시나니 완전한 지혜는 주의 이름을 경
외함이니라 너희는 매를 순히 받고 그것을 정하신 자를 순종할찌니라 [10]악
인의 집에 오히려 불의한 재물이 있느냐 축소시킨 가증한 에바가 있느냐
[11]내가 만일 부정한 저울을 썼거나 주머니에 거짓 저울추를 두었으면 깨끗
하겠느냐 [12]그 부자들은 강포가 가득하였고 그 거민들은 거짓을 말하니 그
혀가 입에서 궤사하도다 [13]그러므로 나도 너를 쳐서 중히 상하게 하였으며
네 죄를 인하여 너를 적막하게 하였나니 [14]네가 먹으나 배부르지 못하고 속
이 항상 빌 것이며 네가 감추나 보존되지 못하겠고 보존된 것은 내가 칼에
붙일 것이며 [15]네가 씨를 뿌리나 추수하지 못할 것이며 감람을 밟으나 기름
을 네 몸에 바르지 못할 것이며 포도를 밟으나 술을 마시지 못하리라 [16]너
희가 오므리의 율례와 아합 집의 모든 행위를 지키고 그들의 꾀를 좇으니 이
는 나로 너희를 황무케 하며 그 거민으로 사람의 치솟거리를 만들게 하려 함
이라 너희가 내 백성의 수욕을 담당하리라

¶ 개요

여기에서 이제 이스라엘의 죄를 상세히 질타하며 그들의 회개의 필요성을 환기시킨다. 여기에서의 질타의 말씀은 주로 지혜적 전통에 의지하고 있음을 관찰할 수 있다. 6:1-8의 질문과 대답의 형식도 지혜 전통과 밀접한 관계가 있는 것이기도 하다.[107)]

이 단락은 크게 네 개의 소단락으로 나눌 수 있다.

---

107) Ralph L. Smith, 50.

1. 9-12절 진리의 길의 제시와 이스라엘의 상거래 그리고 사회적 죄악의 열거
2. 13-15절 징벌의 내용 선포
3. 16절 오므리 왕조의 죄악을 따른 죄를 언급함으로써 그들의 멸망을 확언

¶ 주석

9 - **12** 9절에서는 예언자가 하나님의 전령자로서 이스라엘에 주의를 집중하여 하나님의 징계의 말씀을 들으라고 선포한다. 그리고 이 표현의 중앙에서 지혜적 선포를 행한다. 이 절의 초점은 '들으라'(שִׁמְעוּ '쉬므우': 개역한글판["순종할찌니라"]; 개역개정판['들을지니라'])는 명령에 담겨져 있다. 이 절의 서두에서 들어야 하는 이유 곧 순종해야 하는 이유('순종할찌니라')가 두 개의 문장으로 설명되어 있다. 이 문장의 특징은 이 두 설명이 명령형의 앞에 나오고 있다는 사실에 있다.

그들이 "순종"해야 하는 이유는 우선 '하나님께서 직접 말씀'하시기 때문이며, 둘째는, 이에 대한 설명에 해당되는 것이기는 하지만, '하나님의 이름을 경외하는 것이 지혜이기 때문이다.' 이 두 사실은 본질적 선포이다. 하나님의 말씀은 반듯이 순종해야 하는 것이다. 더욱이 하나님은 언약의 하나님이시기 때문이다. 그 하나님께서 성읍(예루살렘)을 향해 특별히 부르시고 계시기 때문이다. 그 하나님을 섬기는 것, 그의 이름을 경외하는 것은 모든 복의 근원이기 때문이다.

"그것을 정하신 자를 순종할찌니라"의 '그것을 정하신 자'는 히브리 본문 '미 예아다흐'(מִי יְעָדָהּ)를 번역한 것이다. 개역개정판('너희는 매가 예비되었나니 그것을 정하신 이가 누구인지 들을지니라')에서의 '그것을 정하신 이가 누구인지'는 '미 예아다흐'의 '미'(מִי)를 의문대명사('누구')로 번역한 것이며, ASV, KJV, NKJV, (cf. NASB)가 이와 동일한 계열의 번역이다. 개역한글판은 9절에 대한 NIV의 번역과 같다(Heed the rod and the One who appointed it). 표준새번역도 이와 유사한 번역이다. 개역한글판과 표

준새번역과 NIV는 '미'를 관계대명사로 번역한 것이다(the One who).

두 번역이 다 가능하다. '미 예아다흐'의 '미'가 주로 의문대명사로 쓰이기는 하지만 어떤 사람을 나타내는 관계대명사의 역할을 하기도 한다. '미 예아다흐'가 앞의 '맛태'(מַטֶּה 매, 막대기)와 동일한, '샤마'(שמע)의 목적어로서 기능할 때 이 구절의 구조가 자연스럽게 이해된다(개역한글판: "너희는 매를 순히 받고 그것을 정하신 자를 순종할찌니라"). 개역개정판은 '미'를 이 단어의 보편적 의미와 용례로 이해한 장점은 있으나, '쉬므우'(들어라, 청종하라)를 '매'(맛태 מַטֶּה)와 연결시키며 '예비되었나니'(너희는 매가 예비되었나니)로 번역하여, 단어의 기본 의미와는 다소 맞지 않는다는 약점을 가지고 있다. '쉬므우'는 대부분의 역본들이 'hear'(들어라) 또는 'heed'(청종하라)로 번역한다(ASV, NASB, KJV, NKJV, RSV, NRSV, NIV, 표준새번역).

이어서 10-12절에서 하나님이 직접 말씀하신다. 10절("악인의 집에 오히려 불의한 재물이 있느냐")의 '오히려'는 히브리어 '오드'(עוֹד)의 번역이다. 개역개정판은 이것은 '아직도'(yet)로 번역한다. 이 번역이 더 일반적이다(ASV, NASB, KJV, NKJV). 하나님께서 '악인의 집에 아직도 불의한 재물이 있는가'고 물으신다. 그리고 축소시킨 가증한 에바가 있느냐고 물으신다. 에바는 '밀가루'(삼상 1:24), '보리'(룻 2:17), '볶은 곡식'(삼상 17:17) 등 마른 곡식을 재는 단위이다. 1에바의 부피는 대략 22*l*에서 45*l*에 이르기까지 다양하게 산정되나 대부분의 학자들은 1에바를 약 22*l*로 산정하고 있다. 10에바는 1호멜이었고, 1에바는 10오멜이었다. 하나님은 공평한 에바의 사용을 요구하신다(레 19:36; 신 25:15; 암 8:5; 겔 45:10).

10절에서 '하이슈'(הַאִשׁ)를 여러 가지 의미로 번역한다. RSV, NRSV, NIV는 J. 벨하우젠(J. Wellhausen)을 따라 '하이슈'를 '하에쉐'(הַאֶשֶּׁה)로 수정하여 '내가 잊을 수 있겠느냐'(Can I forget? [RSV, NRSV] ; Am I still to forget? [NIV])로 번역하나 '이슈'는 사무엘하 14:19에서처럼, 예슈(יֵשׁ)의 부드러운 형태로 이해할 수 있으며 이것을 수정하지 않고 'there are' 또는 'there is'로 이해할 수 있다(KJV, NKJV, ASV, NASB). 따라서 굳이 수정할 필요가 없다. 이 악인의 집에 아직도 불의한 재물이 있는가고 묻는 말은 '이미 그러한 불의한 재물은 남아 있지 않을 것이며 남아 있어도 그것은 머지않아 사라지게 될 것'임을 암시한다. 이것은 앞의 9절과 연결되어 있다. 9절에서 '하나님의 이름을 경외하는 것'이 참다운 축복의 길임을 선포한 후, 10절 이하에서, 이러한 불의의 삶은 참다운 지혜도 아니며 복의 길도 아니라는 사실을 선포한다. 그것은 헛되며 일순에 없어질 수 있는 것이며 재앙의 원인일 뿐이라는 것이다. 10절의 "악인"은 지혜적 표현으로 자주 '의인'과 대조되어 나오는 말이다(잠 10:6, 7, 11, 16, 24, 28; 11:8, 10, 21, 23; 시 1:6; 32:10-11 etc.). 악인의 삶의 무익하고 헛됨에 대한 경계의 말씀이다. 하나님께서 그들을 징벌하시어 그들의 재물과 그들이 사용하던 축소시킨 가증한 저울이 더는 이 세상에 존재하지 않도록 할 것임을 선포하시는 것이다. 여기에서 에바의 가증함을 강한 어휘로 드러내신다. "가증한"으로 번역된 '제우마'(זְעוּמָה)는 '자암'(זעם, 분노하다, 화내다)의 칼 분사 여성단수이며, 이 단어는 여기에서 하나님의 강한 분노를 야기시킨다는 의미를 내포하고 있는 말이다(사 66:14; 슥 1:12; 말 1:4 등). "주의 이름"(9절)은 하나님 자신을 가리킨다. 이름은 그 존재를 나타내는 것이기 때문이다. 하나님의 이름을 경외한다는 것은 하나님 자신을 경외한다는 말과 같은 것이다. 이것은 하나님을 나타내는 인간의 입장에서 겸손의 표현이다. '하나님'을 가리키는 이 표현('주의 이름')은 절대적 권능으로 역사하시며 초월적이고 타자(他者)되시는 하나님에 대한 깊은 경외심의 발로에서 나온 표현이다. 따라서 "주의 이름을 경외함이니라"는 말은 하나님을 지극히 깊은 경외심으로 섬기지 않으면 안 된다는 사실을 강조하는 표현이라고 할 수 있다.

11절의 개역한글판과 개역개정판은 MT의 직역이다. 이것은 ASV와 동일한 번역이다(Shall I be pure with wicked balances, and with a bag of deceitful weights). 이것의 의미는 '내가 만일 그러한 부정한 저울이나 거짓 저울추를 쓴다면 나 여호와 자신도 스스로 깨끗하다 하지 않을 것'이라는 것이다. 하나님은 판결에 있어 공정하신 분이심을 강조하며, 동시에 하나님 자신에 빗대어 그들이 깨끗하지 않음을 분명히 밝히고 계신 것이다.

그러나 KJV는 MT의 '하에즈케'(הַאֶזְכֶּה, '자카'[זָכָה 깨끗하다, 순결하다, 맑다]의 칼 미완료 1인칭 단수)를 피엘형 '하아자케'(הַאֲזַכֶּה)로 읽는다(Shall I count them pure with the wicked balances, and with the bag of deceitful weights?). KJV를 포함한 대부분의 역본들이 이 본문을 '하나님이 그들의 죄를 용납하지 않으시는 분'이라는 의미로 해석하고 있다(RSV, NRSV, NIV). 이어지는 12절에서 그들이 어떠한 사람들인가를 구체적으로 서술한다. '도성에 사는 부자들은 폭력으로 가득하다. 백성은 거짓을 말한다. 그들의 혀는 속이는 말만 한다.' 이 표현은 법정 용어이기도 하지만(출 20:16; 신 19:18-19), 지혜적 언어이기도 하다(잠 6:19; cf. 시 27:12).

13 - **15** 여기에는 직접적으로 유다와 예루살렘을 가리켜 공격의 말씀을 선포하신다. 10-11절에서 수사학적 의문문을 통하여 그들의 죄에 대한 연민의 마음으로 그들에 대한 징벌의 당위성을 말씀하신 후에, 13-15절에서 하나님은 그들에 대한 피할 수 없는 징벌을 선포하신다. 여기에 언급되는 징벌의 내용들은 언약법 파기의 결과로 얻게 되는 징벌들에 해당된다(레 26:14-26; 신 27:11-26; 28:15-68; 특히 레 26:16, 26; 신 28:39-40; 암 5:11; 호 4:10).

16 여기에서 그들의 죄를 오므리와 아합 왕조의 유명한 죄악과 이에 대한 비극적 징벌을 언급함으로써 똑같은 행동을 하는 그들에게 닥칠 재앙을 예고한다. 오므리(주전 876-869)와 아합(주전 869-850: 오므리의 아들)은 북왕국 이스라엘의 왕들로서 바알 숭배와 학정의 전형적 표본이라 할 수 있는 인물들이다(왕상 16:23-33; 21:1-6).

오므리는 세속적 눈으로 보면 성공한 왕이다. 그의 통치(주전 876-869)는 그 이전의 정치적 불안을 안정시키는 역할을 하였고 두로와의 무역 그리고 모압의 정복 등으로 경제적 번영을 누리던 시기였다. 그러나 그는 우상 숭배와 이방제의를 도입하였고, 사회윤리적 죄악을 자행한 왕들이었다. 그들은 하나님의 언약에 순종하는 것, 하나님을 온전히 섬기는 것과 여호와에 대한 충성 같은 것은 안중에 없었다. 열왕기상 16:25는 '오므리가 여호와 보시기에 악을 행하되 그 전의 모든 사람보다 더욱 악하게 행하였다'고 기록하고 있다. 이러한 죄는 특히 그의 아들 아합(주전 869-850)에서 절정에 이른다(왕상 16:29-22:40). 이러한 죄를 질타하기 위해 그의 시대에 예언자 엘리야를 세우셨다. 하나님이 원하시는 것은 언약에의 절대적 충성이다. 엘리야를 통하여 증거된 하나님은 아모스, 호세아, 이사야, 미가에 의해서 증거된 하나님과 동일한 하나님이시다. 하나님에 대한 충성을 저버린 왕들은 결국 하나님의 징벌을 피할 수 없게 된 것이다.

¶ 메시지

인간은 하나님을 두려워할 줄 알아야 한다. 일상의 삶 속에서 하나님이 매를 준비하신 것을 알게 되면 그 의미를 깨닫고 이를 허락하신 하나님께 돌아와 즉시 하나님의 뜻에 순종하는 삶을 살아야 하는 것이다. 그것이 바로 하나님을 깊이 경외하는 삶이다.

하나님은 언약 파기의 죄를 용납하지 않으신다. 사랑의 실천을 원하시고, 정의의 실천을 원하신다. 이것이 언약법이 요구하는 생명의 길인 것이다. 이러한 하나님의 뜻에 따라 살지 않는 백성은 결국 언약의 법에 따라 하나님의 징벌을 받게 되기 때문이다.

3) 세 번째 대단원의 설교 전개 II (7:1-7)

¶ 본문

[1]재앙이로다 나여 나는 여름 실과를 딴 후와 포도를 거둔 후 같아서 먹을 송
이가 없으며 내 마음에 사모하는 처음 익은 무화과가 없도다 [2]이와 같이 선
인이 세상에서 끊쳤고 정직자가 인간에 없도다 무리가 다 피를 흘리려고 매
복하며 각기 그물로 형제를 잡으려 하고 [3]두 손으로 악을 부지런히 행하도
다 그 군장과 재판자는 뇌물을 구하며 대인은 마음의 악한 사욕을 발하며 서
로 연락을 취하니 [4]그들의 가장 선한 자라도 가시 같고 가장 정직한 자라도

찔레 울타리보다 더하도다 그들의 파숫군들의 날 곧 그들의 형벌의 날이 임
하였으니 이제는 그들이 요란하리로다 5너희는 이웃을 믿지 말며 친구를
의지하지 말며 네 품에 누운 여인에게라도 네 입의 문을 지킬찌어다 6아들
이 아비를 멸시하며 딸이 어미를 대적하며 며느리가 시어미를 대적하리니
사람의 원수가 곧 자기의 집안 사람이리로다 7오직 나는 여호와를 우러러
보며 나를 구원하시는 하나님을 바라보나니 나의 하나님이 나를 들으시리
로다

¶ 개요

6:1-8에서 하나님의 진리를 완곡하게 그러나 확실한 어조로 가르치시고 깨닫게 하신 다음, 6:9-16에서 그러한 진리에 비춰 이스라엘의 죄의 현실을 목도하게 하신다. 이제 다시 미가는 회개를 촉구하거나 징벌을 선포할 수 있었을 것이다. 그러나 여기(7:1-7)에서는 이러한 하나님의 말씀과 이스라엘의 죄 된 현실에 대한 '예언자 자신의 탄식'을 언급함으로써 죄의 현실을 강조하며 동시에 예언자의 기도와 찬양으로 청중들에게 소망을 주고, 새로운 신앙적 결단을 하도록 인도하는 결론부(7:8-20)를 준비한다. 특별히 7:7은 예언자 자신의 구원의 소망을 언급함으로써 7:8-20과의 교량 역할을 한다.

7:1-7은 장르상 탄식시에 해당된다고 할 수 있다. R. L. 스미스(Ralph L. Smith)는 7:1-6을 한 문학단위로 보아 탄식시로 규정하나,[108] D. R. 힐러스(Delbert R. Hillers)는 7절을 포함한 7:1-7을 한 독립된 문학단위로 본다.[109] 특히 그는 하박국 3:18의 '나는 여호와를 인하여 즐거워하며 나의 구원의 하나님을 인하여 기뻐하리로다'의 히브리어 구조가 여기에서와 마찬가지로 '바아니'(וַאֲנִי, '그러나 나는'), 즉 접속사(וַ[바])+'나'(אֲנִי[아니])로 이어지며 내용상 앞부분과 연결되어 한 단락을 형성하고 있다는 사실

108) Ralph L. Smith, 54-55.
109) Delbert R. Hillers, 85.

을 바탕으로 이와 같은 문학단위 설정을 하고 있다. 7:1에서 화자인 '나'가 강조되는 특징을 갖고 있다('재앙이로다 나여', אַלְלַי לִי [알라이 리]; '나는 … 같으니', הָיִיתִי כְּ [하이티 크]). 이것과 7절의 '나'에 대한 강조('그러나 나는' וַאֲנִי)는 병행을 이루며 문두문미 병행구(inclusio)를 형성한다. 이 단락은 삼단양식적 관점에서도 한 문학단위를 형성하고 있다. 7절은 7:1-7의 결어 역할을 하는 절이지만, 동시에 8-20절을 잇는 다리 역할을 하는 본문이기도 하다.

일부 학자들은 이 본문이 이사야 57:1이나 말라기 3:24 특히 예레미야 9:1-6에 의존하고 있는 본문이라고 보기도 하나, 그 반대의 것일 수 있는 것이다. 그리고 2절에서 사용된 '경건한 자'(하시드 חָסִיד)가 이스라엘 역사 후기에 주로 사용된 표현이라고 주장하며 이 본문을 미가 시대 이후의 것으로 본다. 그러나 이 어휘가 나오는 신명기 33:8도 오래된 시에 해당되는 것이고, 이 단어를 사용하고 있는 시편들도 상당히 오래된 시편들이다(시 18 [삼하 22장]; 50; 89편). 따라서 이 시편의 역사성을 부정할 이유가 없다.[110]

이 단락의 내용적 구조는 다음과 같다.

1. 1절 비유적 서두(악행의 편만: '나'의 고백)
2. 2-6절 악행의 예들
3. 7절 구원에 대한 소망('나'의 고백)

¶ 주석

1 1절에 나오는 "재앙이로다"('알라이' אַלְלַי)라는 표현은 다른 예언서들에는 사용되지 않는 단어이다. 이 말은 이곳과 욥기 10:15에만 나온다. 이것은 미가서의 이 후반부가 특히 지혜적 전통을 많이 반영하고 있는 본문임을 보여 주는 요소이기도 하다. 여기에서 예언자는 시온에 그 어떤 의인도 발견할 수 없다는 현실을 탄식하고 있는 것이다.[111] 여기에서 1인칭이

110) Delbert R. Hillers, 85.

강조됨으로써 미가 자신의 경험이며 고백임이 부각된다("재앙이로다 나여", אַלְלַי לִי ; 나는 … 같으니, הָיִיתִי כְּ). 특히 이 서두에서 이 내용을 비유적으로 선포한다. 1절에서 미가는 그의 개인적 탄식을 매우 강한 어조로 표현한다. 미가는 의로운 사람을 찾으려 시도한다. 포도 수확과 무화과 수확이 끝난 다음, 무언가 남은 것이라도 있을까 하는 희망을 가지고 과일을 찾아보았으나 아무것도 발견할 수 없었던 사람과 같은 모습이다(창 18:16-33; 렘 5:1-5; 겔 22:30-31).

2 - **6** 2-6절에서 그는 구체적 현실을 열거하며 현재의 상황을 설명한다. 1절에서 언급된 비유에서 이스라엘의 언약법 파기를 암시한다. 이스라엘에서는 곡식을 거둔 후에, 가난한 사람들이 남은 것을 주어 갈 수 있도록 이삭을 남겨 두는 것이 어려운 사람들에 대한 기본적 배려이며, 가난한 이웃에 대한 이러한 사랑과 배려가 언약법의 중요한 요구였고, 성결의 모습이었다(레 19:9-10, 18, 33-34; 23:22; 신 24:19-22; 룻 2:1-23).

그러나 1절에서는 밭에 있는 모든 것을 남김 없이 거두어 간 사람이 있음이 전제되어 있다. 바로 이렇게 모든 것을 다 거두어 가서 가난한 사람을 위해 아무것도 남기지 않은 사람은, 가난한 사람의 보호를 규정하고 있는 언약법의 파기와 무자비와 불의를 상징하고 있는 것이다. 그러한 삶의 모습이 2-6절에 다시 구체적으로 설명되고 있는 것이다. 그리고 이것은 열매 없는 나무의 모습과도 같은 것이다(사 5:7). 사랑과 자비의 실천이 성도들에게 요구되는 삶이며, 이러한 삶의 온전한 실천은 오직 주님 안에서만 가능하다는 사실이 갈라디아서 5:22-26; 요한복음 15:1-8에서도 선포된다. 경건한 사람을 나타내는 '하시드'(חָסִיד)는 '헤세드'와 동일한 어근의 단어이다. 이 말은 언약적 충성을 의미하는 말이다(미 6:8; 호 4:1-2). 여기에서 정직한 삶과 병행을 이루어 강조된다.

2-3절은 이 세상에 더는 의인이 없음을 말한다. 경건한 자도 정직한 자도 없다. 지도자와 재판관과 권세자 모두가 다 하나님의 뜻에 상반되는 행동을 일삼는다.

---

111) 7:1의 화자는 미가 자신이다. Delbert R. Hillers, 85.

4절에서는 그들 중 가장 선한 사람들로 기대되는 사람들마저도 그들의 삶은 아무런 쓸모 없이 밭을 망치는 가시 같고, 가장 정직한 자라고 하는 자도 찔레울타리보다 고약하다고 말한다. 그들의 죄 된 상황은 사회 속에서의 문제만이 아니었다. 미가는 사회의 문제를 가정이라는 가장 중요한 사회의 기본단위 속으로 들어가서 살핀다. 그들의 문제는 사회의 가장 거룩한 기본단위인 가정 안에서도 마찬가지였다(5-6절). 그들의 사회는 아무도 서로를 신뢰할 수 없는 타락이 극에 달한 사회가 된 것이다. 가정의 중요성은 십계명의 제5계명에서 나타나는 것이기도 하다. 가정의 기본질서가 파괴된 것이다. 사회의 뿌리부터 흔들리고 있는 것이다. 이것은 더는 소망이 없는 상태이다. 이것은 재앙이 필연적인 상황이다. 이것은 종말이 오기 전에 특히 만연될 죄악의 모습이다(마 10:35-36; 눅 12:53; 막 13:12). 특히 이 5-6절은 지혜적 전통을 강하게 반영하는 표현으로서(시 32:9; 62:10; 146:3),[112] 인간의 이성과 경험에 호소하는 설득력을 가지고 있다.

5절이 명령형이기 때문에 5절 이하를 독립된 시로 보는 사람이 있기는 하나, 2-4절에 언급된 불의의 사회적 상황에 관한 언급 이후 명령형으로 충고하는 것은 오히려 자연스러운 전개이다. 단지 5-6절이 가정의 문제에 초점을 맞추고 있다는 문제가 있을 수 있으나, 가정은 사회의 한 부분이기 때문에 여기에서 가정의 문제에 초점을 맞추어 충고하는 것도 충분히 가능한 것이다.

7:1-6은 전체적으로 미가 3:1-4, 9-12에 나타난 사람들의 죄의 모습을 반영하고 있다.

7 7절에서 미가는 "오직 나는"(וַאֲנִי[바아니])이라는 강세적 표현으로 그의 믿음을 고백한다.[113] 그는 이 모든 부정적 상황에도 불구하고 하나님 안에 소망을 본다(사 8:17; 시 5:11-12; 10:12-18; 13:3-6; 17:13-15; 31:14; 55:16-19). 그 하나님은 미가 자신을 구원하시는 하나님이셨

112) Leslie C. Allen, 388.

113) 이러한 1인칭의 강세적 역접의 전환('그러나 나는')은 3:8에서도 나온다.

다. 그가 만난 하나님, 그가 체험한 하나님이셨다. 우리는 그가 어떤 상황에서 구원받은 것을 고백하는지 알 수는 없다. 그의 육신적인 괴로움일 수도 있고, 병마일 수도 있고, 그의 사회적 박해, 종교적 박해일 수도 있고, 그의 영혼의 문제 곧 영혼의 아픔이나 괴로움 또는 속박일 수도 있다. 그러나 그는 구원하시는 하나님을 체험하였고 그 하나님을 의지하여 그 모든 절망적 상황에도 불구하고 하나님을 의지하며 하나님 안에서 소망을 발견하고 있는 것이다. 바로 그 하나님은 그의 기도를 들어주시는 하나님이셨다.

미가는 바로 이 기도응답의 하나님을 개인적으로 체험한 예언자였던 것이다. 그는 이러한 하나님에 대한 믿음을 가지고 고백하며 단락을 마감한다. "나의 하나님이 나를 들으시리로다."

¶ 메시지

미가는 강한 개인적 탄식을 통하여 이스라엘의 죄 된 상황을 고백한다. 그는 포도나 무화과에서 거둘 기쁨을 가지고 추수를 기다리던 사람이 그 포도와 무화과나무에서 아무것도 남은 것이 없음을 보고 탄식하듯, 그 땅에서 아무런 의인도 찾아볼 수 없음을 탄식한다. 이것은 절망과 실망을 안겨 주는 일이다.

경건한 자도, 정직한 자도 없다. 지도자도 재판관도 권세자도 다 탐욕에 이끌려 행동하며 불의를 저지르는 세상이 된 것이다. 힘없고 약한 백성은 피해를 볼 수밖에 없는 혼탁한 사회가 된 것이다. 심지어 가까운 이웃과 가정에서마저 서로를 의지하거나 믿을 수 없는 세상이 된 것이다. 그러나 예언자는 소망을 고백한다. 하나님을 우러러 보는 것, 구원의 하나님을 바라보라고 말한다. 공의와 공평의 하나님이 살아 계신다는 사실에 대한 믿음이 그를 다시 일어서게 만드는 것이다.

우리 모두에게 이러한 믿음이 필요하다. 사회의 많은 문제에도 불구하고 그 속에서 하나님에 대한 소망을 가지고 하나님 앞에 나아가야 하는 것이다. 이것이 문제해결의 참다운 길이기 때문이다.

4) 세 번째 대단원의 결론부(7:8-20): 구원의 소망(기도와 찬양)

¶ 본문

8나의 대적이여 나로 인하여 기뻐하지 말찌어다 나는 엎드러질찌라도 일어
날 것이요 어두운데 앉을찌라도 여호와께서 나의 빛이 되실 것임이로다 9내
가 여호와께 범죄하였으니 주께서 나를 위하여 심판하사 신원하시기까지는
그의 노를 당하려니와 주께서 나를 인도하사 광명에 이르게 하시리니 내가
그의 의를 보리로다 10나의 대적이 이것을 보고 부끄러워하리니 그는 전에
내게 말하기를 네 하나님 여호와가 어디 있느냐 하던 자라 그가 거리의 진흙
같이 밟히리니 그것을 내가 목도하리로다 11네 성벽을 건축하는 날 곧 그
날에는 지경이 넓혀질 것이라 12그 날에는 앗수르에서 애굽 성읍들에까지,
애굽에서 하수까지, 이 바다에서 저 바다까지, 이 산에서 저 산까지의 사람
들이 네게로 돌아올 것이나 13그 땅은 그 거민의 행위의 열매로 인하여 황
무하리로다 14원컨대 주는 주의 지팡이로 주의 백성 곧 갈멜속 삼림에 홀로
거하는 주의 기업의 떼를 먹이시되 그들을 옛날 같이 바산과 길르앗에서 먹
이옵소서 15가라사대 네가 애굽 땅에서 나오던 날과 같이 내가 그들에게 기
사를 보이리라 16가로되 열방이 보고 자기의 세력을 부끄려서 손으로 그 입
을 막을 것이요 귀는 막힐 것이오며 17그들이 뱀처럼 티끌을 핥으며 땅에
기는 벌레처럼 떨며 그 좁은 구멍에서 나와서 두려워하며 우리 하나님 여호
와께로 돌아와서 주로 인하여 두려워하리이다 18주와 같은 신이 어디 있으
리이까 주께서는 죄악을 사유하시며 그 기업의 남은 자의 허물을 넘기시며
인애를 기뻐하심으로 노를 항상 품지 아니하시나이다 19다시 우리를 긍휼히
여기셔서 우리의 죄악을 발로 밟으시고 우리의 모든 죄를 깊은 바다에 던지
시리이다 20주께서 옛적에 우리 열조에게 맹세하신대로 야곱에게 성실을 베
푸시며 아브라함에게 인애를 더하시리이다

¶ 개요

이 본문은 세 번째 대단원의 결론부이며 이 책 전체의 결론부로서, 승리에 대한 확신과 기도와 찬양으로 이루어져 있으며 청중들로 하여금 새로운 소망을 갖게 하며 신앙적 결단으로 이끄는 말씀이다. R. L. 스미스(Ralph L. Smith)는 이 본문을 포로기간 중, 하나님이 예루살렘의 운명을 바꾸어 놓으실 것이라는 소망과 확신을 표현하고 고백하는 제사에서 사용되었던 시 곧 예언적 제의(prophetic liturgy)라고 불리는 장르에 속하는 시로 본다.[114] D. R. 힐러스(Delbert R. Hillers)도 장르면에서는 H. 궁켈(Hermann Gunkel)을 따라 예언적 제의(prophetic liturgy)로 보나, 이 시의 기원과 관련하여 후기에 나왔을 가능성을 열어 놓으면서 미가 시대 곧 주전 8세기에 유래한 것으로 본다.[115]

L. C. 앨런(Leslie C. Allen)도, 이것의 장르를 제의(liturgy)로 본다. 이것의 삶의 자리를 포로기 이후 초기 시대에 속한 것으로 보며, 미가서가 새롭게 시작되는 이스라엘의 제사에서 사용되어지도록 미가의 수집물의 끝에 책의 마무리로 첨가된 시로 본다.[116]

그러나 J. T. 윌리스(J. T. Willis)는 7:7-20에 담겨 있는 소망은 훨씬 더 일찍(주전 725 또는 721년경), 즉 앗시리아가 북이스라엘을 정복할 때였을 것으로 추정한다. 그리고 이 신탁은 미가가 죽은 지 오랜 후에 미가의 가르침의 결론으로써 포로기에 개작되어 첨가되었다고 본다.[117] G. V. 스미스(Gary V. Smith)의 주장대로, 모든 예언자들은 유다의 패망과 회복을 이미 이것이 일어나기 오래 전에 선포한다. 미가가 하나님으로부터 이러한 말씀을 받을 수 없었다는 아무런 이유도 발견할 수 없다. G. V. 스미스는

114) Ralph L. Smith, 58.

115) Delbert R. Hillers, 89.

116) Leslie C. Allen, 393, 252; cf. H. Walter Wolff, *Michah*, 218-219; Artur Weiser, 143; James Mays, 158-161.

117) J. T. Willis, "A Reapplied Prophetic Hope Oracle," *Studies in Prophecy*, VTSup 26(Leiden: Brill, 1974), 69; Gary V. Smith, 569.

6-7장은 미가 사역의 마지막 때인 므낫세 시대의 상황과 일치한다고 본다. 그리고 그는 7:1-2가 히스기야의 개혁에 참여하였던 사람들이 이제 유다의 신앙적 개혁을 반대하는 상황에 대한 미가의 실망을 반영하는 것이며, 이 말씀을 통하여 유다의 이러한 사회적·종교적 문제를 지적하고 하나님의 용서를 간구하며 의로운 사람들에게 소망을 주기 위한 것일 수 있다고 주장한다.[118]

이 단락은 양식비평적 관점을 넘어서, 내용적 차원에서 다음과 같은 특별한 구조적 특징(X-Y-Z-Y′-X′)을 가지고 있다.

X. 8-10절 믿음의 고백
Y. 11-13절 하나님의 응답의 말씀(구원)
Z. 14절 구원의 간구(예언자의 간구: 14절)
Y′. 15절 하나님의 응답의 말씀(구원)
X′. 16-20절 예언자를 포함한 민족 전체의 고백과 찬송(우리)

7:8-10(X)에서 우선 '나'의 고백으로 시작한다. 여기에서 '나'는 시온을 가리킨다. 10절의 '네 하나님 여호와'의 '너'는 여성형 단수인데, 이것은 여기에서의 직접적 화자가 시온 또는 이스라엘임을 보여 준다. 여기에서 예언자는 시온의 입장에서 그들의 죄를 고백하며 동시에 하나님께서 그들을 도와 주실 것에 대한 믿음을 선포한다. 8-10절(X)에서는 시온의 대적을 향하여 말하는 형태로 그들의 신앙을 고백하며, 14절(Z)에서는 예언자가 하나님께 직접 간구하는 형식을 취하고, 16-20절(X′)에서는 자연스럽게 민족 전체를 대표하며 '우리'라는 표현으로 하나님에 대한 믿음을 고백한다. 그리고 X와 Z 사이, Z와 X′ 사이에서 곧 Y(11-13절)와 Y′(15절)에서 하나님의 구원의 약속이 선포된다. 이 마지막 단락의 초점은 예언자와 민족 전체의 하나님에 대한 믿음의 고백이다.

8-9절에서 '지금은 어둠 속에 있지만 주께서 곧 구원하여 주실 것'을 확신하고 있으며, 10절에서 '그때에 그들의 대적들이 그가 구원받은 것을 보

118) Gary V. Smith, 569.

고 부끄러워할 것임을 선포한다.' 16-17절에서 민족들이 구원의 기적을 보고 기가 꺾일 것이며 두려워 떨며 그들의 하나님 여호와께 돌아오게 될 것임을 고백한다. 18-20절에서는 주님 같은 분은 어디에도 없으며, 그분은 그들에게 자비를 베푸시어 그들의 모든 죄를 사하여 주시고 그들을 구원하여 주실 것임을 고백한다.

8-10절은 특히 그 고백을 이스라엘의 적들이 듣도록 그들을 향하여 말한다. 그러나 이것은 서언적 고백으로서 11절 이후에 전개되는 내용을 예비한다. 특히 16-17절에 나오는 민족들에 대한 언급을 예비한다. 10절의 '네 하나님 여호와가 어디에 있느냐'(아이예[119] 야웨 엘로헤카)고 하는 이방인들의 조롱적 표현은 18절의 '주와 같은 신이 어디 있으리이까'(미 엘 카모카)라는 표현으로 약간 변형되어 병행을 이루면서 앞의 내용을 긍정적으로 승화시키고 있다. 하나님은 이스라엘의 고통을 방관하시는 분이 아니라 오히려 모든 것에 역사하시며, 그의 권능과 사랑으로 그의 백성을 용서하시고 구원하시는 분이시며, 그분만이 그러한 역사를 베푸실 수 있음을 고백한다. 그리고 11-13절(Y)은 하나님의 구원의 역사(役事)를 선포하는 부분인데, 여기에서 언급된 '애굽'은 이와 내용적 병행을 이루며 하나님의 구원의 역사를 선포하는 15절(Y')에서 다시 반복된다. 8-20절 전체의 중심인 14절(Z)은 앞의 7절에 언급된 간구의 직접적 내용에 해당된다. 이 간구가 이 단락의 실제적 목적이다. 이 마지막 단락은 전체적으로 이 간구에 대한 하나님의 응답(Y, Y')과 이에 대한 믿음의 고백(X, X')으로 구성되어 있다.

119) BHS는 '어디에 있느냐'로 번역된 MT의 'אַיּוֹ'(아이요)를, where(어디에)의 정확한 표기인 'אַיֵּה'(아이예)로 읽을 것을 제안한다. 마소라 학자들은 렘 37:19의 자음 'איו'(아이요, 케팁)를 '아이예'(אַיֵּה, 케레)로 읽을 것을 제안하고 있다.

¶ 주석

8 - **10** 8절의 서두에 "나의 대적이여"라는 표현이 언급되는데, 그 적이 누구를 가리키는지는 구체적으로 명시되어 있지 않다. 그러나 앗시리아나 바벨론 또는 기타 이스라엘의 패망을 기뻐하는 그 어떤 인물 또는 세력일 것이다. 그들은 이스라엘을 향하여 "네 하나님 여호와가 어디 있느냐"고 하던 자라고 말한다(10절). 어둠과 빛은 재앙과 번영을 나타내는 보편적 상징이다(universal symbols). 하나님만이 구원을 주실 분이심을 고백하고 있는 것이다(시 27:1). 그들은 그들의 죄를 뉘우치고 있다. 그래서 '주의 분노가 가라앉을 때까지 그들의 짐을 견뎌야 할 뿐'이라고 고백한다. 하나님의 분노는 하나님의 언약의 법을 깨뜨린 것에 대한 의로우신 하나님의 당연한 반응이었다(사 5:16). 그러나 하나님의 "의"는 구원의 의미도 내포한다. 그들이 회개하고 돌아오면 다시 그들을 맞아 주시는 사랑의 하나님이시기도 하다. 그래서 예언자는 구원의 소망을 갖는다. "여호와께서 나의 빛이 되실 것임이로다"라고 고백한다(8절). 시온을 포함한 그가 적들의 패망을 보게 될 것임을 선포한다(10절). '대적들이 짓밟히는 것'은 정복자가 승리한 후 적의 목을 밟았던 고대 근동의 관습을 반영하는 것이다(수 10:24; 시 110:1). 이 승리는 결국 하나님께 영광돌리는 기회가 될 것임을 고백하고 있는 것이다. 적들은 "네 하나님 여호와가 어디 있느냐"(10절)고 묻는다. 적들은 하나님도 조롱의 대상에 포함시킨 것이다. 시온의 적들은 이스라엘의 하나님의 권능마저도 의심하고 있는 것이다. 이것은 하나님의 이름을 모욕하는 것이다(신 32:26-27; 시 42:9-10; 79:10; 74:12-23 [특히 22]).

11 - **13** 11-13절은 시온을 향한 하나님의 말씀이다. 여기에서 "네 성벽"은 예루살렘 성벽을 가리키는 것이다. 여기에서 '너'는 전체적으로 2인칭 여성형이다. 그러나 12절의 2인칭 대명사는 남성형이다. 많은 학자들이 이 대명사를 여성으로 바꾸지만 굳이 바꿀 필요가 없다. 8-10절에서 예언자가 시온과 자신을 동일시하여 믿음의 고백을 했다면, 11-13절의 하나

님의 말씀 안에 예언자와 시온이 혼용되어 나오는 것은 오히려 자연스러운 일이다. 11절에서 성벽은 재건축될 것이며 지경이 넓혀질 것임을 약속한다. 여기에 성벽으로 번역된 히브리어 '가데르'(גָּדֵר)는 '울타리'로도 번역될 수 있는 말로서 하나님과 이스라엘의 언약적 사랑의 복을 나타내는 상징어이기도 하다(시 80:12; 89:40; 사 5:5). 예루살렘의 성벽이 재건된다고 하는 것은 이스라엘의 구원을 상징하는 것이다(시 51:18; 에 9:9). 포로로 끌려갔던 이스라엘은 다시 돌아오게 될 것이며 그 적들은 그들의 악한 죄로 인하여 황폐하게 될 것임을 선포한다.

일부 학자들은 여기에 언급된 성읍이 예루살렘이 아니라 사마리아일 것으로 추정하기도 한다. 여기에서는 예루살렘이 언급되지 않고 많은 북쪽 이스라엘 지명(갈멜, 바산, 길르앗, 14절)이 언급된다는 것이 그 이유이다. 그러나 갈멜과 바산과 길르앗은 이스라엘의 지명들로서 예루살렘의 회복과 관련하여 얼마든지 언급 가능한 지명이다.

여기에서 언급되는 지명은 아브라함에 대한 하나님의 언약을 반영한다(창 15:18). '바다에서 바다'는 지중해에서 페르시아만, '산에서 산'은 시리아의 레바논 산맥에서 시내산까지를 가리키는 것이다.[120] 이것은 종말론적 구원과 심판의 역사를 내포한다.

14 14절에서 예언자는 하나님께 백성을 구하여 주실 것을 간구한다. 이것은 앞의 7절과 직접적으로 연결되어 있는 말이며, 이 단락의 중심적 내용이라고 할 수 있다. 이제 예언자는 이스라엘을 대표하여 마지막 중보의 기도를 올린다. 예언자는 하나님께 목자로서 그의 백성을 보살펴 주시고 인도해 주시기를 간구한다(רְעֵה עַמְּךָ '르에 암메카' [Shepherd your people]). 이것은 단순히 목가적이고 평안한 수동적 보호만을 의미하지 않는다. 이것은 그의 양떼를 해치려는 짐승들에 대한 승리라는 적극적 의미도 내포하고 있는 것이다(삼상 17:34-37). 이 보호에는 군사적 승리 곧 영적 전투에서의 승리도 내포되어 있다. 이러한 적극적 의미는 이사야 40:10-11에 전제되어 있는 내용이며, 예레미야 3:15; 에스겔 34:11-31; 시편 23:1;

120) Leslie C. Allen, 398.

28:9에 나타나는 내용이다. 이것은 왕의 의무요, 역할이었고(삼하 5:2), 메시야의 역할이기도 하다(요 10:11).

15 15절에서 하나님은 이에 대해 응답하신다. 15절은 단 한마디의 말씀이지만, 하나님의 구원 계획의 확실성과 특별한 기적의 역사를 명백히 선포한다. 하나님은 어떤 분이신가를 명확히 밝혀 주고 있는 말씀이다. 하나님은 출애굽의 하나님이시다. 출애굽은 기적의 역사였다. 하나님은 기적의 역사를 베푸시되 창조적 구원의 역사를 베푸시는 분이시다. 이것은 이스라엘 신앙의 본질적 요소이다. 이것은 이사야에 다시 나타나며(사 43:14-21; 45:11-13, 17-19; 48:20-22; 51:3; 41:15-20), 에스겔 37장의 마른 뼈의 소생을 통하여 나타나고, 예수 그리스도의 기적의 사역과 부활을 통해 나타나며, 요한계시록의 새 하늘과 새 땅에 대한 약속에 다시 나타난다(계 21-22장). 그분이 창조의 하나님, 물과 물을 갈라 뭍이 드러나게 하시고 홍해를 가르시어 그의 백성을 건지신 하나님이시며(출 14장), 요단강을 막아 마른 땅을 밟고 건너게 하신 분이시며(수 3-4장), 그의 종 엘리야와 엘리사로 하여금 요단강을 가르게 하시어 영적 능력을 증거케 하신 분이시다. 하나님의 기적의 역사는 찬양의 대상이며(시 107:8, 15, 21, 31), 그것은 선포되고 알려져야만 하는 것이다(시 96:3). 이것은 결국 만민의 구원과 복을 위한 것이다.

16 - **20** 16-20절에서 이스라엘 민족 전체는 마지막 신앙고백에 이른다. 이것은 신앙고백이며 동시에 간접적으로는 구원의 역사에 대한 소망이며, 간구이기도 하다. 16-20절은 전체적으로 하나님의 두 모습을 고백한다. 하나는 하나님의 기적의 능력에 관해 선포한다(16-17절). 그리고 18-20절은 하나님은 사랑과 용서의 하나님이심을 선포한다.

16절의 내용은 15절의 기적과 밀접히 연결되어 있다. 표준새번역은 이러한 내용적 관계를 잘 표현하고 있다. '민족들이 그 기적을 보면'이라고 번역하고 있는데, 원문에 목적어가 없지만("열방이 보고") 내용상 동사 "보고"(라아 רָאָה)의 목적어는 그 앞 15절의 기적의 역사(役事)가 명백하다. 16절 이하 특히 16-17절의 고백은 이러한 하나님의 권능의 역사(役事)

를 전제로 한 믿음의 고백이다. "세력"(16절)으로 번역된 '게부라'(גְּבוּרָה)는 '힘, 권력, 세력, 권능, 능력' 등을 의미한다. 민족들이 하나님의 기적을 보고 놀라고 두려워 손을 입에 대고 경악하게 될 것이며, 그들이 믿었던 자기 자신의 힘에 대하여 심히 부끄러워하게 될 것임을 말한다. 심지어 그들의 귀가 막힐 것임을 선포한다. 이 표현은 극도의 놀람으로 야기된 어안이 벙벙한 상태를 나타낸다. 출애굽기 15:14–16; 여호수아 2:9–11에 나타나며, 이사야 45:16–17, 24; 64:1–3에 예언된 상황이다. 그들은 몸 둘 바를 모를 만큼 낮아지게 될 것이다("뱀처럼 티끌을 핥으며 땅에 기는 벌레처럼 떨며"). '티끌을 핥는 것'은 패배와 자기비하의 모습을 나타낸다. "땅에 기는 벌레"에서의 '기다'(자할 זָחַל)는 두려워 뒷걸음치는 것과 관련된 말이다(욥 32:6). 하나님 앞에 두려워 떨며 주님 앞에 돌아오게 될 것임을 선포한다. 여기에서도 하나님은 이방인들의 구원에도 관심을 갖고 계시는 분이심을 보여 준다. 하나님께서 이방인들이 그를 두려워하기를 원하신다. 이것은 구원의 일차적 조건이다. 하나님은 그들이 하나님을 경외하여, 회개하며, 충성하기를 원하신다(렘 12:14–17; 18:7–8). 하나님은 세상의 모든 사람이 다 생명과 구원 얻기를 원하신다.

"좁은 구멍"으로 번역된 '미스게레트'(מִסְגֶּרֶת)는 요새를 의미하기도 한다(공동번역; NASB, RSV, NRSV; cf. NIV 'their dens'; KJV, NKJV 'their holes'; ASV 'their close places'). 좁은 곳이든 그들의 요새이든 이곳은 그들의 안식처이다. 그들이 보호를 받던 곳, 그들이 안전하다고 생각했던 곳을 가지고 있었다. 그러나 그들은 결국 그것이 아무런 도움이 되지 않는다는 사실을 깨달은 것이다. 결국 그들이 갈 수밖에 없는 유일한 삶의 길은 여호와 한 분뿐이심을 알게 되는 것이다('엘 야웨 엘로헤누' אֶל־יהוה אֱלֹהֵינוּ [to Yahweh our God]). 이 사실을 '여호와'(야웨 יהוה) 앞에 '향하여'(엘 אֶל [to, unto])라는 말을 붙임으로써 강조한다. 그 하나님은 "우리 하나님"('엘로헤누', אֱלֹהֵינוּ)이시다. 결국 그들은 하나님을 두려워하게 될 것임이 이중으로 강조된다. יִפְחָדוּ(이프하두: 파하드 פָּחַד [dread]의 칼 3인칭 미완료 남성복수); יִרְאוּ(이르우: 야레 יָרֵא [fear]의 칼 미완료 3인칭 남성복수).

18–20절은 하나님은 사랑과 용서에 있어서도 비교될 수 없는 절대적 하나님이심을 고백하며 선포한다. 이 마지막 말씀(18–20절)은 내용뿐만 아

니라 구조적 측면에서도 특별한 면모를 가지고 있다. 서두(7 : 18a)와 말미(7 : 19b–20)에서 하나님을 '2인칭 단수'로 부르며 하나님을 찬양하며 예언자의 믿음을 고백한다(A // A'). 그리고 그 중간(B)에서 이 고백의 이유를, 하나님을 3인칭으로 서술함으로써 강조하는 삼단양식적 특징을 보여 준다.

A. 7 : 18a(2인칭 단수 고백)
  B. 7 : 18b–19a(3인칭 단수 설명)
A'. 7 : 19b–20(2인칭 단수 고백)

A와 A'가 2인칭 단수 대명사로 병행을 이룬다.

A(7 : 18a) : '주와 같은 신이 어디 있으리이까'(מִי־אֵל כָּמוֹךָ 미 엘 카모카 [2인칭 단수]) //
A'(7 : 19b–20) : '우리의 모든 죄를 깊은 바다에 던지시리이다'(וְתַשְׁלִיךְ 타슐리크[2인칭 단수]).[121] '주께서 옛적에 우리 조상들에게 맹세하신 대로'(נִשְׁבַּעְתָּ 니슈바타[2인칭 단수]), '야곱에게 성실을 베푸시며 아브라함에게 인애를 더하시리이다'(תִּתֵּן 티텐[2인칭 단수]).

이것은 예언자와 하나님의 특별한 친교관계(Thou–I)를 보여 주는 것으로서, 하나님의 사랑에 대한 예언자 개인의 마음 깊은 확신과 고백을 하나님께 아뢰고 있음을 나타낸다. 특별히 하나님은 죄를 용서해 주시는 분이시라는 사실을 고백한다. 이것이 이 본문(18–20절)의 중요한 내용적 특징이다. 하나님은 용서와 긍휼에 있어서 다른 어떤 신들과도 비교할 수 없는 분이심을 고백하고 있는 것이다.

---

121) 19b '우리의 모든 죄를 깊은 바다에 던지시리이다'(타슐리크 וְתַשְׁלִיךְ['샬라크' שלך의 히필 미완료 2인칭 남성단수])의 경우, 여러 학자들이 시리아역 타르굼 70인역 등의 고대 역본을 따라 '히슐리크'(וְהִשְׁלִיךְ['샬라크' שלך의 히필 3인칭 남성단수)로 수정하여 번역하나 불필요한 수정이다. 이것은 예언자의 강한 개인적 고백에서 자연스럽게 나올 수 있는 변화이다. cf. Delber R. Hillers, 87, 89.

우선 18a절에서 2개의 분사가 병행을 이루며 이스라엘의 죄의 용서가 강조된다. '노세 아본'(נֹשֵׂא עָוֹן, 죄악을 사유하시며) // '오베르 알 페샤'(עֹבֵר עַל־פֶּשַׁע, 허물을 넘기시며). 18b-19a절(B)에서 하나님의 용서에 대한 고백의 이유와 그의 확신을 다시 강조하는데, 여기에서 하나님을 3인칭(특히 3인칭 지시대명사 '후'[הוּא 18b절 말미]의 사용)으로 서술함으로써 하나님의 초월성과 타자성(他者性)을 표출한다. 하나님은 범접할 수 없을 만큼 높고 고귀하신 분이시며, 긍휼에 있어서 그 어떤 것과도 비교할 수 없는 분이심을 강조한다. 이 본문(18-20절)은 전체적으로, 이처럼 '2인칭 표현'을 통하여 예언자와 하나님의 친밀성을 표출하며, 동시에 '3인칭 서술'을 통하여 그 하나님의 거룩성과 타자성을 표출하며 하나님의 용서와 긍휼을 강조하는 특별한 전개를 보여 준다.

그리고 이 본문에서 이스라엘의 죄가 두 쌍의 병행적 표현으로 강조된다(18절 פֶּשַׁע[페샤]/ עָוֹן[아본]; 19절 עָוֹן[아본]/ חַטֹּאות[핫토오트]). 개역한글판(개역개정판) 성경에 "죄악"으로 번역된 '아본'은 여러 종류의 사회적 범죄를 나타내는 데 사용되며(삼상 20:1, 8; 삼하 3:8 등), 우상 숭배나 제의적 규례를 어기는 죄악에도 적용된다(수 22:16-17; 삼상 3:13-14; 호 5: 4-7; 렘 16:10-11). 결국 언약법을 어긴 죄에 해당된다. 하나님과 인간에게 저지른 과거의 죄를 총체적으로 나타낼 때도 자주 사용된다(민 14:34; 사 1:4; 렘 11:10; 스 9:6). 그리고 죄에 대한 형벌을 나타낼 때도 사용된다(민 12:11; 욥 13:26; 19:29). 이스라엘은 이러한 죄로 인하여 하나님의 징벌을 받는다(스 9:13; 시 107:17). 이사야, 아모스, 호세아, 미가 등의 예언자들은 이 사실을 선포하고 있다. 그러나 그 하나님은 동시에 용서의 하나님이시기도 하시다(민 14:18; 사 6:7; 53:5-6, 11; 시 65:3; 78:38; 103:3). 하나님은 이 죄를 정결케 하시며 씻어 주시는 분이시다(렘 33:8; 겔 36:33; 시 51:4).

19절에 "죄"로 번역된 '핫토오트'('핫타아'의 복수형)는 '아본'의 유사어로, 인간에 대한 행악을 나타낼 때 사용하기도 하며(창 31:36; 50:17; 삼상 20:1), 하나님에 대한 직접적 죄에 사용되기도 한다(삼상 2:17; 사 3:9; 렘 5:25; 겔 16:51).

그러나 성경에서 인간에 대한 행악은 곧 하나님에 대한 행악이기도 하다는 사실을 보여 준다. 그래서 보상제물에 해당되는 속건제물을 바치는 경우에도 인간에게 행악을 저지르면, 이것을 하나님의 것에 손해를 입힌 것으로 간주하여 이를 하나님께 배상토록 하고 있다(레 6:2-7). 하나님은 이 죄에 대해 징벌을 내리신다(민 16:26-27; 수 24:19-20; 왕상 14:16; 느 9:37; 렘 17:1-4; 겔 3:20; 18:24). 그러나 그 하나님은 동시에 죄를 사하시는 하나님이시며(렘 36:3; 시 32:5; cf. 왕상 8:33-36[대하 6:24-27]), 이 죄를 정결케도 하신다(사 6:7[cf. 사 1:4, 21-25]; 슥 13:1; 시 51:1-2). 하나님은 언약의 하나님이시며, 하나님의 언약에 따라 죄에 대한 징벌을 내리시기도 하며, 회개하고 돌아온 백성을 사하시는 사랑과 긍휼의 하나님이기도 하신 것이다(사 54:7-8; 55:6-7; 신 4:25-31; 30:3; 시 51:1).

18절에 '아본'과 병행을 이루며 나오는 '페샤'("허물")도 이와 유사하나, 이 어휘는 특히 하나님을 거역하는 반역죄 곧 언약 파기의 반역죄라는 뉘앙스를 강하게 나타내는 어휘이다. 이 어휘도 타인에 대한 행악을 가리킬 때 나오며(창 50:17; 삼상 24:11), 하나님에 대한 거역의 죄를 가리키는 데 사용된다(암 1:3, 6, 9, 11, 13; 2:1, 4, 6; 사 1:2-3). 하나님은 이러한 죄에 대해 징벌하시는 분이시다(미 1:13; 겔 39:24). 그러나 하나님은 회개하는 백성을 용서하시는 분이시다(겔 18:28-32; cf. 사 43:25; 44:22; 59:20; 시 25:7; 32:1-4; 51:1; 65:3; 사 43:25; 44:22; 53:5; 59:20). 특히 이사야 53:5-6에서는 이 죄 사함의 역사가 고난 받는 종을 통해서도 주어진다는 사실이 선포된다.

미가서의 이 끝부분에서 다시 징벌이 마땅한 이러한 이스라엘의 죄를 용서하시는 분이 바로 여호와 하나님이심을 고백하고 있는 것이다. 여기에서 이스라엘의 죄를 가리키는 병행적 표현 두 쌍을 언급한다는 사실은 그들의 죄를 확실히 인정하고 있음을 보여 주는 것이다. 이것은 명백한 회개의 고백이다. 동시에 하나님은 이러한 죄로부터도 용서해 주시는 사랑과 긍휼의 하나님이심에 대한 소망을 고백하는 것이기도 하다.

19b절에서 하나님은 모든 죄를 "깊은 바다"에 던지실 것이라고 고백한다. 여기에서 '깊은 바다'의 히브리어 표현은 '메쭐로트 얌'(מְצֻלוֹת יָם)이다. '메쭐로트'는 일반적으로 '깊음'(depths)으로 번역되는 말로서, 태초의 시

원적 대양(primeval ocean) 곧 우주적 혼돈의 물(cosmic waters)을 가리키는 '트홈'(תְּהוֹם 창 1:2; 출 15:5, 8)의 유사어이다. 여기에서 이 '깊음'은 '바다'와 동격 관계에 있는 어휘이면서 동시에 바다의 피수식어로서 이 두 단어가 연합하여(the depths of the sea), '바다의 깊은 곳'(또는 "깊은 바다")을 강조한다. 이 말은 요나 2:3의 '깊음 속 바다'('메쭐라 빌르밥 얌밈' [מְצוּלָה בִּלְבַב יַמִּים 'the depth[deep], in the heart of the seas'])와 유사한 표현이다. 즉 바다의 깊은 곳, 혼돈과 죽음의 세계를 가리키며 다시 되돌아올 수 없는 곳을 상징적으로 나타낸다. 즉 모든 죄를 제하여 주시되, 완전히 제하여 주신다는 의미를 표출하고 있는 것이다. 하나님은 이 모든 자연도 주관하시는 창조적 구원의 하나님이심을 나타내는 것이기도 하다. 이 말은 앞의 15절(미 7:15)을 상기시키는 말, 곧 출애굽과 창조의 하나님을 암시하는 말이다(출 15:5, 8). 하나님은 물과 물을 가르시고 '뭍'이 드러나게 하셨으며 이 물을 '바다'('얌' יָם)라 부르신 하나님이시다(창 1:9–10). 그리고 홍해를 가르시고 이스라엘의 적을 "바다"에 수장하시며 그의 백성으로 하여금 '마른 땅'을 밟고 건너가게 하신 만유의 주권자이시며, 구원의 하나님이시다. 하나님은 그 주권적 권능과 은혜로 모든 죄를 사하여 주시는 분이심을 고백하고 있는 것이다.

바로 하나님은 이러한 분이시기에 그분이 이 땅에 내려오시면, 뭇산이 그 발 밑에서 녹고 평지가 갈라지는 역사가 일어나며(1:3–4), 그분이 이런 분이시기에 왕중의 왕으로서 그의 백성을 인도하실 수 있으며(2:13), 그의 종을 성령의 능력으로 채워 주시어 담대히 능력의 말씀을 전하게 하신다(3:8). 하나님은 이러한 분이시기에 온 세상에 궁극적 평화를 가져오시며(4:3–4), 메시야를 보내 주시어 그로 하여금 하나님의 능력으로 그의 백성을 보살피시며, 그의 백성으로 하여금 사탄의 권세를 물리치고 승리하게 하는 일을 가능하게 하신다(5:4–6). 그리고 죄에 대한 완전한 용서도 주시며, 세상만민이 그분을 경외하게 될 것이다.

18절의 "기업"(נַחֲלָה, 나할라)은 소유 재산 유산 분깃(possession, property, inheritance, portion) 등을 의미한다. '기업'은 자주 하나님이 이스라엘에게 주신 땅을 가리킨다(출 15:17; 32:13; 민 33:50–54; 신 12:9; 31:20; 사 49:8; 57:13; 겔 47:14). 여기에서는 미가 7:14에서와 마찬가

지로 하나님의 선민 이스라엘을 가리킨다(출 34:9; 신 4:20; 9:26, 29; 시 28:9; 33:12; 94:14; 사 47:6; 63:17; 욜 2:17; 3:2 etc.).

특히 20절은 하나님의 언약적 신실함을 강조한다. 하나님의 한결같은 언약적 신실하심을 바탕으로 하나님의 용서와 구원의 확실성을 다시 강조하고 있는 것이다. 18-20절에는 전체적으로 하나님의 이러한 언약적 신실성과 사랑이 전제되어 있다. 여기에서 하나님은 인애의 하나님이시며, 긍휼의 하나님이시고, 성실의 하나님이심이 고백된다. 인애로 번역된 '헤세드'(חֶסֶד)를 두 번 반복하며(18절, 20절), 하나님은 한결같은 사랑을 베푸시는 언약의 하나님이심을 강조한다. 이러한 언약적 면모는 '에메트'(אֱמֶת 성실, 20절)라는 말로 다시 강조된다.

'에메트'는 진리 또는 진실의 의미로 사용되곤 한다(신 22:20; 삿 9:16; 잠 8:7; 22:21; 시 119:142; 145:18). 그러나 여기에서는 성실(faithfulness)의 의미를 갖는다(cf. 시 71:22; 117:2). 특히 이것은 헤세드와 병행을 이루어 나오며 언약에의 신실성을 나타낸다(창 24:27; 32:10; 출 34:6; 시 36:5; 57:3, 10; 61:7; 69:13; 85:10; 86:15; 89:2; 98:3; 108:4; 115:1). 특별히 이 말(에메트)은 긍휼과도 연결되어 나오는 단어이다(시 85:10; 호 2:19-20). 하나님은 그의 백성을 불쌍히 여기시는 긍휼(라함 רחם)의 하나님이심이 다시 고백된다(7:19). 이것은 부모와 자식 간에 갖는 강한 사랑의 결속을 나타낸다(시 103:13; 사 49:15). 그리고 이것은 언약의 문맥에 자주 나타나는 어휘이다(신 13:17; 출 33:19; 왕하 13:23; 호 2:23; 사 54:8, 10). '인애, 성실, 긍휼'은 모두 언약적 의미를 내포하고 있는 단어들이다. 이러한 하나님의 언약적 긍휼이 이스라엘의 소망의 근거였다(호 11:8-11; 사 14:1; 49:13; 54:7-8; 55:6-7; 렘 33:26).

하나님은 이스라엘에게 언약의 은혜를 하사하신 분이시며, 이스라엘은 하나님이 특별히 선택하신 복된 백성이다. 이 은혜의 백성 이스라엘은 이 세상의 빛으로서 역할을 온전히 수행해야 했던 것이다. 그런데 그들은 하나님의 언약을 파기하고 죄악과 허물과 죄를 지은 것이다. 이에 대한 하나님의 징벌은 필연적인 것이었다. 그러나 미가는 이스라엘을 대표하여 이러한 죄를 고백하고 구원을 소망하며 간구하는 것이다. 여기에는 이스라엘에 대한 하나님의 이와 같은 특별한 사랑과 긍휼에 대한 절대적인 믿음이 전제되어 있다. 이러한 믿음이 모든 하나님의 백성에게 요구된 믿음이다(롬 8:35-39).

¶ 메시지

미가는 하나님의 구원의 역사에 대한 확신을 보여 준다. 그는 엎드려질지라도 일어날 것임을 선포한다. 그러나 그는 그에게 일어날 수 있는 힘을 주시는 분이 하나님이심을 분명히 한다. 하나님이 흑암 중에 그의 빛이 되실 것이라는 사실을 믿는다.

그는 그의 죄에 대한 하나님의 징벌을 면할 수 없음도 안다. 그러나 때가 되면 하나님께서 그를 용서하여 주시고 그를 광명에 이르게 하실 것임도 안다. 그리고 주님은 기적과 능력의 하나님이시며, 창조적 구원의 하나님이심도 안다. 하나님만이 만유의 주님이시다. 그 하나님은 자기가 선택한 백성에게 한결같은 자비와 긍휼을 베푸시는 분이시다. 이것이 하나님께 돌아와야 하는 이유이며, 이것이 흑암 중에 소망을 가질 수 있는 이유이며, 엎드려질지라도 일어날 수 있는 소망의 근거이다.

따라서 우리는 이러한 믿음을 고백하고, 전능하시며 사랑과 긍휼로 충만하신 권능의 하나님의 뜻에 순종하는 삶을 살아야 할 것이다.

참고문헌

Ackroyd, P. R. "A Note on Isaiah 2 : 1," *ZAW* 75(1963), 320f.

Allen, Leslie C. *The Books of Joel, Obadiah, Jonah and Micah*. Grand Rapids : Eerdmans, 1976.

Alonso Schökel L. / Sicre Díaz, J. L. *Profetas Comentario II*. Madrid : Ediciones Cristiandad, 1980.

Anderson, F. I. / D. N. Freedman. *Micah*. AB. Garden City : Doubleday, 2000.

Boecker, Hans Jochen. *Redeformen des Rechtslebens im Alten Testament*. WMANT 14. Neukirchen : Neukirchener, 1964.

Bright, John. *A History of Israel*. 3rd ed. London : SCM Press, 1960.

Brown, William P. *Obadiah through Malachi*. Louisville : John Knox Press, 1996.

Barker, Kenneth L./Bailey, Waylon. *Micah, Nahum, Habakkuk, Zephaniah*. The New American Commentary vol. 20. Broadman & Holman Publishers, 1998.

Achtemeier, Elizabeth. *Minor Prophets I*. New International Biblical Commentary. Hendrickson Publishers, 1996.

Cannawurf, E. "The Authenticity of Micah IV 1–4," *VT* 13(1963), 26–33.

de Vaux, Roland. *Historia antigua de Israel.* vol. I(*Histoire ancienne d'Israël*, 1971). Madrid: Ediciones Cristiandad, 1975.

Garber, P. L. "Sheep; Shepherd," *ISBE.* vol. 4, 463-465.

Jacob, E. 『구약신학』. 박문재 역. 서울: 크리스챤 다이제스트, 1999.

Harvey, Juilen. "'Le Rîb-Pattern,' Réquisitoire prophétique sur la rupture de l'alliance," *Biblica* 43(1962), 172-196.

Hasel, G. F. "Remnant," *ISBE.* vol. 4. Grand Rapids: Eerdmans, 1988, 130-134.

Hillers, D. R. *Micah.* Hermeneia. Philadelphia: Fortress, 1984.

Huffmon, Herbert. B. "Covenant Lawsuit in the Prophets," *JBL* 78(1959), 285-295.

Koch, Klaus. *The Prophets*(Die Propheten, 1978). London: SCM Press, 1982.

Kraus, H. -J. *Worship in Israel.* trans. G. Buswell. Atlanta: John Knox Press, 1966.

Lindblom, James. *Prophecy in Ancient Israel.* Philadelphia: Muhlenberg Press, 1962.

Limburg, James. *Hosea-Micah.* Interpretation. Atlanta: John Knox Press, 1988.

Martens, E. 『구약에 나타난 하나님의 계획과 목적』(*Plot and Purpose in the Old Testament*, 1981). 김지찬 역. 서울: 생명의 말씀사, 1990.

Luker, Lamontte M. "Beth-le-aphrah," *ABD.* vol. 1, 689.

Luker, Lamontte M. "Shaphir," *ABD.* vol. 5, 1160.

Luker, Lamontte M. "Ephrathah," *ABD.* vol. 2, 557-558.

Mays, James L. *Micah.* OTL. Philadelphia: Westminster, 1976.

McComiskey, Thomas E. *The Minor prophets.* vol. 2. Grand Rapids: Baker Books, 1993.

McKenzie, D. A. "The Judge of Israel," *VT* 17(1967), 118-121.

McKeating, H. M. *The Books of Amos, Hosea and Micah.* Cambridge Bible Commentary, 1971.

Morris, L. "Ransom," *ISBE.* vol. 4, 44-45.

Pedersen, J. *Israel. Its Life and Culture.* vol. 3-4, 1940.

Prausnitz, M. W. "Achzib," *ABD.* vol. 1, 57-58.

Sailhamer, J. H. 『서술로서의 모세오경』(*The Pentateuch as Narrative*, 1992). 김동진 · 정충하 공역. 서울: 크리스찬서적, 2005.

Schmitt, Hans-Christoph. "Redaktion des Pentateuch im Geiste der Prophetie," *VT* 32/2(1982), 170-189.

Simundson, Daniel J. *Hosea Joel Amos Obadiah Jonah Micah.* Abingdon Old Testamnent Commentaries. Nashville: Abingdon Press, 2005.

Smith, Gary V. *Hosea/Amos/Micah.* NIV Application Commentary. Grand Rapids: Zondervan, 2001.

Smith, J. M. P. *Micah, Zephaniah and Nahum.* ICC. Edinburgh: T & T Clark, 1911.

Smith, R. L. *Micah-Malachi.* WBC. Waco: Word, 1984.

Sweeney, Marvin A. *The Twelve Prophets.* vol. 2. Collegeville: The Liturgical Press, 2000.

Thomas, D. W. "Micah," *Peake's Commentary on the Bible*, 1962, 630-634.

Ussishkin, David "Lachish," *New Encyclopedia of Archeological Excavations in the Holy Land.* vol. 3. ed. E. Stern et al. Jerusalem: Carta and the Israel Exploration Society, 897-911.

Van de Woude, A. S. "Micah in Dispute with the Pseudo-Prophets," *VT* 19 (1969), 244-260.

_________. "Three Classical Prophets: Amos, Hosea and Micah," *Israel's Prophetic Tradition: Essays in Honour of Peter Ackroyd.* eds. Richard Coggins. Anthony Phillips and Michael Knibb. Cambridge: Cambridge University Press, 1982, 32-57.

Verhey, A. D. "Evil," *ISBE.* vol. 2, 206-210.

von Rad, G. *The Message of the Prophets.* tr. D. M. G. Stalker. New York: Harper and Row, 1965.

Weiser, Artur. 『호세아 / 요엘/아모스 / 즈가리야』(*Das Buch der zwölf Kleinen Propheten,* ATD, 1974). 박영옥 역. 서울: 한국신학연구소, 1985.

Whitelam, K. W. *The Just King.* JSOT Suplement Series No. 19. Sheffield: JSOT Press, 1979.

Willis, John. T. "Some Suggestions on the Interpretation of Micah 1:2," *VT* 18(1969), 372–379.

__________. "A Reapplied Prophetic Hope Oracle," *Studies in Prophecy.* VTSup 26. Leiden: Brill, 1974, 64–76.

Wolfe, Rolland E. *The Book of Micah.* IB. vol. 6. Abingdon Press, 1956.

Wolff. H. W. *Micah the Prophet.* Philadelphia: Fortress, 1978.

__________. *Micah: A Commentary.* Continental Commentaries. Minneapolis: Ausburg, 1990.

박철우. 『구약성서의 구조와 신학』. 서울: 한국신학연구소, 1994.

박철우. 『아모스 / 오바댜』. 서울: 대한기독교서회, 2001.

■ 저자 소개

학력과 약력

부에노스 아이레스 연합신학대학(ISEDET, B. Th.), Aberdeen University(영국, Ph. D.), 파리 인문과학연구소(Sorbonne, EPHE) 셈족 문화연구, 대한성서공회 성경번역위원(표준새번역), 성공회신학대학 구약학 교수, APNTS(Asia-Pacific Nazarene Theological Seminary, Philippines) 겸임교수, 강남교회 목사, 대한성서공회 성경원문연구소 연구, 편집위원, 나사렛 대학교 구약학 교수(현)

주요 저서와 논문

『세상이야기 해방이야기』(토기장이, 1994), 『구약성서의 구조와 신학』(한국신학연구소, 1994), 『레위기』(전망사, 1994), 『예언서』(생활성서, 1998), 『성서교육 총체교재』(공저, 한국교육목회협의회, 1990), 『아모스/오바댜』(대한기독교서회, 2001)
"The Triadic Pattern: A Study in the Structure of Isaiah 40-49"(Aberdeen University, 1984) 외 다수의 논문

역서

『성결의 바른 이해』(나사렛출판사, 1992), 『구약성서 인간론』(토기장이, 1994), 『다니엘』(한국신학연구소, 1991), 『구약성경의 탐구』(물가에 심은 나무, 2006)

대한기독교서회 창립 100주년 기념 성서주석 28 **요나/미가**

2008년 7월 10일 초판 1쇄
2015년 3월 30일 초판 2쇄

지은이 / 박철우
펴낸이 / 서진한
펴낸곳 / 대한기독교서회

주소 / 135-882 서울시 강남구 테헤란로 103길 14
등록 / 1967년 8월 26일 제1967-000002호
e-mail / cls1890@chol.com
http://www.clsk.org
전화 / (02) 553-0873~4(편집부) (02) 553-3343(영업부)
팩스 / (02) 555-7721
책번호 / 1493 값 15,000원

ISBN 978-89-511-1029-0 94230
ISBN 978-89-511-0002-4 (세트)